21世纪高等职业教育规划教材

会计基本技能

（第3版）

主　编　高香林

中国财政经济出版社

图书在版编目（CIP）数据

会计基本技能／高香林主编．—3版．—北京：中国财政经济出版社，2012.12
21世纪高等职业教育规划教材
ISBN 978-7-5095-4121-0

Ⅰ.①会…　Ⅱ.①高…　Ⅲ.①会计学-高等职业教育-教材　Ⅳ.①F230

中国版本图书馆CIP数据核字（2012）第275312号

责任编辑：郭慧珍　　　　责任校对：黄亚青
封面设计：陈宇琰　　　　版式设计：董生平

中国财政经济出版社 出版
URL：http：//www.cfeph.cn
E-mail：jiaoyu @ cfeph.cn

社址：北京市海淀区阜成路甲28号　邮政编码：100142
营销中心电话：88190406　北京财经书店电话：64033436　84041336
北京财经印刷厂印刷　各地新华书店经销
787×1092毫米　16开　10.75印张　240 000字
2013年2月第3版　2013年2月北京第1次印刷
定价：18.00元
ISBN 978-7-5095-4121-0/F·3342
（图书出现印装问题，本社负责调换）
本社质量投诉电话：010-88190744

出 版 说 明

为进一步贯彻落实《国家中长期教育改革和发展规划纲要（2010—2020年）》和《教育部关于推进高等职业教育改革创新 引领职业教育科学发展的若干意见》〔教职成（2011）12号〕的精神，适应高等职业教育发展的新趋势，满足高等职业院校专业教学的实际需要，我们对我社出版的21世纪高等职业教育规划教材进行了第3次修订。本次修订的系列教材涵盖了高等职业教育教学中所需的财经类专业教材，从2012年秋季开学起，这些教材将陆续出版，以供各高等职业院校财经类专业教学使用。

本次教材的修订充分体现了高等职业教育"以服务为宗旨，以就业为导向"的办学理念，在教材内容的设计上较好地贯彻了"以综合素质培养为基础，以能力培养为主线"的指导思想。新修订的教材全面贯彻素质教育思想，从社会经济发展对技术应用型人才的需求出发，在内容的构建上结合专业岗位（群）对职业能力的需要来确定教材的知识点、技能点和素质要求点，并注重新知识、新技术、新工艺、新方法的应用，注重对学生的实际岗位工作能力的培养。在本次教材的修订过程中，我们也对与高等职业教育的"工学结合、校企合作、顶岗实习"人才培养模式方面有关的内容做了一些新的尝试，以适应高等职业教育教学改革，满足各类高等职业院校的教学需要。在此，我们真诚的希望各位老师在教材的使用过程中，及时提出意见和建议，使之不断提高和完善。

中国财政经济出版社

2012年11月

第 3 版 前 言

本书适用于高职高专会计及财经类相关专业使用，也可用于相关行业在职人员继续教育和培训使用。本书是按照教育部普通高等教育国家级规划教材管理规程，根据高等职业教育相关专业工作岗位的实际需要，以理论必须够用、突出实际应用与能力培养为原则组织编写的。

按照《会计从业资格管理办法》的规定，作为一名会计人员除了具备一定的基本素质和专业知识之外，还必须具有一定的基本技能。会计人员的基本技能主要包括以下五个方面：数字书写技能、计算技能、点钞与收银技能、数字敏感技能、计算机操作技能等。本教材重点讲述前四个方面的技能，计算机操作技能在相关的计算机课程中讲述，同时增加了会计档案管理及会计工作交接等技能，以弥补其他课程的空白点。

此次修订是在第 2 版的基础上进行的，主要修订了第二章珠算加减法、第三章珠算乘除法及第六章会计档案管理与会计工作交接等三章内容，在不同的章节中增加了一目三行弃九法、省略乘法、跟踪乘法、省略除法、估商、补商、退商及会计档案装订方法等内容，同时也增补了大量的例题，使得本部分内容更加充实、完整，学生更加清楚易懂。本教材重点突出培养学生的基本技能的训练，配有与教材同步的练习题，因此，希望同学们要多练，学习本课程关键是在于“练”。全书共分 6 章，计划学时为 38 学时，但要真正的学好还需课外勤加训练。

本书由高香林教授担任主编，负责编写大纲，对全书进行统稿和修改，黄文兰任副主编。在本次修订中，刘岳萍老师重点修订了第二章、第三章，李虹老师重点修订了第六章。在第 1 版及第 2 版参加本书编写及修订的人员有黄文兰、李夏、郭岚、康花泽、肖文锋、韩静等。本书由孙万军老师主审。在编写过程中，得到了东莞理工学院城市学院、北京财贸职业学院、广东省财政职业技术学校、福建金融职业技术学院、山西财贸职业技术学院等单位的领导及有关同志的大力支持和帮助，在此一并致谢。

由于编者的水平有限，错误之处在所难免，敬请读者批评指正。

编　者

2012年11月

目　录

第一章

珠算基础知识与会计数字的书写

学习目标

- 了解珠算的用途
- 熟悉算盘的基本知识
- 掌握正确的数字书写方式

第一节　珠算基础知识

一、珠算的使用与定级

（一）珠算的使用

珠算是用算盘进行数据计算，具有独特算理算法的一门学科。珠算是我国劳动人民创造的，有着1800多年的历史，是中华民族对人类的一大贡献。在历史上，我国长期使用的主要是筹算和珠算，通过大量史料考证，珠算的整个历史发展可以概括为“源出商周，始于秦汉，成型唐宋，鼎盛于明，发展在今”。由于算盘擅长加减计算，至今也没有任何计算工具能赶上算盘加减计算，因此在当今计算机盛行的时代，古老的珠算不仅没有被废弃，反而凭其灵便、准确等优点，在许多国家方兴未艾。可以说，即使是科技高度发达的21世纪，珠算也仍不失为一门实用的科学和一项优良的计算技术。

小资料

我国珠算的产生及发展

在整个珠算的发展历史上，大致可以分为：

第一阶段：西周之前至汉代。这一阶段中尚未固定成型的珠算及算盘与其他计算技术同时并存。1976年3月，在陕西省岐山县凤雏村出土的西周早期宫室遗址中的90颗带色陶丸，与东汉末期《数术记遗》中所记载的一些以珠方式进行计算的史实相吻合，这说明我国古时，甚至比西周更早一些，已有应用珠算进行计算的事实。

第二阶段：汉代以后至元朝。汉代以后，许多计算工具和计算方法演变到以筹算和珠算为主。在算盘出现之前，我国古代劳动人民创造了一种“筹算”，即利用木、竹、铜、铁等制作成像现在筷子一样的算筹进行数字计算，其运算方法与现在的珠算计算程序类似。算盘则是集其他算具之长而逐渐改革并固定成型的。北宋宫廷画家张择端所绘的《清明上河图》左端，赵太丞家药铺柜台上放置的是一架十五档的串珠算盘。由此可见，我国珠算早已固定成型，到宋元时期，已是家喻户晓，达到普遍使用的程度了。

第三阶段：明朝以后。明朝是我国历史上珠算发展的鼎盛时期，珠算著书立说者相继出现，尤其是程大位著《算法统宗》（公元1592年）比较系统、完整地叙述了珠算的算理算法等内容。明朝中叶开始，我国算盘经朝鲜传入日本，以后又流传到世界各地。

新中国成立以来，珠算技术一直受到中央和各级政府的重视。1979年成立了中国珠算协会，各省、市也相继成立了珠算协会，这对珠算事业的发展起了积极的推动作用。中国珠算协会还设立了珠算鉴定比赛委员会、珠算算理算法研究会、算具研究会、算史研究会等，并制定了全国珠算技术等级鉴定标准，举行了多次珠算比赛，同时还发行珠算刊物。特别是1986年成立了珠算教学研究会，对大中专院校的珠算教学起了很好的指导和促进作用。

国外一些国家如日本、美国、巴西、墨西哥等也一直对珠算进行研究。在日本有珠算大联盟等组织，不仅发行珠算刊物，每年还组织全国珠算技术比赛，并开展珠算定级工作；美国成立了新文化中心，把珠算技术的学习当做引进新文化，同时还研究珠算的历史及其功能。2002年，以中国、日本、美国为发起国成立了“世界珠算心算联合会”，开展了更广泛的国际珠算交流。总之，珠算除了早已为人们熟知的计算功能，它的教育、启智、健身等功能也越来越为人们所重视，其前景十分广阔。

小资料

世界珠算心算联合会成立大会于2002年10月28日在北京召开。参加这次大会的，有来自澳大利亚、文莱、加拿大、印度、印尼、日本、韩国、马来西亚、新加坡、泰国、汤加、美国、委内瑞拉、中国和中国香港、澳门、台湾等17个国家和地区珠算心算组织的代表450余人。与会代表一致表示，今后要进一步做好珠算心算教育工作，加强与世珠联成员组织的联络与合作，积极参加世珠联各项活动，促进世界各地珠算心算事业的发展，为这项提高人类素质的伟大事业作出更大贡献。

（二）珠算的定级

自1979年11月成立中国珠算协会以来，我国珠算技术等级鉴定工作得到了充分的重视，《全国珠算技术等级鉴定标准（试行）》（简称《鉴定标准》）于1984年在全国试行，1985年财政部同意自1986年7月1日起将《全国珠算技术等级鉴定标准》作为考核会计人员珠算技术水平的试行标准，凡担任会计员专业职务的人员，对其珠算技能的考核达到《鉴定标准》普通五级的，即为珠算技能合格。（详见书后附录三）

《鉴定标准》的等级确定为二等十二级，即能手级共六级、普通级共六级。如表1－1。

表1－1

能手级						普通级					
一级	二级	三级	四级	五级	六级	一级	二级	三级	四级	五级	六级

鉴于在全国范围广泛开展等级鉴定活动之艰巨性，为减轻各级珠协组织的工作量，能手级鉴定实行一套题，按完成正确题数确定六个级别。普通级虽拟定了六个级别六套题的标准，但各级珠协在实施中根据具体情况可灵活掌握，亦可以采用两套题，确定六个级别。

普通级的六个级别，如采用两套题，可按下列办法执行：用一级考题鉴定一、二、三级，按打对题数定级。对9题为一级，对8题为二级，对6题为三级。用四级考题鉴定四、五、六级，按打对题数定级。对8题为四级，对7题为五级，对6题为六级。合格等级的确定：依最低的一项（加、减、乘、除）确定级别，不能以平均对题数确定级别。见表1－2。

表1－2

题型	加减算	乘算	除算
题量	10道	10道	10道
限时	10分钟	5分钟	5分钟

（注：乘、除法尾数，能手级保留四位小数、普通级保留两位小数）

二、算盘的结构

算盘呈长方形，由边（框）、梁、档、珠四个基本部分组成。改进后的算盘又增加了清盘器、计位点和垫脚等装置。

我国现代常用的算盘基本有两种：一种是我国最早使用的圆珠大算盘（见图1－1）；另一种是我国目前使用比较广泛的菱珠小算盘（见图1－2），它有13档、15档、17档、21档、23档及27档等数种。

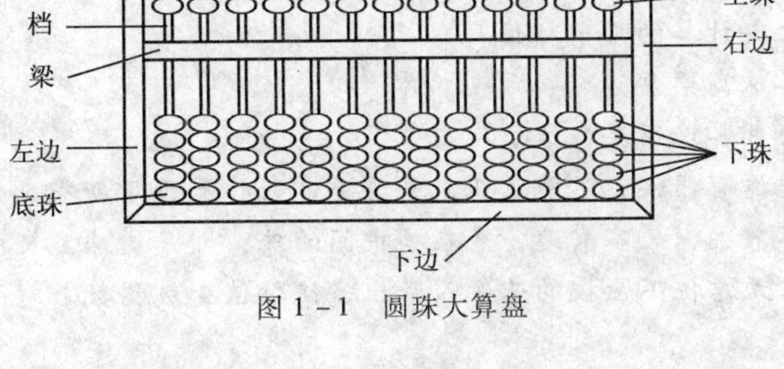

图1－1　圆珠大算盘

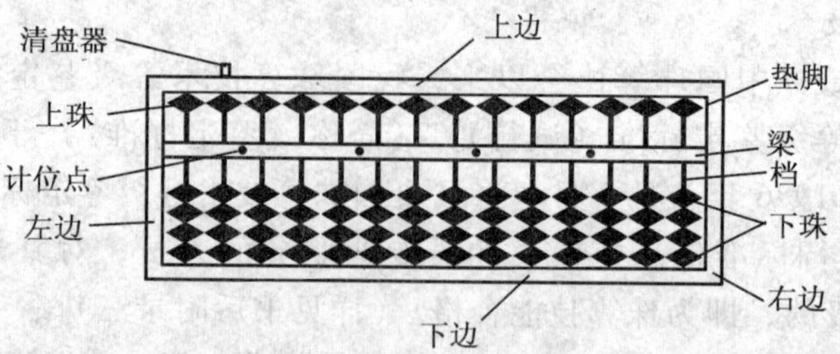

图1－2 菱珠小算盘

边（框）：算盘周围四边连接的长方形框架叫边或框，起固定算盘整体的作用，四条边分别称上边、下边、左边、右边。

梁：连接算盘左、右两边，位与框中间偏上的一条横木叫梁，梁将算珠分为上、下两部分。

档：穿过横梁，穿连算珠的若干细长竹竿或金属杆叫档，表示数位。

算珠：穿在算盘档上用来记数的珠子叫算珠。梁上面的珠叫“上珠”，上珠一颗当五，梁下面的珠叫“下珠”，下珠一颗当一。七珠算盘最上面的一颗叫“顶珠”，最下面一颗叫“底珠”。

计位点（定位点）：是在梁上作出的计位标记，每隔三档一点，每点在档之间。计位点在加减法中可做记位用，在乘除法中可作定位用，也起分节作用。

清盘器：是近年来改革新加的。在一般算盘上，安装一个清珠装置，按钮在盘的左上方，计算完毕，需要清算时，左手一按盘上的按钮，全部靠梁的算珠均离梁复位，形成空盘。

垫脚：装在算盘左右两边底面，共三个，其作用是使算盘底面离开桌面，当推拉算盘下面的计算资料时，防止算珠被带动。

从图1－1、图1－2可以看到，圆珠大算盘比较大方、醒目。但珠距较远，必须用三指拨珠，动作幅度大、使用时声音响，计算速度不易提高。而菱珠小算盘是在圆珠大算盘的基础上改进而成的，其算珠体积小，珠距和档距缩短，只用两指拨珠，使用时噪音小，且在桌面占据面积小，便于握盘操作，适用于打账册、报表、珠算定级和比赛等。

小知识

常用珠算术语（详见书后附录二）

布数：将计算的每一个数值拨入盘中。

本档：在算盘上要计算的那个档位。

空档：本档的算珠离梁靠边。

空盘：算盘中全部算珠离梁靠边。

毁盘：在计算中途有错误，不能改正，需要全部毁掉，再重新布数计算。

悬珠：算珠既不靠梁，又不靠边，悬在档中间的珠，即是虚珠，又叫负数（值）。

带珠：计算中，无意把不应拨的珠带入带出，使数值变成错数。

三、算盘的记数、认位与看数

（一）算盘的记数

算盘的记数是以档表示位数，每档上的算珠表示一个数字，算珠的位置不同，所表示的数字就不同。靠梁的算珠表示数字，离梁算珠表示 0；拨下珠 1 颗、2 颗、3 颗、4 颗靠梁，分别表示 1、2、3、4；满 5 升到梁上，叫“五升”，拨下 1 颗上珠表示 5；上珠 1 颗分别与下珠 1、2、3、4 颗组合，分别表示 6、7、8、9；满 10 则向前进 1，在左档拨 1 颗下珠叫“十进”。这种记数法叫“五升十进”，它是我国珠算的独特优点。

（二）算盘的认位

使用菱珠小算盘可以把梁上任何一个计位点的档，作为个位档。从个位档往左数，依次为十位档、百位档、千位档、万位档……；从个位档往右数，依次为十分位档、百分位档、千分位档……算盘的数位与一般数字记数的顺序是相同的。如图 1－3。

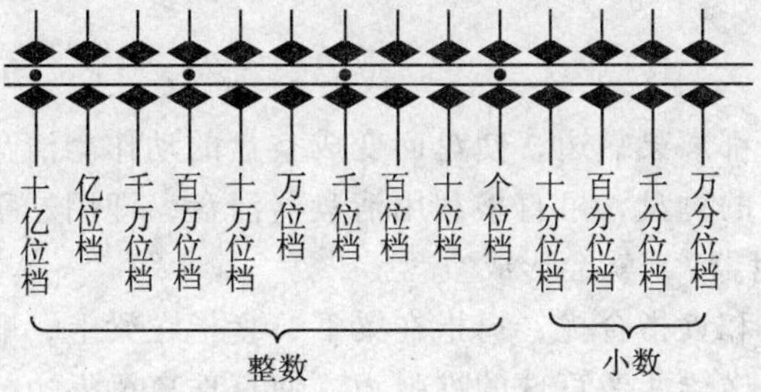

图 1－3　算盘的分档

提示

越往左，位数越大；
越往右，位数越小。

为了提高认位的速度，可以按照“三位分节”的方法认位，即先任选一个有计位点的档作为个位。个位左边第一有计位点的档是千位，个位左边第二个计位点是百万位，个位左边第三个计位点是十亿位。这样，只要认定个位、千位、百万位、十亿位这四个计位点，再记住它们左右的数位，并依次类推，就可以认准所有的档位。

提示

“三位分节”的方法认位可记忆成“一撇千位，两撇百万位，三撇十亿位”。

（三）算盘的看数

将数字置于空盘，或将盘上的数字记录下来，都需要看数。要练习一眼能看几位数，一般开始时分节看数，从左到右三位一节，熟练以后要能边看边打。不要看一个数字拨一次算珠，或看完一个数后再拨算珠。看数与拨珠要防止口中读出声音，应练成看数反映快、记数牢而准的基本功。

四、握笔运算与清盘方法

（一）握笔方法

打算盘要握笔运算，目的是为了提高运算速度，既可避免带珠，又可迅速书写数字。但不能因握笔打算盘而影响了拨珠速度，这就必须掌握正确的握笔方法。其常用的方法有：

1. 用无名指和小指握住笔头部分，笔身横在拇指和食指间，使拇指、食指和中指能够灵活拨珠（见图 1－4）。

2. 将笔夹在无名指和小指之间，笔头在小指方向，笔身横在拇指和食指间（见图1－5）。

3. 将笔身横在拇指和食指间，笔杆上端伸出虎口，笔尖露在食指与中指之外。此方法适合于菱珠小算盘（见图1－6）。

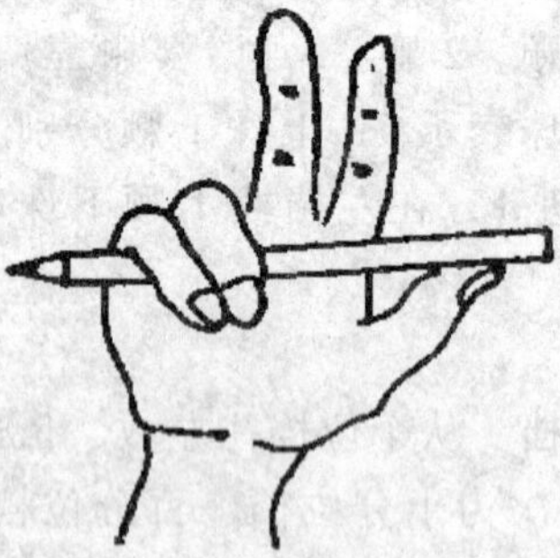
图1－4

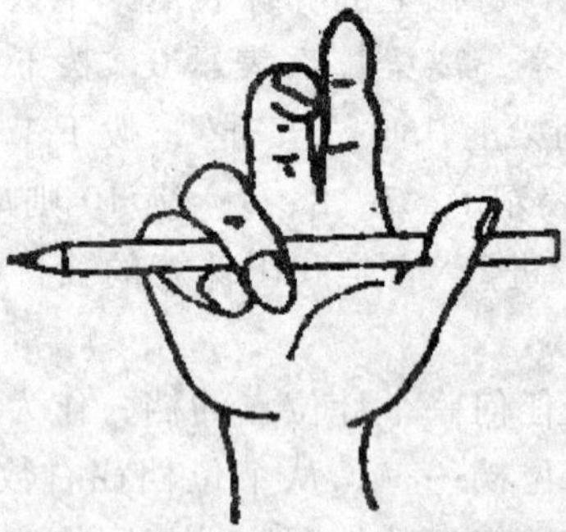
图1－5

图1－6

（二）清盘方法

清盘是指在每次运算之前，要使所有算珠都离梁靠边，使盘面变成空盘的动作。清盘的方法因使用的算盘不同而有所不同。有清盘器的算盘，可直接利用清盘器清盘，即用左手的中指（或食指）摁算盘框上的弹簧装置（清盘器），就会形成空盘。

无清盘器的算盘，其清盘方法是：将拇指和食指合拢，拇指在梁下，食指在梁上，顺着算盘的梁由右向左迅速移动，利用手指对靠近横梁两旁算珠的推弹力，使算珠离梁靠边。使用此法，用力要自然均匀，切勿有意识地使两珠上下弹开，要一气呵成。

五、打算盘的姿势和要求

（一）打算盘的姿势

打算盘的姿势同看书、写字一样，身体坐正，腰要挺直，胳膊稍平，头部稍低，便于看数、拨珠。打算盘时，要求视线落在算盘下边与练习题交界处，运算是靠翻动眼皮看数拨珠，不要摇头；肘部摆动的幅度不宜过大；上身与桌沿的距离约10厘米。算盘放在离桌沿10～15厘米的位置，并与桌边基本平行。算盘的中央部分基本上要与身体中心一致。可以说，打算盘的姿势不正确，形成习惯后，不易纠正，不仅效率受到影响，而且会产生背驼、脊歪等身体畸形。

计算资料的摆放位置可根据使用算盘的不同而有所差别。使用圆珠大算盘，一般将资料放在算盘左方偏上位置；使用菱珠小算盘，可将资料放在算盘下面，边打边在算盘底下向前推进，以防止错看、漏看数字或重看、串行看，加快运算速度，提高运算质量。

（二）打算盘的要求

打算盘要做到“四要”和“四不要”。

“四要”：精神要集中，口诀要记熟，拨珠要准快，数字要记准。

“四不要”：不要贪快而打不准，不要心浮坐不稳，不要大意核不细，不要怕苦手不动。

珠算的方法比较容易掌握，但要熟练掌握珠算技术，达到理想的水平，要下一番苦功。初学珠算者，一般急于求成，总想学得“快”些，而忽视了“准”。打算盘如果光“快”

不“准”是无效劳动，必须做到先求准，再求快，在准确的基础上提高运算速度。

六、珠算的拨珠法

珠算的拨珠法也叫指法，是指手指拨动算珠的动作要领和方法，必须符合手指在算盘上的运动规律。拨珠指法是珠算的基本功，学好拨珠指法是打好算盘的基础。

拨珠指法是否正确、是否熟练，直接影响到运算的速度和准确度。手指的运动既有明确的分工，又能密切配合，协调连贯、有秩序、有节奏，完全依赖于大脑神经的支配指挥。因此，良好的拨珠动作应该是：起指轻、落指稳；轻巧灵活、协调连贯；动作紧凑、一拨到位；干净利落、恰到好处。拨珠要领要掌握四个要诀：轻、巧、连、快。以快为手段，以准为目的，不可因求快而产生急躁或手指作假动作等不良习惯。

（一）圆珠大算盘的拨珠指法

圆珠大算盘的拨珠是用右手的拇指、食指和中指来进行的，这种拨珠指法称三指法。拨珠指法分单指拨珠、两指连拨和三指联拨。

1. 单指拨珠。

拇指：主要管下珠靠梁，即“托”（见图1－7），如拨1、2、3、4靠梁。

食指：专管下珠离梁，即“拨”（见图1－8），如拨1、2、3、4离梁。

中指：专管上珠靠梁与离梁，即“拨”和“挑”（见图1－9、图1－10），如拨5靠梁、拨5离梁。

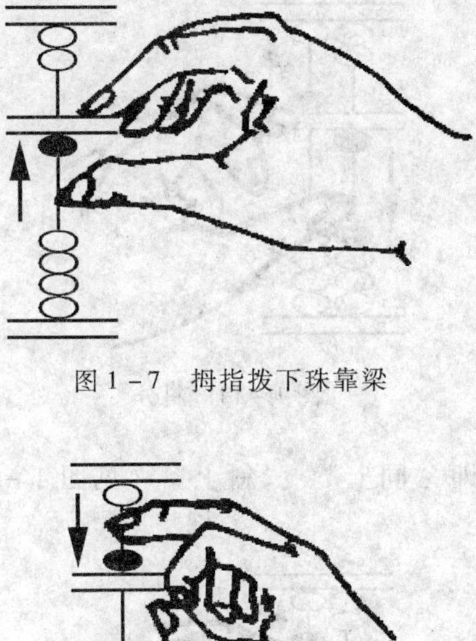
图1－7　拇指拨下珠靠梁

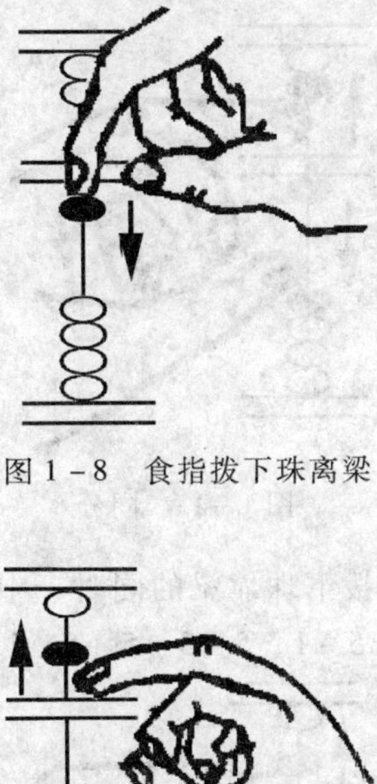
图1－8　食指拨下珠离梁

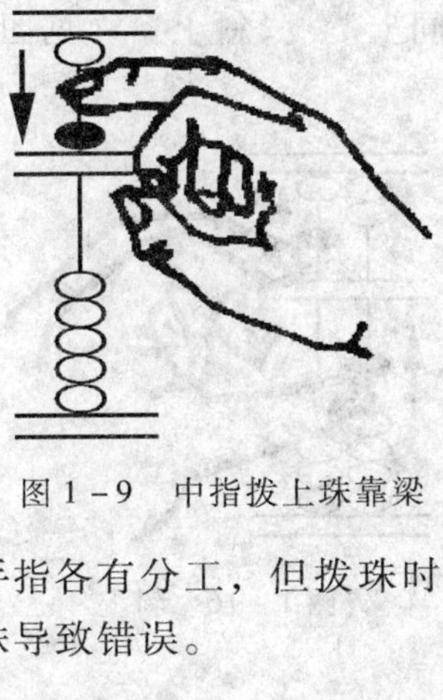
图1－9　中指拨上珠靠梁

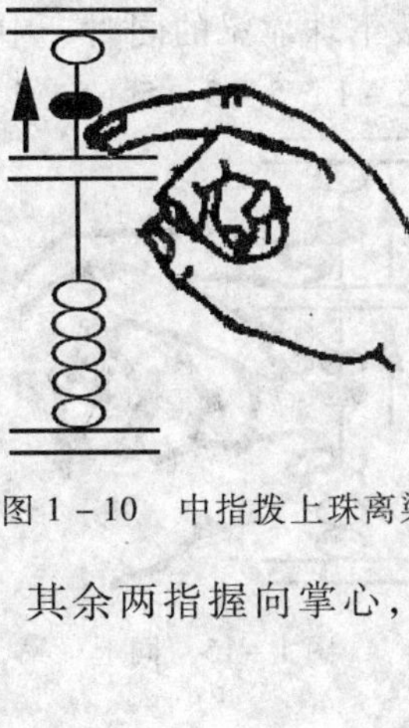
图1－10　中指拨上珠离梁

三个手指各有分工，但拨珠时还要自然地协同动作，其余两指握向掌心，以免挡住视线，或带珠导致错误。

2. 两指联拨。

为了提高拨珠速度，在熟练单指拨珠的基础上，力求应用两指联合拨珠。

（1）拇指和中指联拨。

①拇指和中指拨上下珠同时靠梁，即“同合”（见图1－11），如空档置6、7、8、9等。此外，还有“斜合”，即左一档下珠和右一档上珠同时靠梁（见图1－12），如10＋15、0＋25、0＋35等。

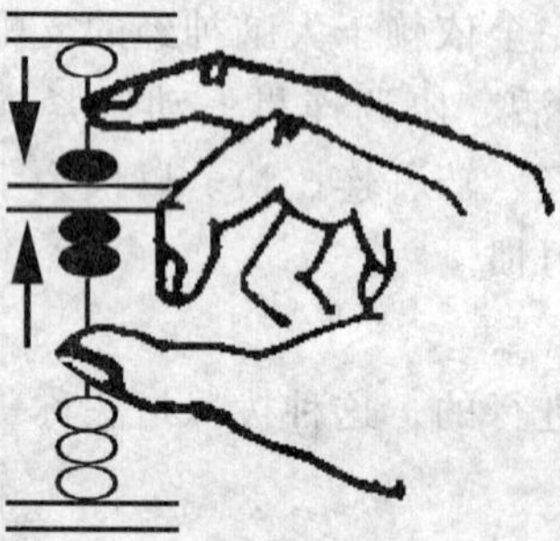

图1－11 同合

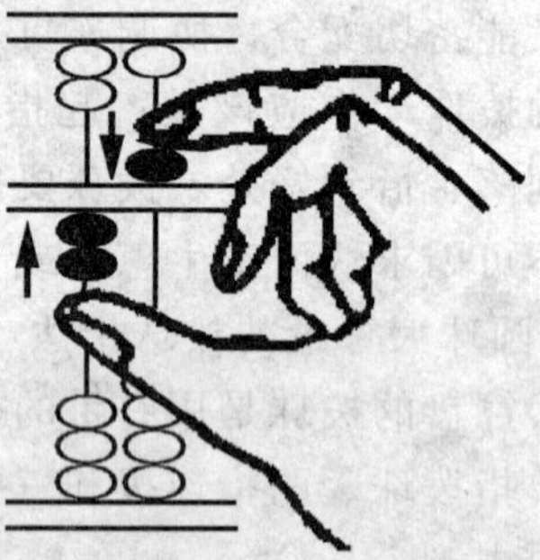

图1－12 斜合

②中指拨上珠离梁的同时，拇指拨部分下珠离梁，即“同分”（见图1－13），如7－6、8－7、9－8等。此外，还有“斜分”，即左一档下珠和右一档上珠同时离梁（见图1－14），如37－25、25－15等。

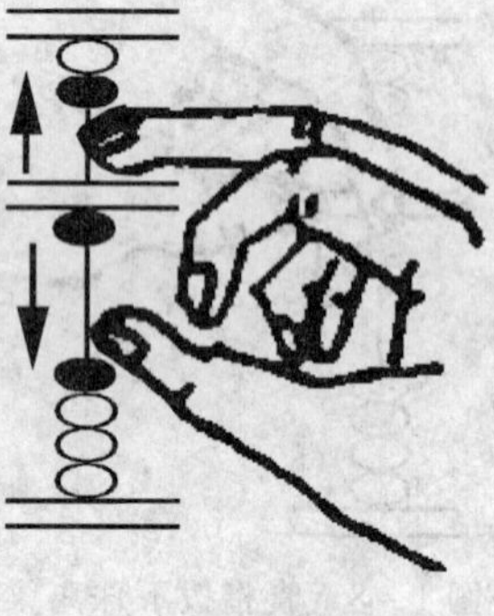

图1－13 同分

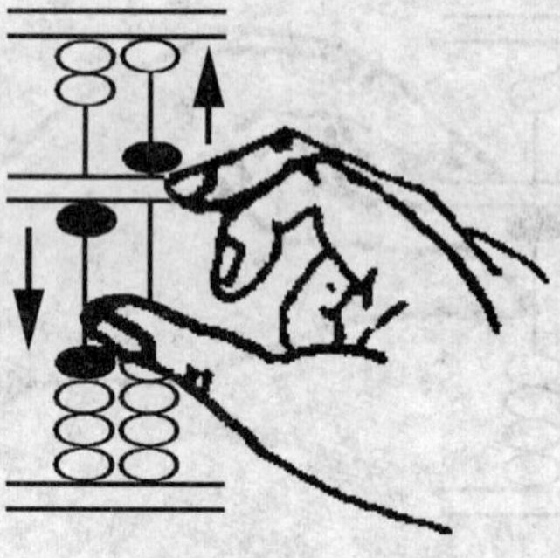

图1－14 斜分

③拇指拨下珠靠梁的同时，中指拨上珠离梁，即“同上”、“斜上”（见图1－15、图1－16），如5－1、5－3、5＋5、15＋15等。

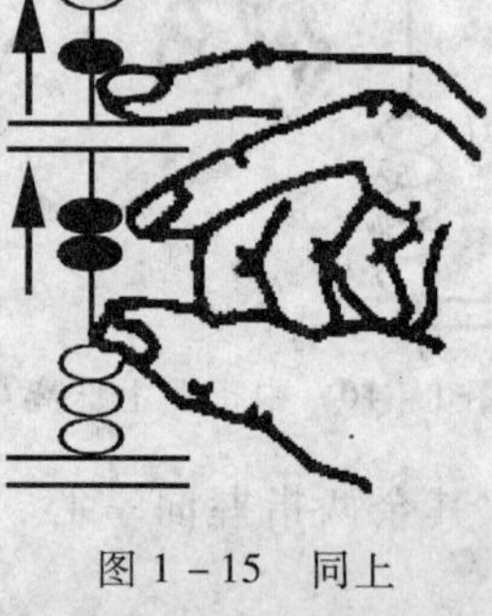

图1－15 同上

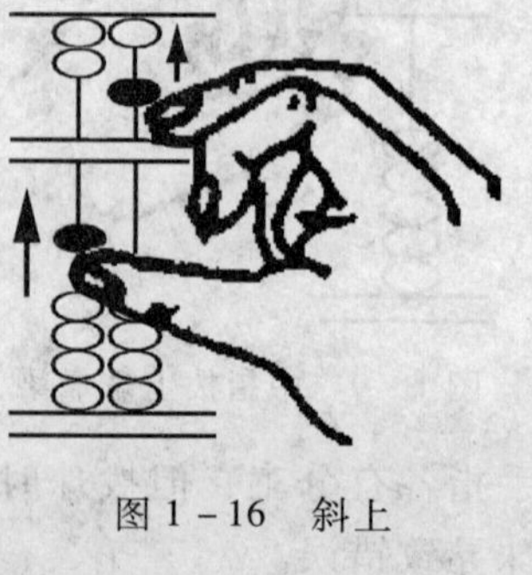

图1－16 斜上

④中指拨上珠靠梁的同时，拇指拨去部分下珠离梁，即“同下”、“斜下”（见图 1－17、图 1－18），如 2＋4、4＋3、30－15、20－5 等。

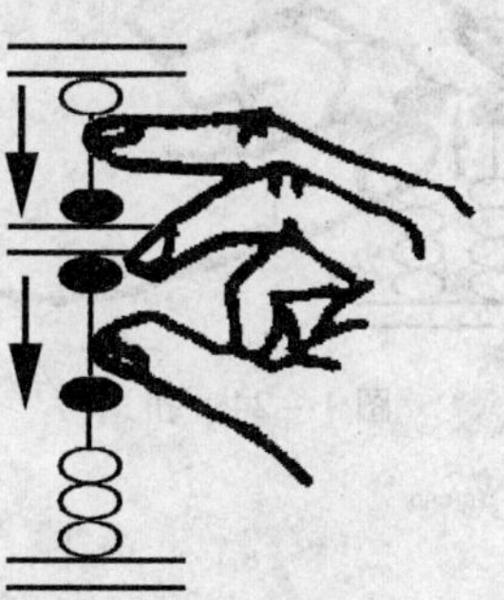

图 1－17　同下

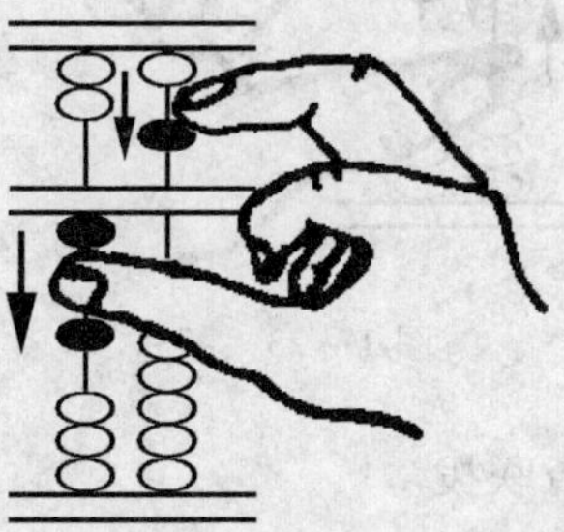

图 1－18　斜下

（2）中指和食指联拨。

①中指和食指拨上下珠同时离梁，即“同分”、“斜分”（见图 1－19、图 1－20），如 6－6、7－7、15－15、25－25 等。

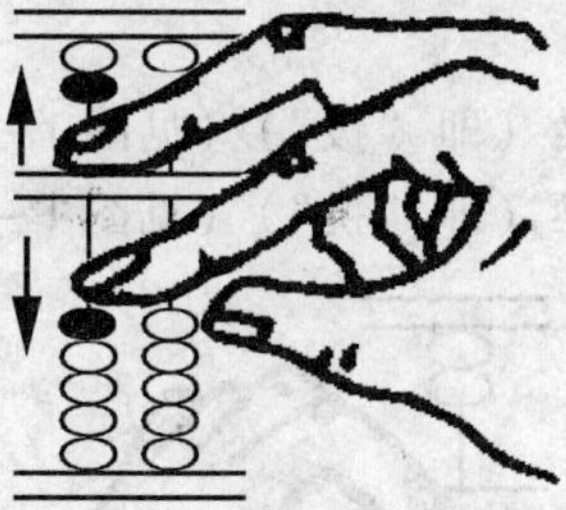

图 1－19　同分

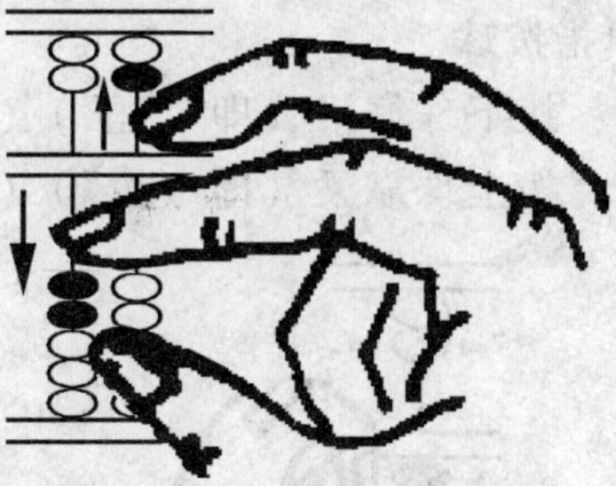

图 1－20　斜分

②中指拨上珠靠梁的同时，食指拨下珠全部离梁，即“同下”、“斜下”（见图 1－21、图 1－22），如 1＋4、2＋3、20－15、30－25、40－35 等。

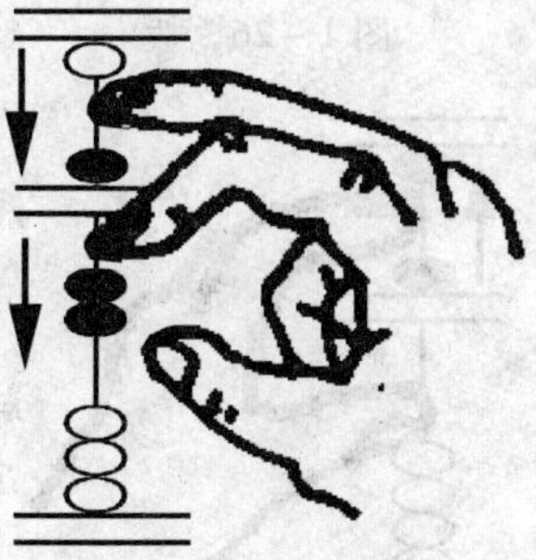

图 1－21　同下

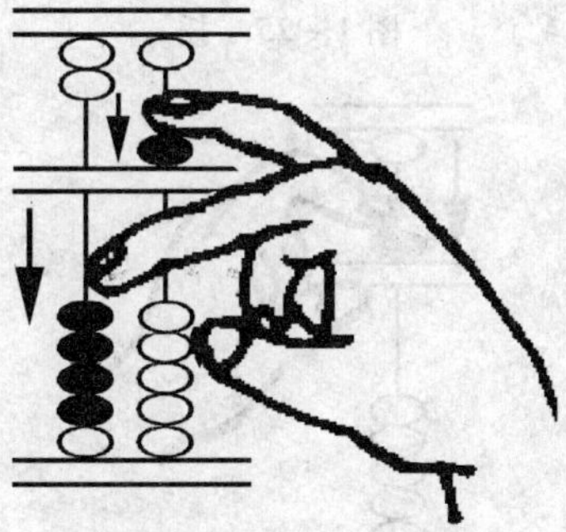

图 1－22　斜下

（3）拇指和食指联拨。

①食指在本档拨下珠离梁的同时，拇指在左一档拨下珠靠梁，即“扭进”（见图 1－23），如 1＋9、2＋8、3＋7、4＋6 等。

②食指在左一档拨下珠离梁的同时，拇指在本档拨下珠靠梁，即“扭退（与扭进动作相反）”（见图 1－24），如 10－9、10－8、10－7 等。

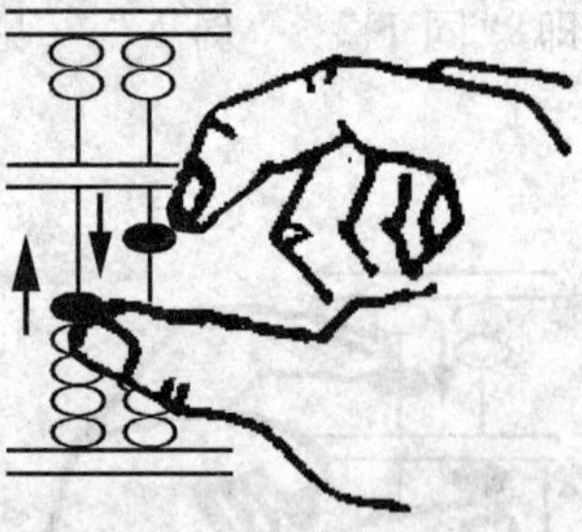

图1－23　扭进

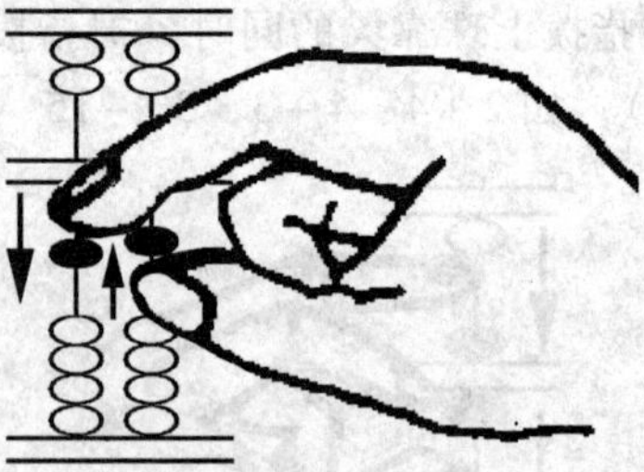

图1－24　扭退

3. 三指联拨。

三指联拨常用于食指、中指在右一档拨上下珠离梁，拇指在左一档拨下珠靠梁，如6＋4、7＋3、8＋2、9＋1等。

（二）菱珠小算盘的拨珠指法

菱珠小算盘因梁距离较短，使用起来比较方便、灵活，一般只用拇指和食指拨珠，称为二指法。

1. 单指拨珠。

拇指：拨下珠靠梁（即“托”）（见图1－25）或离梁（即“拨”）（见图1－26）。

食指：拨上珠靠梁（即“拨”）（见图1－27）或离梁（即“挑”）（见图1－28）。

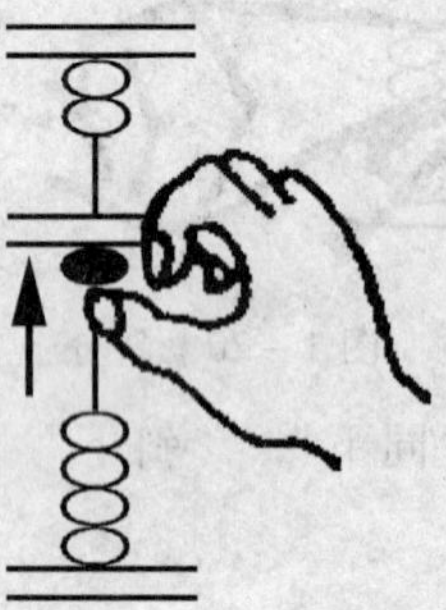

图1－25　托

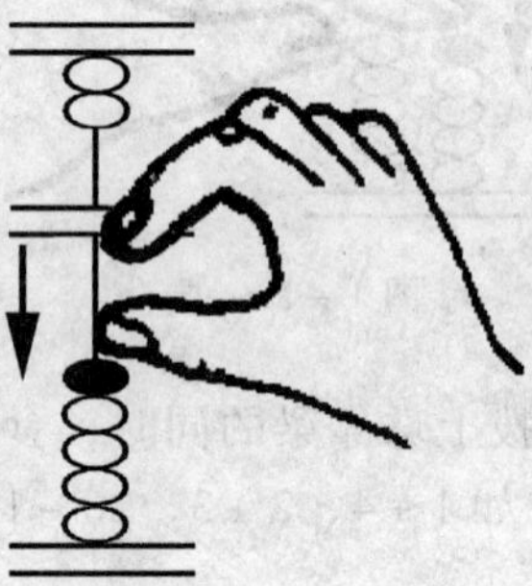

图1－26　拨

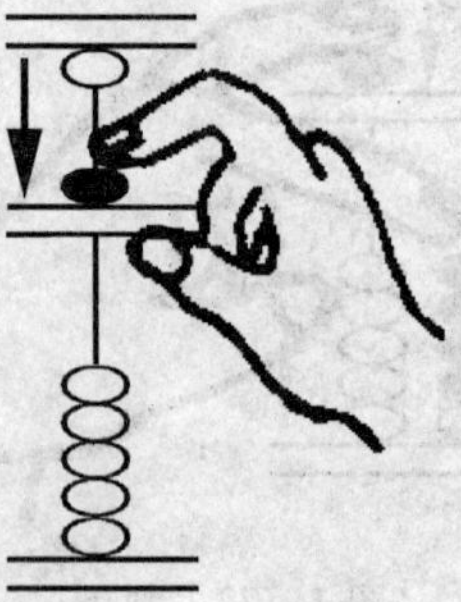

图1－27　拨

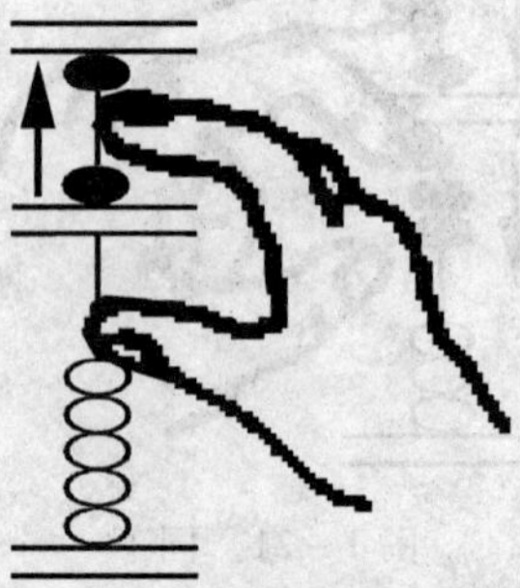

图1－28　挑

2. 两指联拨。

（1）合（同合）：食指和拇指同时拨上下珠靠梁（见图1－29），如0＋6、1＋7、1＋8等。还有“斜合”，即左一档下珠和右一档上珠同时靠梁，如0＋25、11＋35等。

（2）分（同分）：食指和拇指同时拨上下珠离梁（见图1－30），如6－6、7－7、8－8

等。还有“斜分”，即左一档下珠和右一档上珠同时离梁，如 26 - 15、37 - 25、48 - 35 等。

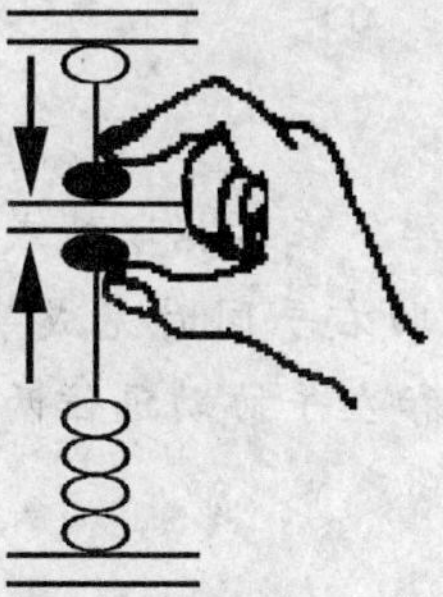

图 1 - 29　合（同合）

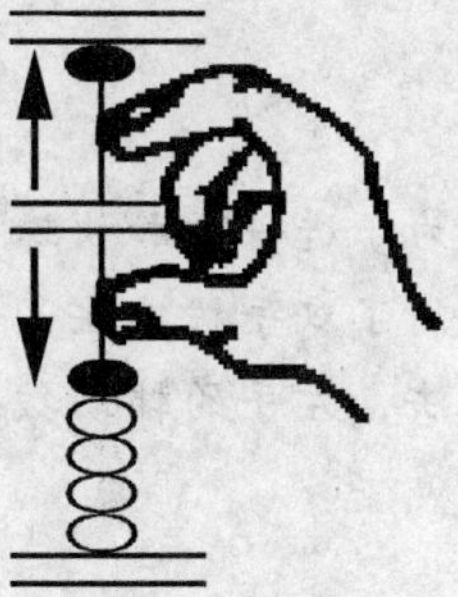

图 1 - 30　分（同分）

（3）带（同下）：食指拨上珠靠梁的同时拇指拨下珠离梁（见图 1 - 31），如 2 + 3、3 + 3、4 + 4 等。

（4）提（同上）：拇指拨下珠靠梁的同时食指拨上珠离梁（见图 1 - 32），如 5 - 4。

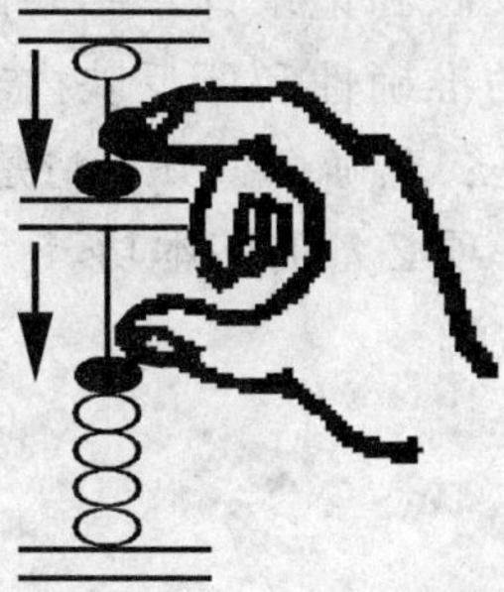

图 1 - 31　带（同下）

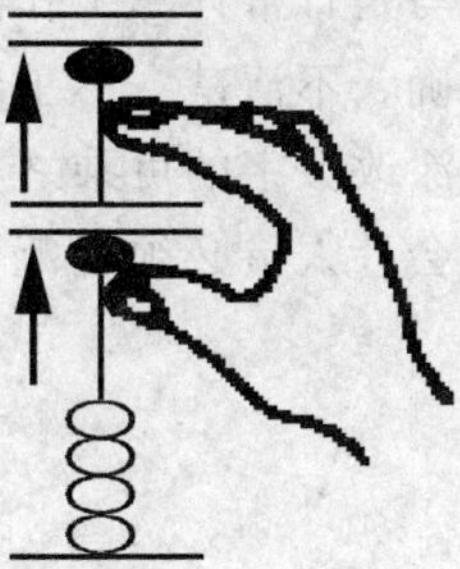

图 1 - 32　提（同上）

（5）进（扭进）：食指在本档拨下珠离梁的同时，拇指在左一档拨下珠靠梁（见图 1 - 33），如 1 + 9、2 + 8、3 + 7 等。

（6）退（扭退）：食指在左一档拨下珠离梁的同时，拇指在本档拨下珠靠梁（见图 1 - 34），如 10 - 9、10 - 8、10 - 7 等。

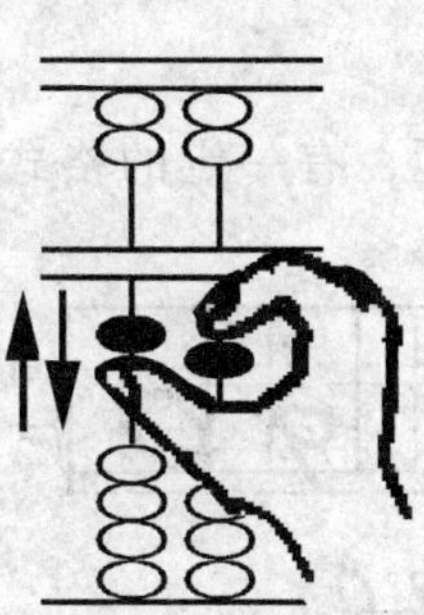

图 1 - 33　扭进

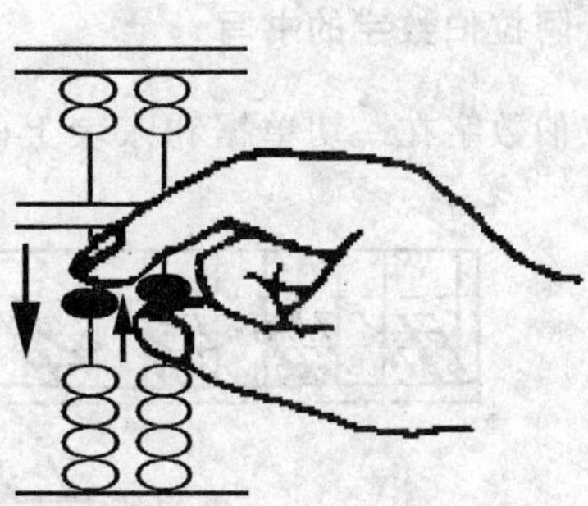

图 1 - 34　扭退

（7）弹：将食指插入珠间和横梁处，以弹的动作先弹去上珠，再弹去下珠，拇指顺势在左一档拨下珠靠梁，如 6 + 4、7 + 3、8 + 2 等。

（8）冲：拇指、食指控在一起，从右向左沿梁直推，使上、下珠同时离梁。此指法用于连续进位或清盘，如99998 + 2、9987 + 3。

小资料

双手拨珠法

近年来，为了进一步加快珠算的拨珠速度，提高计算效率，在两指联拨或三指联拨的基础上，有人采用了双手拨珠法，即以右手拨珠为主，左手协助右手同时完成某一拨珠动作。采用双手拨珠法，左手的辅助拨珠动作主要有左手协助进位和左手协助退位两种情况。

第二节　会计数字的书写

数字的书写是日常计算工作的一项基本技能，是正确反映和记录计算结果的重要环节。如果书写不正确、不清楚、不工整，直接影响到计算资料的准确性和所反映内容的真实性，甚至给他人以涂改数字的可乘之机。数字书写的基本要求是：正确、整齐、清楚、快捷。因此，作为一名会计人员必须规范、正确地书写数字，这是一项必备的基本功。

小知识

阿拉伯数字的起源

1、2、3、4、5、6、7、8、9、0，代表十进位数字系统的数字。起源于公元6或7世纪的印度，大约在12世纪通过阿拉伯数学家传入欧洲。欧洲人误以为是阿拉伯人发明的，就把它们叫做“阿拉伯数字”。现在，阿拉伯数字已成了全世界通用的数字符号。

一、阿拉伯数字的书写

阿拉伯数字在一切单据和账表上的写法与普通写法不同，有一定的格式和要求，如图1－35。

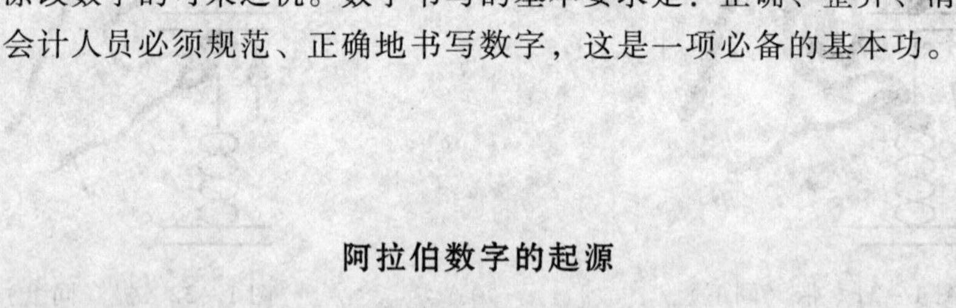

图1－35

1. 表横格上书写时，不要写满格，一般应占格距的1/2。一是好看，二是备作改错。

2. 数字写法是自上而下，先左后右。

3. 数字写法一般在格内的斜度以60°为准。

4. 除7和9两个数字的上端要低下半格的1/4，腿伸出下一格上半格的1/4外，其他12345680都要靠在底线上。

提示

要特别注意“4”、“6”、“7”、“9”的写法。

小知识

人民币符号（¥）的使用

“¥”是人民币基本单位“元”的汉语拼音“yuan”的缩写，即代表了人民币币制，又代表了人民币“元”的单位。因此，小写金额人民币前面填写了“¥”以后，金额数字就不必再写人民币单位“元”。

5. 4的左竖，上至下半格右边，下至下半格左边1/4处；中竖高度为下半格的1/2，以防改1为4。

6. 6的上竖伸入上半格1/4，防止改6为8。

7. 8的左上端略出格外，避免把3改成8的可能性。

8. 0不要写小了，不要留口，不要写成扁长形“o”；在连写几个0时，不要加连线，如“000”。

9. 由于珠算的特点，整数部分可按“三位一节”的记数方法，便于看数打算盘，即由个位起从右至左，每隔三位用分位点（,）隔开，如9, 876, 543, 210。

10. 金额数字前面应加“¥”，表示人民币。整数金额以下，角、分位数字下，应划一横线，并在横线左前端（即角位数字以前，元位数字以后）点一小数点。如壹佰元整应写成“¥100. 00”（注：实际工作中，也可写成“¥100. —”），叁角贰分应写成“¥0. 32”。如果账册报表上已印有数位分隔线，就不必这样写了。

11. 如果在各种单据、账册、报表上写错数字，严禁用挖、补、刮、擦等不正确方法涂改，应该根据“划线订正法”的规定订正。其正确的方法为：用红笔在整个错误数字上划上一条直线，然后将正确的数字写在错误数字的上方，并加盖经办人的印章，以示负责。见图1－36。

图1－36

二、中文数字的书写

在会计工作中，填写发票、收据、借据、支票、账单、合同等必须用中文大写。书写时应注意以下问题：

1. 书写中文大写时，应一律用楷书或行书书写。其楷书字的样式如下：

零　壹　贰　叁　肆　伍　陆　柒　捌　玖

拾　佰　仟　万　亿　元　角　分　整

2. 书写一定要正规，不可随意简写，不得自造简化字，不能用“一、二（两）、三、四、五、六、七、八、九、十、块、另（0）”等字样来代替。

3. 大写金额前加“人民币”三字，字与字之间必须书写紧凑，相互之间要靠拢。

4. 到元为止的整数，在数字后面应写上一个“整”字。如“685元”应写成“陆佰捌拾伍元整”。

> **提示**
>
> 中文数字的书写有两种形式：1. 中文大写：如壹、贰、叁、肆……2. 中文简写：如一、二、三、四……

5. 为防止涂改，11至19，大写必须在“拾”字前加写一个“壹”字。如“15.36元”应写成“壹拾伍元叁角陆分”。

6. 在金额连续带有几个零字时，可以只写一个零。如“20,006元”应写成“贰万零陆元整”，而不要写成“贰万零零零陆元整”。

7. 用大写数字记数时，不能写错、漏写，如果发生此种情况，不能涂改，要重新填写一张。

同步练习

习题一　练习数字的书写与订正

1. 练习书写阿拉伯数字0～9（见图1－37）

1										2										3										4									
千	百	十	万	千	百	十	元	角	分	千	百	十	万	千	百	十	元	角	分	千	百	十	万	千	百	十	元	角	分	千	百	十	万	千	百	十	元	角	分

图1－37

2. 将下列小写数写成大写数

(1) ￥682,009.70 应写成：＿＿＿＿＿＿＿＿

(2) ￥13.45 应写成：＿＿＿＿＿＿＿＿

(3) ￥3,007,265.19 应写成：＿＿＿＿＿＿＿＿

(4) ￥51,020.08 应写成：＿＿＿＿＿＿＿＿

(5) ￥79,000,000.46 应写成：＿＿＿＿＿＿＿＿

3. 将下列大写数额写成小写数额

(1) 人民币伍佰叁拾元陆角肆分 应写成：＿＿＿＿＿＿＿＿

(2) 人民币柒拾万零贰佰伍拾捌元玖角 应写成：＿＿＿＿＿＿＿＿

(3) 人民币陆仟零贰拾万壹仟零肆拾柒元整 应写成：＿＿＿＿＿＿＿＿

(4) 人民币玖角柒分 应写成：＿＿＿＿＿＿＿＿

(5) 人民币叁亿元柒角叁分 应写成：＿＿＿＿＿＿＿＿

4. 根据订正规则订正下列各题中的书写错误

(1) 人民币玖十块七毛伍 应写成：＿＿＿＿＿＿＿＿

(2) 人民币捌佰贰元 应写成：＿＿＿＿＿＿＿＿

(3) ￥8,456.00 元整 应写成：＿＿＿＿＿＿＿＿

(4) ￥756,56.123 应写成：＿＿＿＿＿＿＿＿

(5) 人民币十四元一分 应写成：＿＿＿＿＿＿＿＿

5. 指出下列各大写数字及金额单位在书写上的正确与错误（认为正确的，在括号内打"√"，不正确的在括号内写上正确的）

参（ ） 亿（ ） 式（ ） 五（ ） 另（ ）

万（ ） 玫（ ） 百（ ） 千（ ） 十（ ）

柴（ ） 捌（ ） 染（ ） 叁（ ） 一（ ）

6. 根据表 1－3 中所给的正确结果订正相应的错误的数字

表 1－3

正确结果	错误数字（并订正）	正确结果	错误数字（并订正）
(1) 650.36	650.63	(6) 1,266.05	2,266.05
(2) 17,250	7,250	(7) 607,189.82	607,189.02
(3) 5,900,740	590,074	(8) 11,000,000	110,000,000
(4) 100,000.98	10,000,098	(9) 42,317,890	42,317,980
(5) 5,789,357	5,789,352	(10) 2,500	250

习题二 练习指法

请持笔反复进行以下指法练习

1. 托

(1)

```
   111,111,111
+  222,222,222
```

(2)

```
   333,333,333
+  111,111,111
```

(3)

```
  111,222,333
+ 333,222,111
```

(4)

```
  321,211,123
+ 123,231,321
```

2. 拨

(1)

```
  555,555,555
+ 321,432,234
```

(2)

```
  432,234,342
+ 555,555,555
```

(3)

```
  678,432,987
- 123,321,432
```

(4)

```
  666,777,888
- 111,222,333
```

3. 挑

(1)

```
  999,999,999
- 555,555,555
```

(2)

```
  555,555,555
- 555,555,555
```

(3)

```
  777,666,888
- 555,555,555
```

(4)

```
  678,789,895
- 555,555,555
```

4. 同合

(1)

```
  123,353,321
+ 876,606,678
```

(2)

```
  321,203,302
+ 678,776,697
```

(3)

```
  111,111,111
+ 666,777,888
```

(4)

```
  222,111,121
+ 676,787,867
```

5. 同分

(1)

```
   987,657,789
-  867,607,687
```

(2)

```
   657,987,986
-  607,867,876
```

(3)

```
   666,777,888
-  666,777,888
```

(4)

```
   789,789,789
-  789,789,789
```

6. 同上

(1)

```
   555,555,555
-  444,333,222
```

(2)

```
   666,777,888
-  222,333,444
```

(3)

```
   555,666,777
-  123,423,434
```

(4)

```
   567,567,567
-  423,423,423
```

7. 同下

(1)

```
   444,444,444
+  222,222,222
```

(2)

```
   333,333,333
+  333,333,333
```

(3)

```
   432,121,234
+  324,444,423
```

(4)

```
   222,333,444
+  444,333,444
```

8. 扭进

(1)

```
   678,949,876
+  978,987,989
```

(2)

```
   431,123,678
+  789,987,987
```

(3)

```
    333,444,222
+   777,666,888
---------------
```

(4)

```
    123,434,321
+   987,676,789
---------------
```

9. 扭退

(1)

```
    222,333,111
-    88,999,777
---------------
```

(2)

```
    111,111,111
-    99,999,999
---------------
```

(3)

```
    203,040,600
-    99,909,099
---------------
```

(4)

```
     12,112,121
-     9,788,898
---------------
```

10. 弹

(1)

```
    666,666,666
+   444,444,444
---------------
```

(2)

```
    777,777,777
+   333,333,333
---------------
```

(3)

```
    888,888,888
+   222,222,222
---------------
```

(4)

```
    999,999,999
+   111,111,111
---------------
```

11. 冲

(1)

```
     99,999,998
+   100,000,002
---------------
```

(2)

```
    199,919,919
+   100,080,081
---------------
```

(3)

```
     66,788,878
+    33,666,888
---------------
```

(4)

```
     88,669,208
+    11,330,792
---------------
```

第二章

珠算加减法

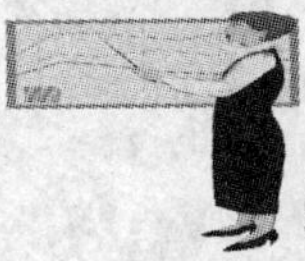

学习目标

- 熟练使用算盘进行加减运算
- 熟练利用珠算进行传票和账表的计算
- 能够通过普四级的加减法定级

第一节　基本加减法

一、学习基本加减法的要点

加减运算是乘、除运算的基础。乘法是加法的倍数表现，除法是减法的倍数表现。在实际工作中，加减运算（包括账表算，传表算）占有计算量的绝大部分，这体现了珠算的实用性。用珠算进行加、减运算，比笔算、电子计算器更为迅速、准确，这也是珠算长期应用，经久不衰，具有很强生命力的原因所在。因此，练好珠算加减算十分重要。

1. 加法是把两个或两个以上的数合并在一起，求出它们的和是多少的计算方法。

加法的算式是：被加数 + 加数 = 和

珠算加法，应该遵守以下三个基本规则：

（1）应将被加数与加数相同的数位对齐，同位数与同位数才能相加。计算小数加法时，必须把被加数和加数的小数点对齐，然后相加。

（2）应从高位数到低位数的顺序相加。

（3）被加数和加数可以交换位置。

2. 减法是从一个数中减去另一个或几个数，求出它们的差是多少的计算方法。

减法的算式是：被减数 - 减数 = 差

珠算减法，应该遵守以下三个基本规则：

（1）应将被减数与减数相同的数位对齐，同位数与同位数才能相减。计算小数减法时，必须把被减数和减数的小数点对齐，然后相减。

（2）应从高位数到低位数的顺序相减。

（3）被减数和减数不可以交换位置。

小知识

传统口诀加减，是运用一套完整的口诀来指导拨珠动作进行加减运算的方法。始见明朝的起五诀、成十诀、破五诀和破十诀。

二、珠算口诀加法

我国传统上学习珠算的方法是利用珠算口诀。珠算口诀是前人在多年实践过程中总结的拨珠顺序和方法。初学者按口诀拨珠，便于较快地掌握运算方法。

加法口诀有26句，见表2-1。

表2-1　　加法口诀表

口诀类型 / 口诀 / 加数	不进位的加		进位的加	
	直接的加	补五的加	进十的加	破五进十的加
	几上几	几下五去几	几去几进一	几上几去五进一
一	一上一	一下五去四	一去九进一	
二	二上二	二下五去三	二去八进一	
三	三上三	三下五去二	三去七进一	
四	四上四	四下五去一	四去六进一	
五	五上五		五去五进一	
六	六上六		六去四进一	六上一去五进一
七	七上七		七去三进一	七上二去五进一
八	八上八		八去二进一	八上三去五进一
九	九上九		九去一进一	九上四去五进一

提示

口诀中第一个字是表示加数，后面的文字是表示拨珠的动作。口诀中的“上”表示拨珠靠梁；口诀中的“下”表示拨珠离梁；口诀中的“去”表示把靠梁的珠拨去；口诀中的“进一”表示向前一档拨入一颗下珠。

珠算加法运算顺序：

（1）将被加数从左到右按数的位次顺序拨在算盘上。

（2）再将加数分别对准被加数的位次，从左到右，逐位加上。

（3）在加算过程中，每一档满“10”，则向左一档（右手拨珠）上一个下珠，这一步骤叫做“进位”。

（4）最后，算盘上靠梁算珠表示的数，就是求得的和。

（一）不进位加法

不进位加法是指两数相同数位的数字相加的和小于10，可用本档的上、下珠直接拨入，不需进位。不进位加法又可分为直接的加和补五的加。

1. 直接的加。

直接的加是指当拨入被加数后，再加上一个加数时，能够直接在本档加上这个加数，只需拨表示加数的算珠靠梁。口诀是“几上几”，共9句，具体指法如表2-2所示。

表2-2　直接的加拨珠指法表

加数	口诀（指法）	三指拨珠法	二指拨珠法
1	一上一	用拇指拨下珠靠梁。	用拇指拨下珠靠梁。
2	二上二		
3	三上三		
4	四上四		
5	五上五	用中指拨上珠靠梁。	用食指拨上珠靠梁。
6	六上六	用拇指拨下珠，用中指拨上珠同时靠梁。	用食指拨上珠，拇指拨下珠同时靠梁。
7	七上七		
8	八上八		
9	九上九		

【例2-1】 1023+2561=3584

（1）将数1023按照位数布在相应的档位上，如图2-1。

（2）在千位上加2（二上二），百位上加5（五上五），十位上加6（六上六），个位上加1（一上一），得和3584。如图2-2。

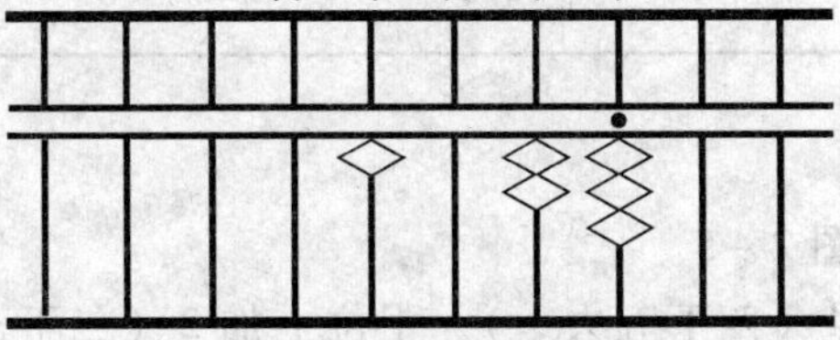

图2-1

注意

选定好个位档。

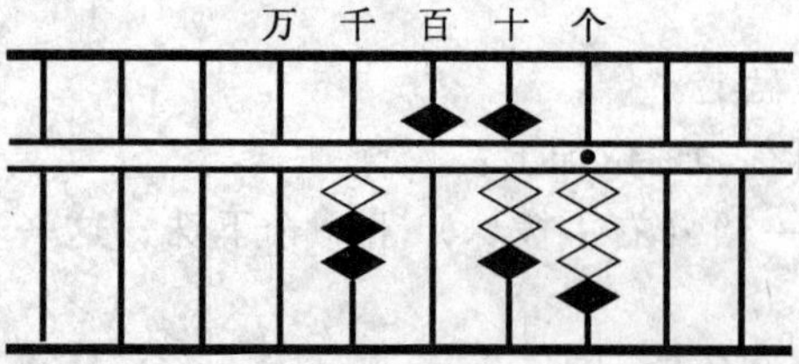

图2-2

> **注意**
>
> 位数对齐，从最高位加起。

【例2-2】21.73+62.15=83.88

（1）先定好个位档，将被加数21.73按照位数布在相应的档位上，如图2-3。

（2）在十位上加6（六上六），个位上加2（二上二），十分位上加1（一上一），百分位上加五（五上五），得和为83.88。如图2-4。

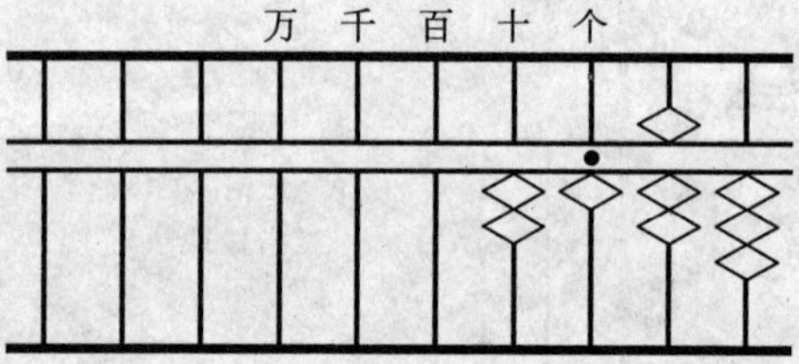

图2-3

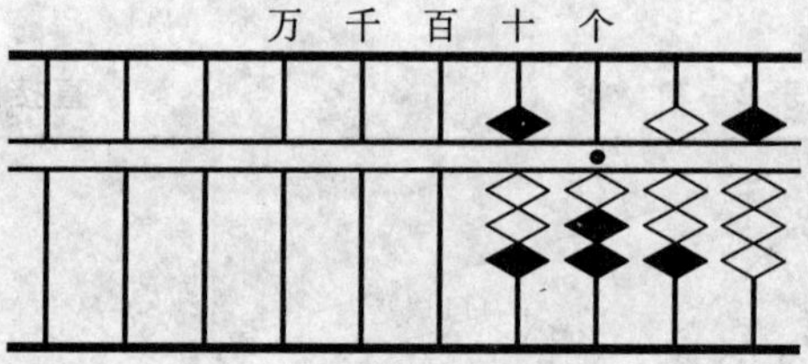

图2-4

2. 补五的加。

补五的加是指当被加数小于5，加数也小于5，两数相加，下珠不够加，需要拨上珠靠梁，同时，把多加的数在下珠中减去。口诀是“几下五去几”，共4句，具体拨珠指法如表2-3所示。

表2-3　补五的加拨珠指法表

加数	口诀 \ 指法	用三指拨珠法	用二指拨珠法
1	一下五去四	用中指拨上珠靠梁，同时用食指拨下珠离梁。	用食指拨上珠靠梁，并用食指（或拇指）拨下珠离梁。
2	二下五去三		
3	三下五去二		
4	四下五去一		

【例2-3】2334+3421=5755

（1）将数2334按位数布在相应的档位上。如图2-5。

（2）在千位上加3（三下五去二），百位上加4（四下五去一），十位上加2（二下五去三），个位上加1（一下五去四），得和5755。如图2-6。

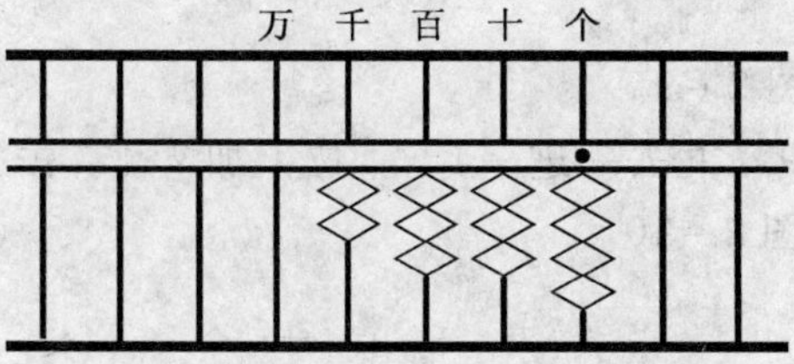

图 2－5

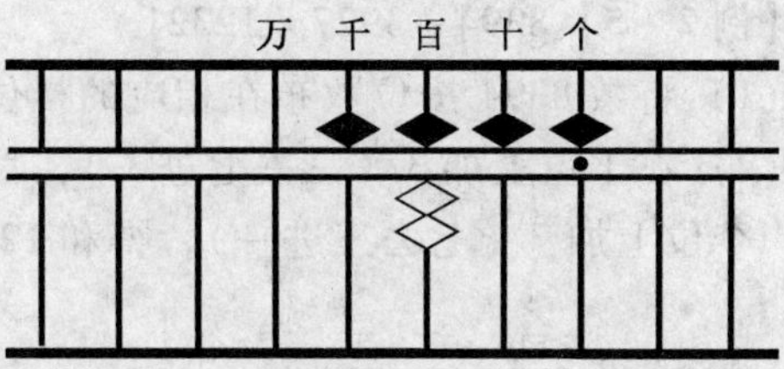

图 2－6

【例 2－4】 34.24＋42.31＝76.55

（1）先定好个位档，将被加数 34.24 按照位数布在相应的档位上，如图 2－7。

（2）在十位上加 4（四下五去一），个位上加 2（二下五去三），十分位上加 3（三下五去二），百分位上加一（一下五去四），得和为 76.55。如图 2－8。

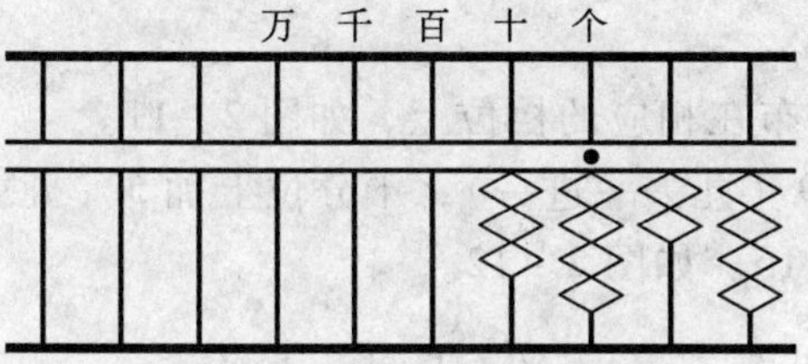

图 2－7

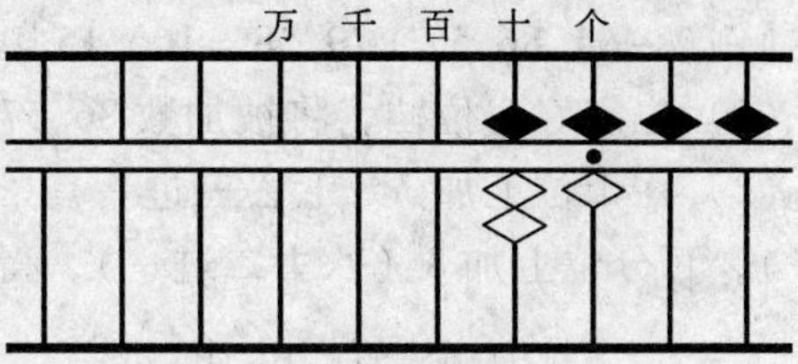

图 2－8

（二）进位加法

进位加法就是在运算时，本档两数相加的和等于或大于 10，必须向前一档进 1。进位加法可分为进十的加和破五进十的加两种。

1. 进十的加。

进十的加是指两数相加的和等于或大于 10，必须向前一档进 1，同时能在本档上直接减去多加的数。口诀是“几去几进一”，共 9 句，具体拨珠指法如表2－4 所示。

表 2－4　进十的加拨珠指法表

加数	口诀（指法）	用三指拨珠法	用二指拨珠法
1	一去九进一	先用中指和食指同时拨上下珠离梁，再向前一档进一靠梁。	先用食指和拇指同时拨上下珠离梁，再向前一档进一靠梁。
2	二去八进一		
3	三去七进一		
4	四去六进一		
5	五去五进一	先用中指拨上珠离梁，再向前一档进一靠梁。	先用食指拨上珠离梁，再向前一档进一靠梁。
6	六去四进一	先用食指拨下珠离梁，再向前一档进一靠梁。	先用食指拨下珠离梁，再向前一档进一靠梁。
7	七去三进一		
8	八去二进一		
9	九去一进一		

【例2-5】8394+3927=12321

（1）将数8394按位数布在相应的档位上。如图2-9。

（2）在千位上加3（三去七进一），百位上加9（九去一进一），十位上加2（二去八进一），个位上加7（七去三进一），得和12321。如图2-10。

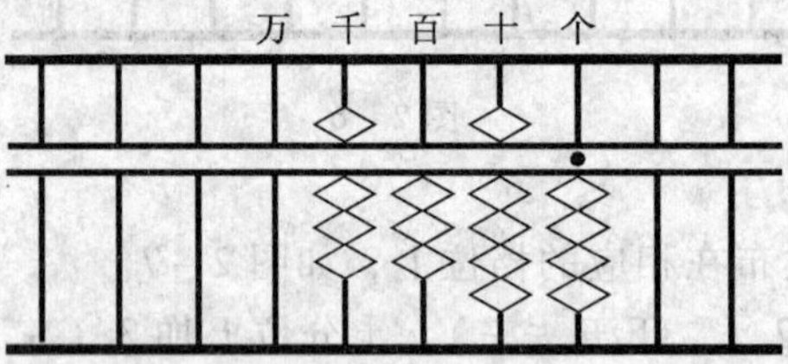

图2-9

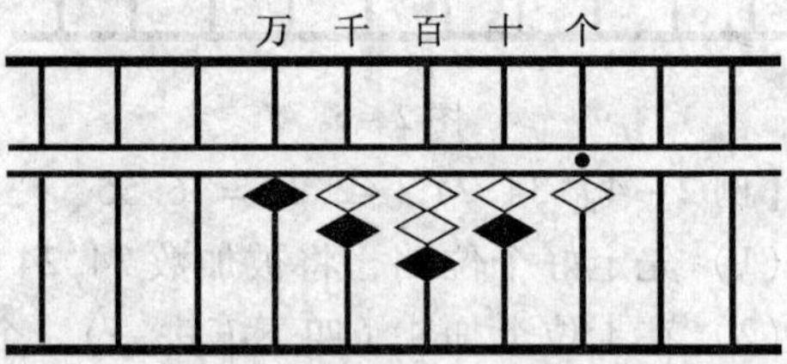

图2-10

【例2-6】86.57+79.58=166.15

（1）先定好个位档，将被加数86.57按照位数布在相应的档位上，如图2-11。

（2）在十位上加7（七去三进一），个位上加9（九去一进一），十分位上加5（五去五进一），百分位上加8（八去二进一），得和为166.15。如图2-12。

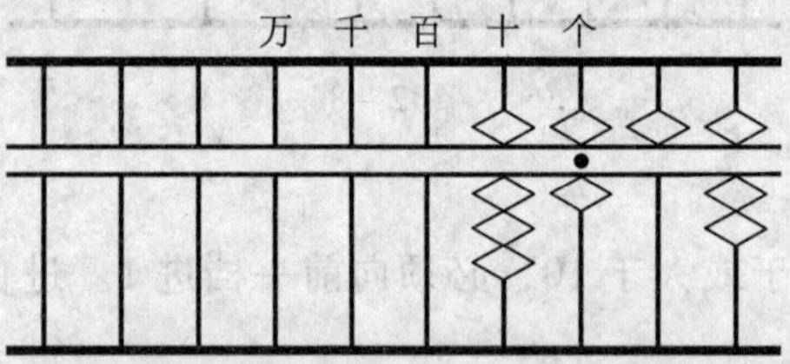

图2-11

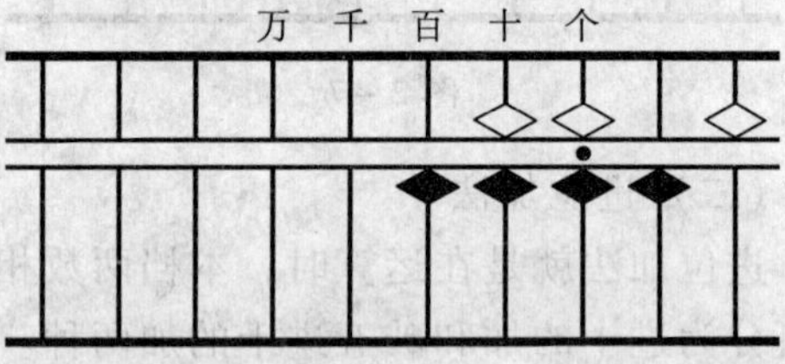

图2-12

2. 破五进十的加。

破五进十的加是指两数相加时，本档的被加数是5或大于5，同时加数也是5或大于5，两数相加后一定等于或大于10，必须向前一档进1，但本档减去多加的数时，只能用减法口诀"破五的法"减去。口诀是"几上几去五进一"，共4句，具体拨珠指法如表2-5所示。

表2-5 破五进十的加拨珠指法表

加数	口诀 \ 指法	用三指拨珠法	用二指拨珠法
6	六上一去五进一	用拇指拨下珠靠梁，同时用中指拨上珠离梁，再向前一档进一靠梁。	用拇指拨下珠靠梁，同时，用食指拨上珠离梁，再向前一档进一靠梁。
7	七上二去五进一		
8	八上三去五进一		
9	九上四去五进一		

【例2-7】5656+8796=14452

（1）将数5656按位数布在相应的档位上。如图2-13。

（2）在千位上加8（八上三去五进一），百位上加7（七上二去五进一），十位上加9

（九上四去五进一），个位上加6（六上一去五进一），得和15452。如图2-14。

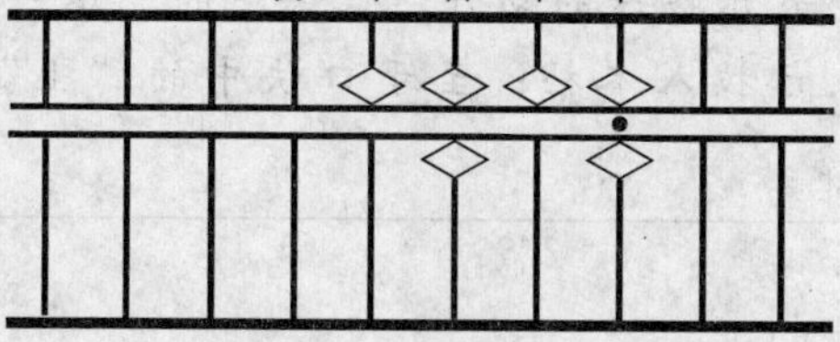

图2-13

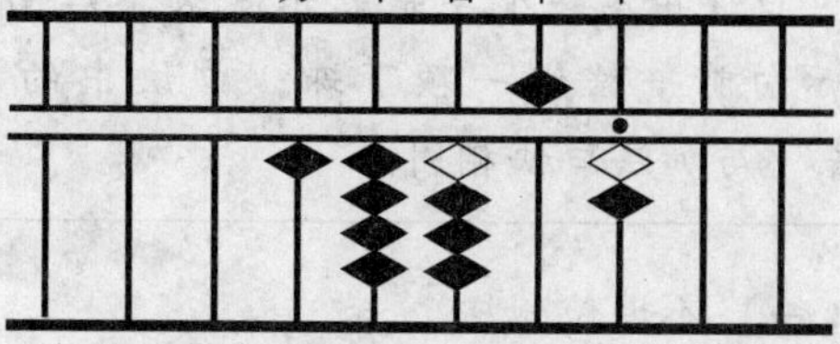

图2-14

【例2-8】 875.65+78.69=954.34

（1）先定好个位档，将被加数875.65按照位数布在相应的档位上，如图2-15。

（2）在十位上加7（七上二去五进一），个位上加8（八上三去五进一），十分位上加6（六上一去五进一），百分位上加9（九上四去五进一），得和为954.34。如图2-16。

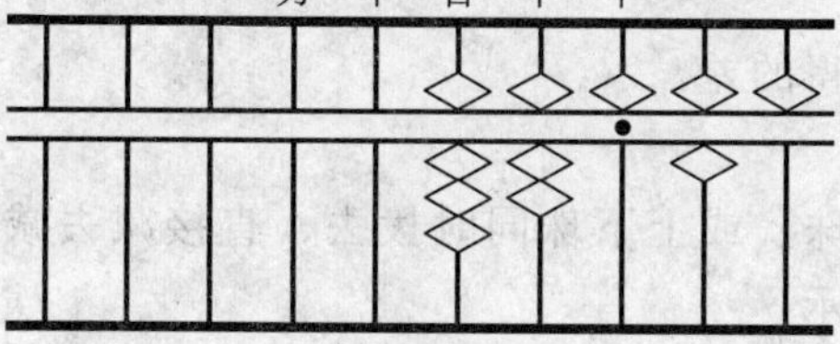

图2-15

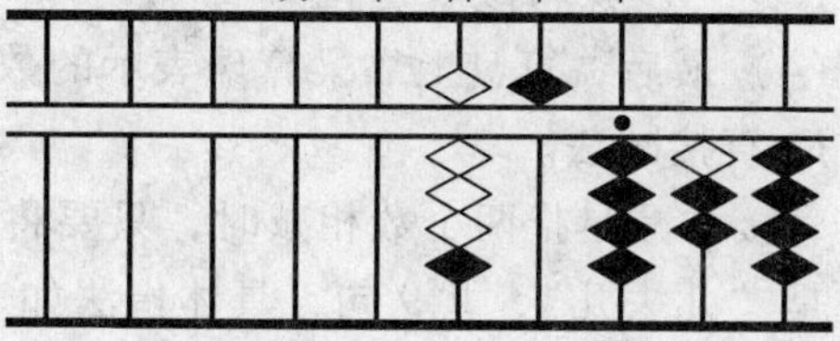

图2-16

三、珠算口诀减法

珠算减法口诀有26句，具体见表2-6。

表2-6

口诀类型 / 口诀 / 减数	不退位的减		退位的减	
	直接的减	破五的减	退十的减	退十补五的减
	几去几	几上几去五	几退一还几	几退一还五去几
一	一去一	一上四去五	一退一还九	
二	二去二	二上三去五	二退一还八	
三	三去三	三上二去五	三退一还七	
四	四去四	四上一去五	四退一还六	
五	五去五		五退一还五	
六	六去六		六退一还四	六退一还五去一
七	七去七		七退一还三	七退一还五去二
八	八去八		八退一还二	八退一还五去三
九	九去九		九退一还一	九退一还五去四

提示

口诀中第一个字是表示减数，后面的文字是表示拨珠的动作。口诀中的“退一”表示向前一档借一颗下珠；口诀中的“还”表示拨入本档；至于口诀中的“上”、“去”与加法口诀相同。

（一）不退位减法

不退位减法是指在运算时，本档上的算珠够减，也就是本档上的被减数大于减数，不需从前一档“退十”（即借1）。不退位减法可分为直接的减和破五的减。

珠算减法运算顺序：

（1）先将被减数从左到右按数的位次顺序拨在算盘上。

（2）再分别对准被减数的位次，从左到右，逐位减去减数。

（3）在减算过程中，当本档不够减时，须拨左一档（右手拨珠）的一颗下珠（借10）离梁，这一步骤叫做“退位”。

（4）最后，算盘上靠梁算珠表示的数，就是求得的差。

1. 直接减法。

直接的减是指两个数相减时，只要将上珠或下珠、或上下珠同时拨去，直接减去减数。口诀是“几去几”，共9句，具体指法如表2－7所示。

表2－7　　**直接减法拨珠指法表**

减数	口诀（指法）	三指拨珠法	二指拨珠法
1 2 3 4	一去一 二去二 三去三 四去四	用食指拨下珠离梁。	用食指拨下珠离梁。
5	五去五	用中指拨上珠离梁。	用食指拨上珠离梁。
6 7 8 9	六去六 七去七 八去八 九去九	用食指和中指拨上、下珠同时离梁。	用拇指和食指拨上、下珠同时离梁。

【例2－9】 3874－2653＝1221

（1）定好个位档，将数3874按位数布在相应的档位上。如图2－17。

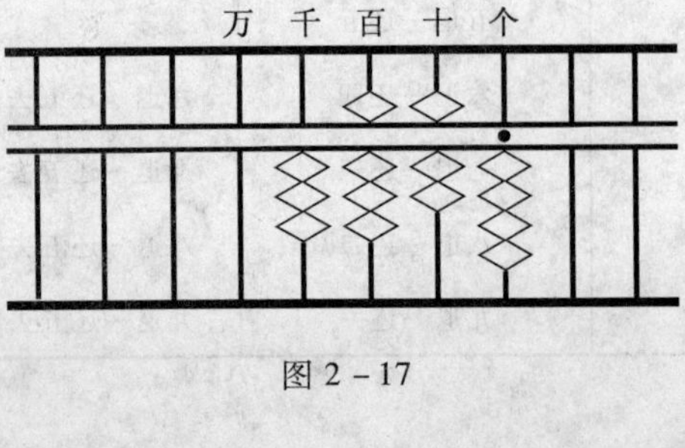

图2－17

注意

选定好个位档。

（2）在千位上减2（二去二），百位上减6（六去六），十位上减5（五去五），个位上减3（三去三），得差1221。如图2－18。

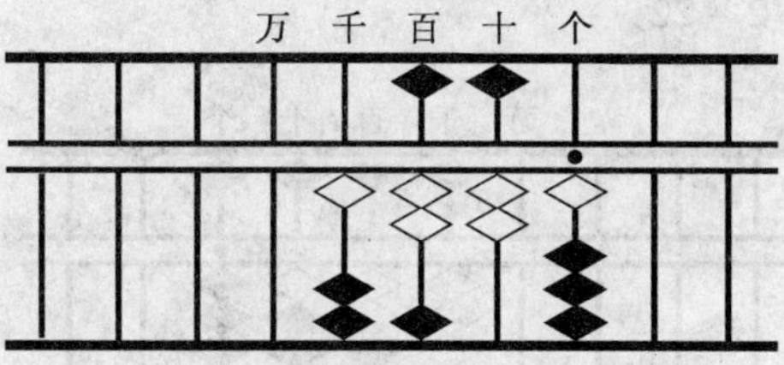

图2－18

注意

位数对齐，从最高位减起。

提示

离梁靠边的黑珠表示已被减去的数，以下例中表示相同。

【例2－10】 3246.89－135.73＝3111.16

（1）先定好个位档，将被减数3246.89按照位数布在相应的档位上，如图2－19。

（2）在百位上减1（一去一），在十位上减3（三去三），个位上减5（五去五），十分位上减7（七去七），百分位上减3（三去三），得差为3111.16。如图2－20。

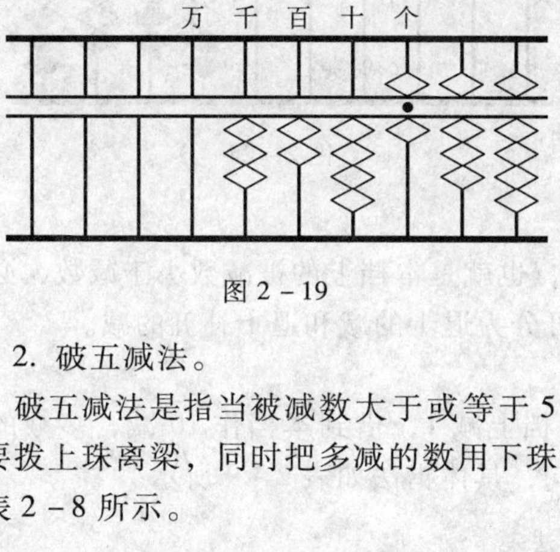

图2－19

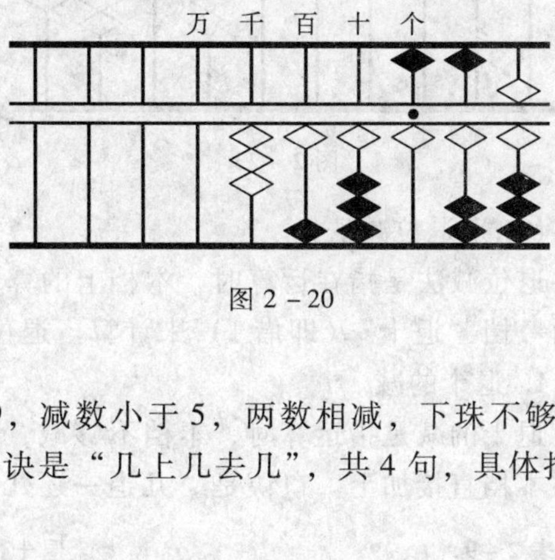

图2－20

2. 破五减法。

破五减法是指当被减数大于或等于5而小于9，减数小于5，两数相减，下珠不够减，需要拨上珠离梁，同时把多减的数用下珠加上。口诀是“几上几去几”，共4句，具体指法如表2－8所示。

表2－8　破五的减拨珠指法表

减数	口诀 \ 指法	用三指拨珠法	用二指拨珠法
1	一上四去五	用拇指拨下珠靠梁，同时，用中指拨上珠离梁。	用拇指拨下珠靠梁，同时，用食指拨上珠离梁。
2	二上三去五		
3	三上二去五		
4	四上一去五		

【例2-11】 8765-4321=4444

（1）将数8765按照位数布在相应的档位上。如图2-21。

（2）在千位上减4（四上一去五），百位上减3（三上二去五），十位上减2（二上三去五），个位上减1（一上四去五），得差4444。如图2-22。

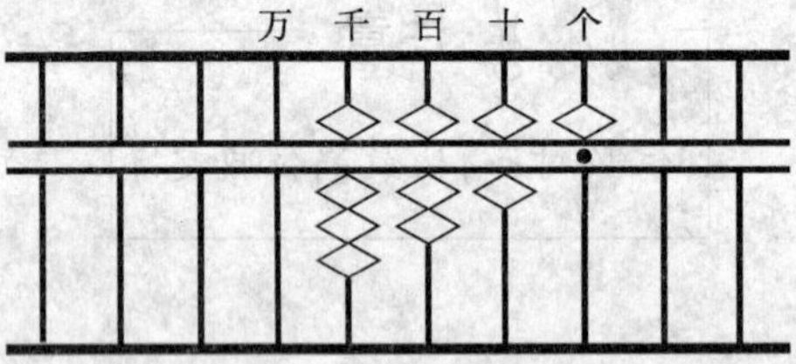

图2-21

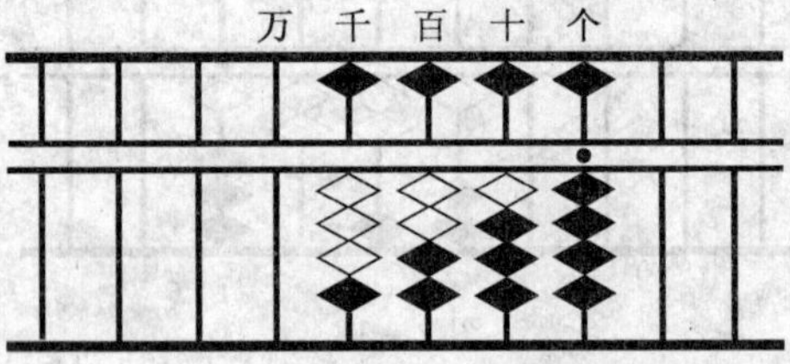

图2-22

【例2-12】 75.76-32.42=43.34

（1）先定好个位档，将被减数75.76按照位数布在相应的档位上，如图2-23。

（2）在十位上减3（三上二去五），个位上减2（二上三去五），十分位上减4（四上一去五），百分位上减2（二上三去五），得差为43.34。如图2-24。

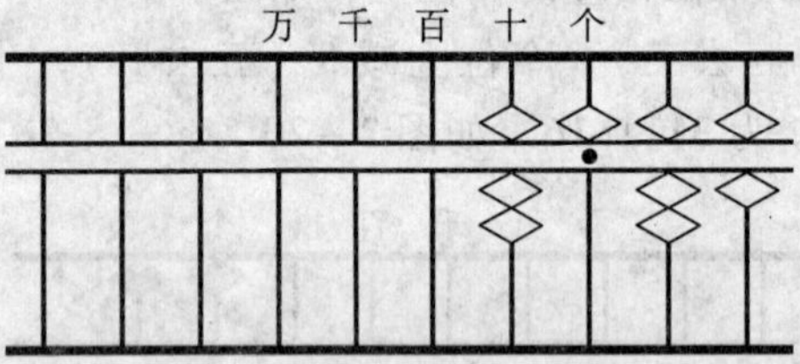

图2-23

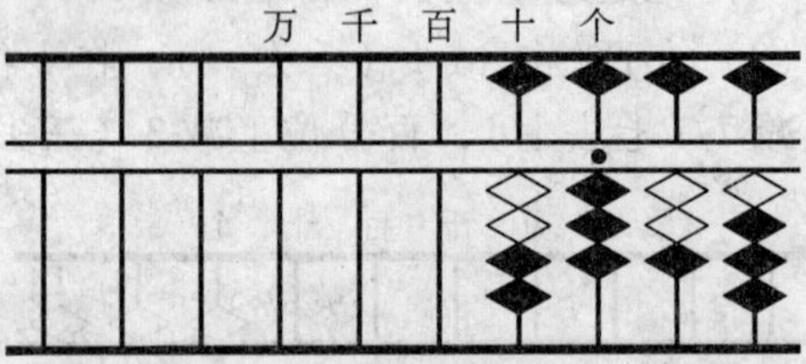

图2-24

（二）退位减法

退位减法是指在运算时，本档上的算珠不够减，也就是本档上的被减数小于减数，必须从前一档“退十”（即借1）来计算。退位减法又可分为退十的减和退十补五的减。

1. 退十的减。

退十的减是指运算时，本档不够减，要从前一档上减1，借到本档作10减，多减的数能在本档直接加上。口诀是“几退一还几”，共9句，具体指法如表2-9所示。

表2-9 退十的减拨珠指法表

<table>
<tr><th>减数</th><th>口诀 \ 指法</th><th>用三指拨珠法</th><th>用二指拨珠法</th></tr>
<tr><td>1</td><td>一退一还九</td><td rowspan="4">先用食指向前一档拨一下珠离梁，再用中指和拇指同时拨本档上下珠靠梁。</td><td rowspan="4">先用食指向前一档拨一下珠离梁，再用食指和拇指同时拨本档上下珠靠梁。</td></tr>
<tr><td>2</td><td>二退一还八</td></tr>
<tr><td>3</td><td>三退一还七</td></tr>
<tr><td>4</td><td>四退一还六</td></tr>
<tr><td>5</td><td>五退一还五</td><td>先用食指向前一档拨一下珠离梁，再用中指拨本档上珠靠梁。</td><td>先用食指向前一档拨一下珠离梁，再用食指拨本档上珠靠梁。</td></tr>
</table>

续表

减数	口诀　指法	用三指拨珠法	用二指拨珠法
6	六退一还四	先用食指向前一档拨一下珠离梁，再用拇指拨下珠靠梁。	先用食指向前一档拨一下珠离梁，再用拇指在本档拨下珠靠梁。
7	七退一还三		
8	八退一还二		
9	九退一还一		

【例 2－13】13245－9857＝3388

（1）将数 13245 按位数布在相应的档位上。如图 2－25。

（2）在千位上减 9（九退一还一），百位上减 8（八退一还二），十位上减 5（五退一还五），个位上减 7（七退一还三），得差 3388。如图 2－26。

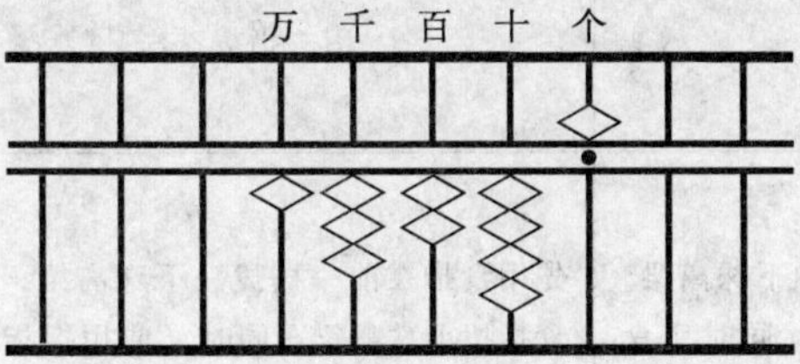

图 2－25

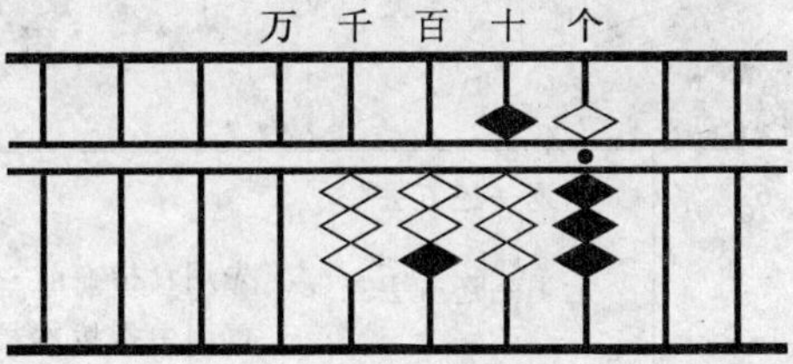

图 2－26

【例 2－14】425.73－47.85＝377.88

（1）先定好个位档，将被减数 425.73 按照位数布在相应的档位上，如图 2－27。

（2）在十位上减 4（四退一还六），个位上减 7（七退一还三），十分位上减 8（八退一还二），百分位上减 5（五退一还五），得差为 377.88。如图 2－28。

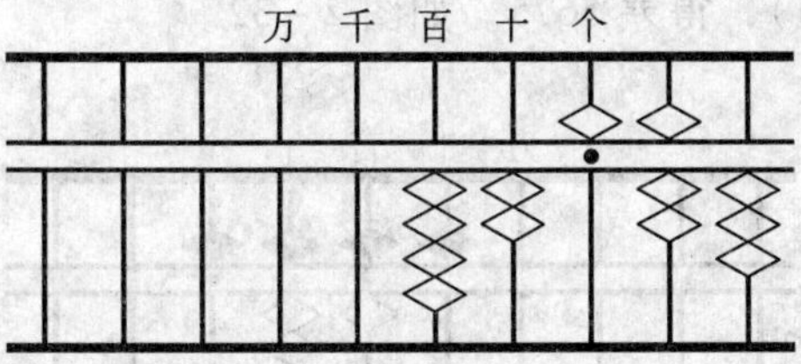

图 2－27

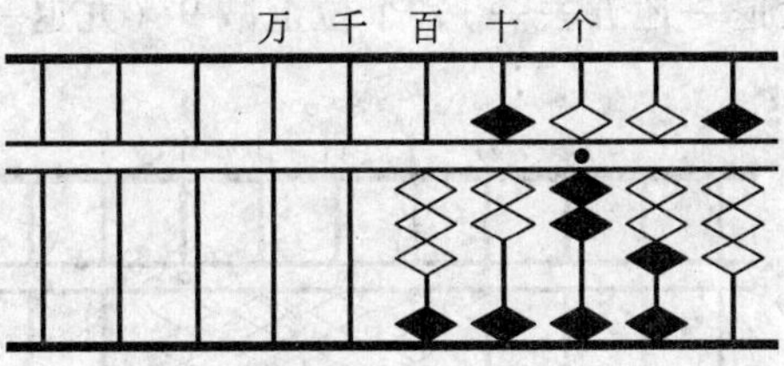

图 2－28

【例 2－15】1000－3＝997

（1）先定好个位档，将被减数 1000 按照位数布在相应的档位上，如图 2－29。

（2）在个位上减 3，此时本档被减数小于减数，须从其左一档借 1，但左一档甚至左二档都为空挡，而在左二档以上的档次才有数字，这时就须隔位借减，因此这类减法也称“隔位减”。隔位减掌握的要领是“隔几个空挡就还几个 9”，口诀是“几退一还九九几”，本题为“三退一还九九七”，得差为 997。如图 2－30。

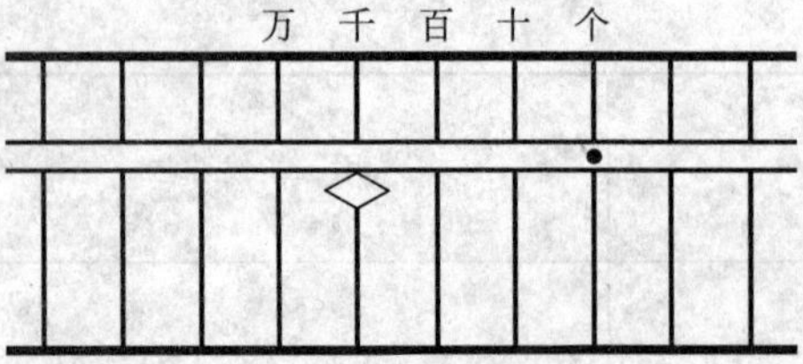

图 2－29

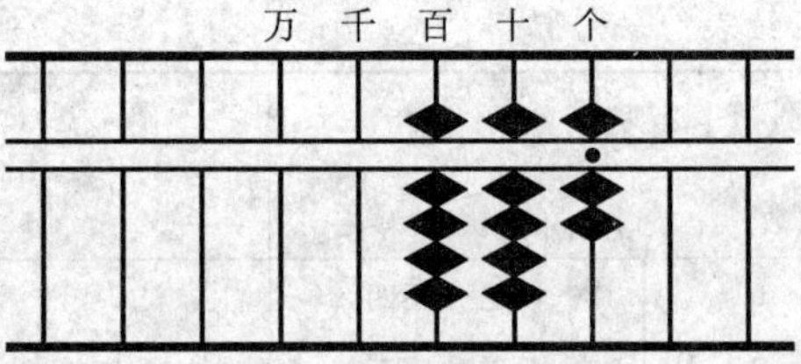

图 2－30

2. 退十补五的减。

退十的减是指运算时，本档被减数小于5，不够减6、7、8、9，要从前一档上减1，借到本档作十减，多减的数只能用加法口诀“补五的加”加上。口诀是“几退一还五去几”，共4句，具体指法如表2－10所示。

表2－10　退十补五的减法拨珠指法

减数	口诀（指法）	用三指拨珠法	用二指拨珠法
6	六退一还五去一	先用食指在前一下档拨一颗下珠离梁，再用中指拨本档上珠靠梁，同时用食指拨下珠离梁。	先用食指在前一档拨一下珠离梁，再用食指拨上珠靠梁，同时（或用拇指）拨下珠离梁。
7	七退一还五去二		
8	八退一还五去三		
9	九退一还五去四		

【例2－16】14444－8769＝5675

（1）将数14444按位数布在相应的档位上。如图2－31。

（2）在千位上减8（八退一还五去三），百位上减7（七退一还五去二），十位上减6（六退一还五去一），个位上减9（九退一还五去四），得差5675。如图2－32。

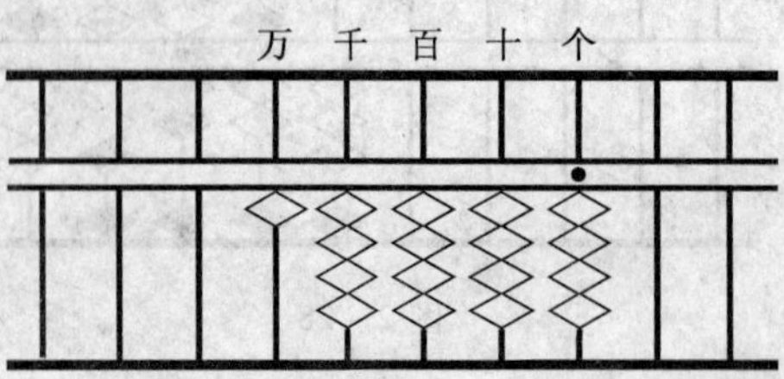

图 2－31

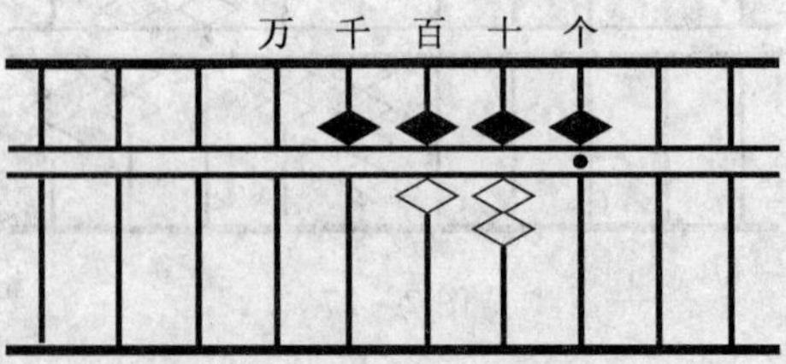

图 2－32

【例2－17】234.34－78.69＝155.65

（1）先定好个位档，将被减数234.34按照位数布在相应的档位上，如图2－33。

（2）在十位上减7（七退一还五去二），个位上减8（八退一还五去三），十分位上减6（六退一还五去一），百分位上减9（九退一还五去四），得差为155.65。如图2－34。

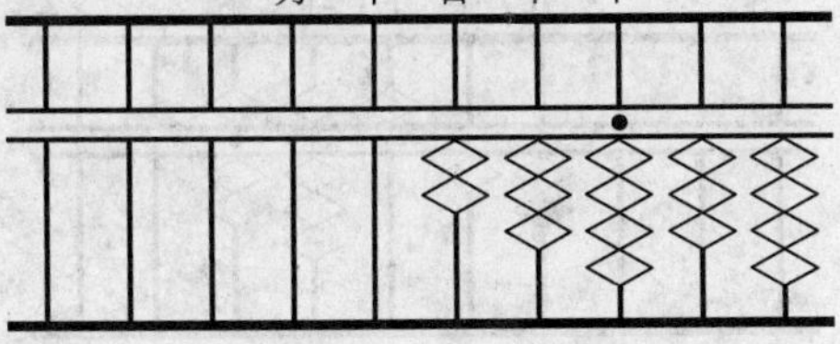

图 2 – 33

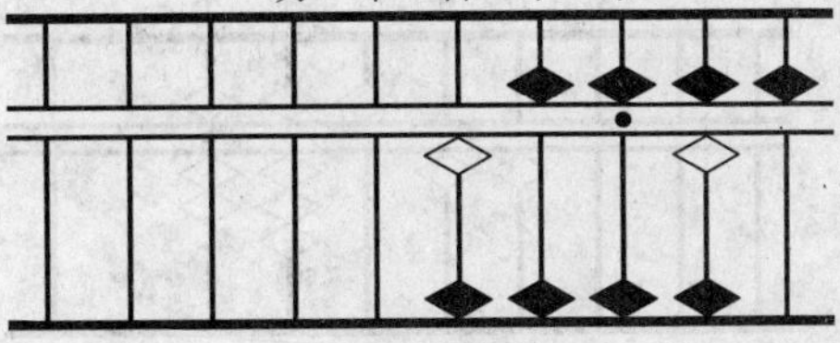

图 2 – 34

第二节　简捷加减法

基本加减法，是通过加快拨珠的频率（速度）来提高计算水平的。但速度的提高总是有一定限度的，到达这个限度以后就难以再提高了。简捷加减法是以基本加减法为基础，利用数与数的组成和分解，根据运算的定律、性质或它们之间的特殊关系，结合心算，简化运算过程，减少拨珠次数，以实现准确快速的计算。

下面介绍几种常用的简捷加减法。

一、凑整法

当加数或减数接近整数，拨珠时，按整数计算加减，减少其运算的位数，简化运算过程，称之为凑整法。具体方法是：如果是加法，先加算整数，多加了几个数再拨去几珠；如果是减法，则先减算整数，多减了几个数再加回几珠。

提示

一些简捷方法是有条件、有局限性的，只能在数字适应它的特点时才能运用，即要按算题的不同情况来选不同的简捷算法，并要结合一定程度的心算，选用得当，则可化繁为简，减少差错，提高计算速度。但不要生搬硬套，否则反而费时，弄巧成拙。

1. 接近 10 的乘方数。

如：98 接近 100（10^2）

995 接近 1000（10^3）

99993 接近 10000（10^4）

注意

找出这些数的规律。

【例 2 – 18】 11587 + 9998 = 11587 + 10000 – 2 = 21585

（1）将数 11587 按位数布在相应的档位上。如图 2 – 35。

（2）在万位上加 1。如图 2 – 36。

（3）在个位上减 2，结果得 21585。如图 2 – 37。

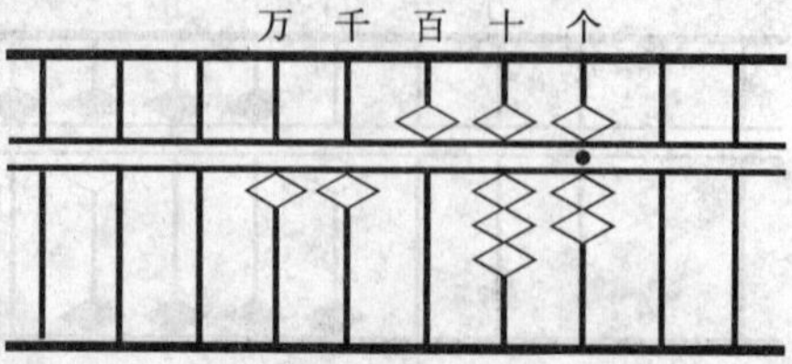

图 2－35

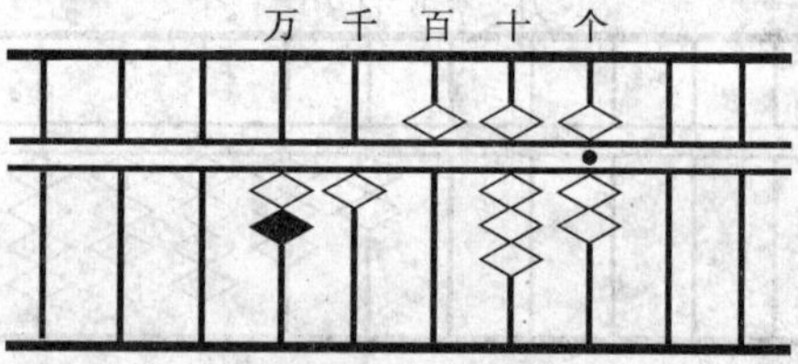

图 2－36

【例 2－19】 7894－996＝7894－1000＋4＝6898

（1）将数 7894 按位数布在相应的档位上。如图 2－38。

（2）在千位上减 1。如图 2－39。

（3）在个位上加 4，结果得 6898。如图 2－40。

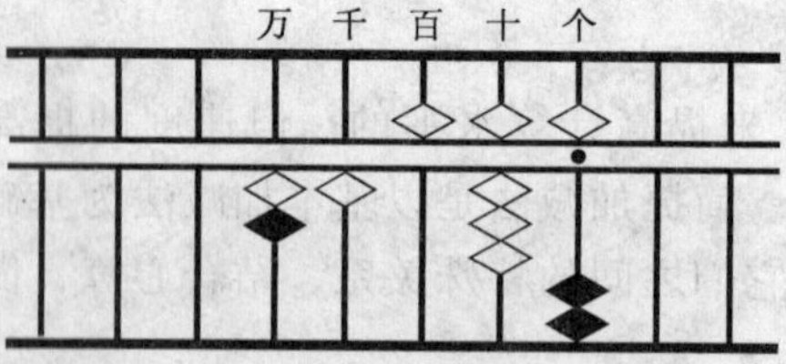

图 2－37

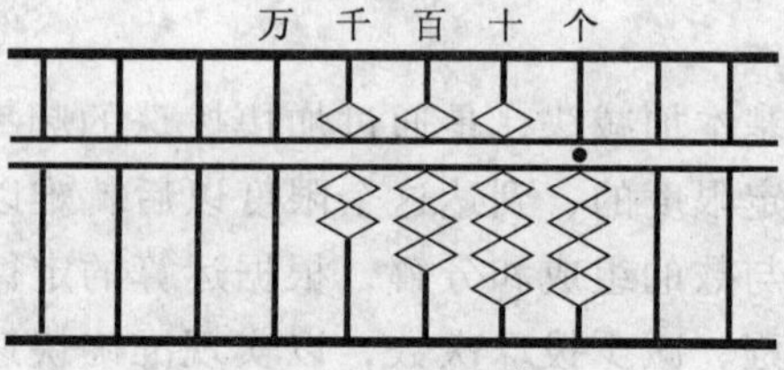

图 2－38

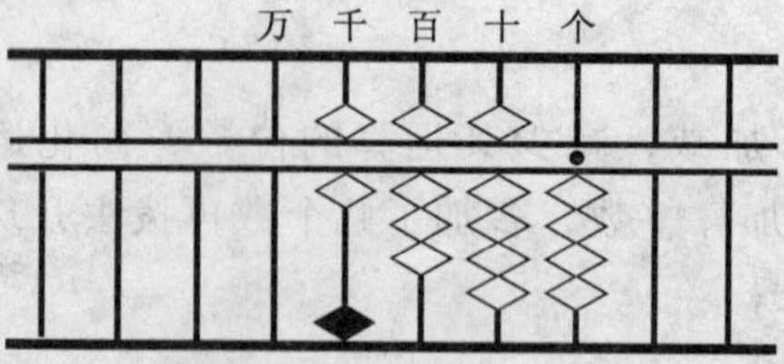

图 2－39

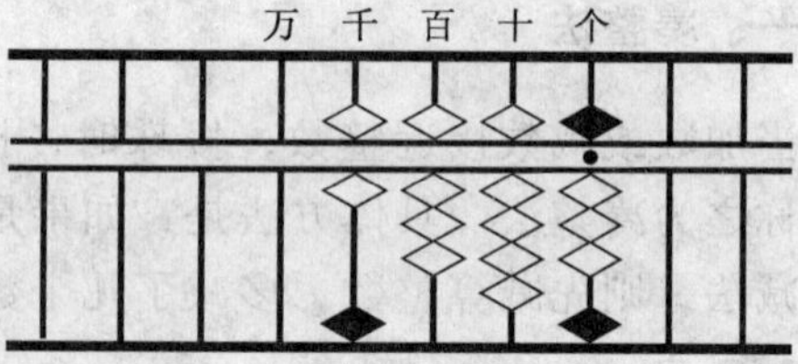

图 2－40

2. 接近 10 的乘方数的倍数。

如：197 接近 200（2×10^2）

3997 接近 4000（4×10^3）

89998 接近 40000（4×10^3）

> **注意**
>
> 找出这些数的规律。

【例 2－20】18267＋39999＝18267＋40000－1＝58266

（1）将数 18267 按位数布在相应的档位上。如图 2－41。

（2）在万位上加 4，如图 2－42。

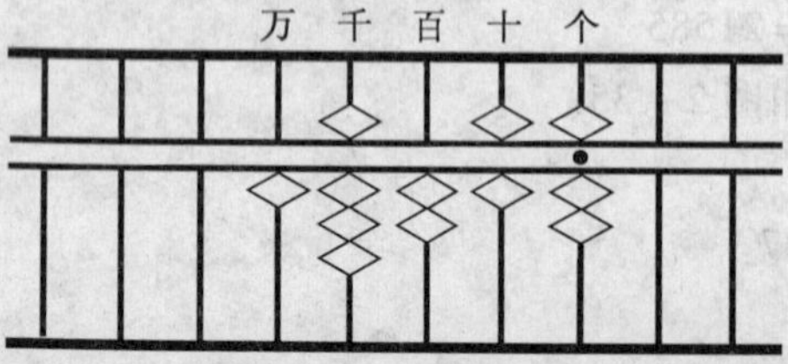

图 2－41

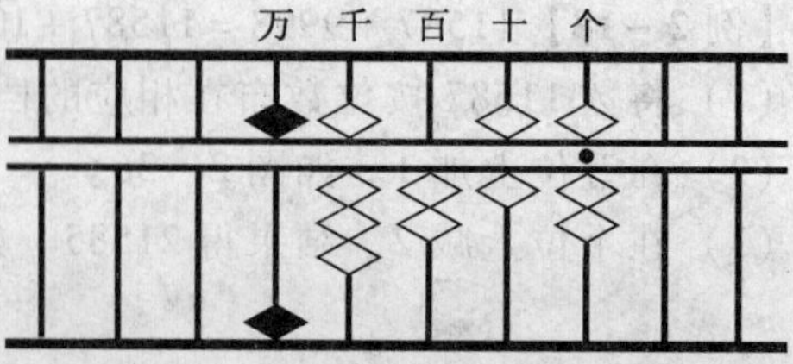

图 2－42

（3）在个位上减 1，结果得 58266。如图 2－43。

【例 2－21】 2675－597＝2675－600＋3＝2078

（1）将数 2675 按位数布在相应的档位上。如图 2－44。

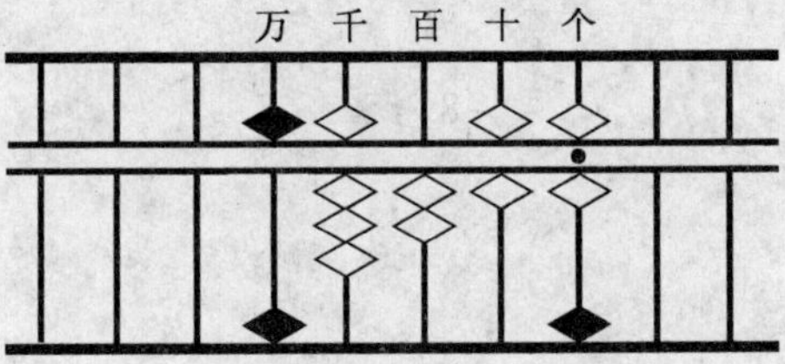

图 2－43

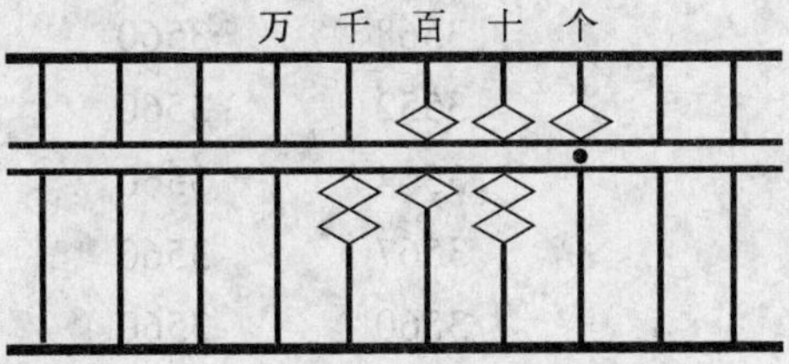

图 2－44

（2）在百位上减 6，如图 2－45。

（3）在个位上加 3，结果得 2078。如图 2－46。

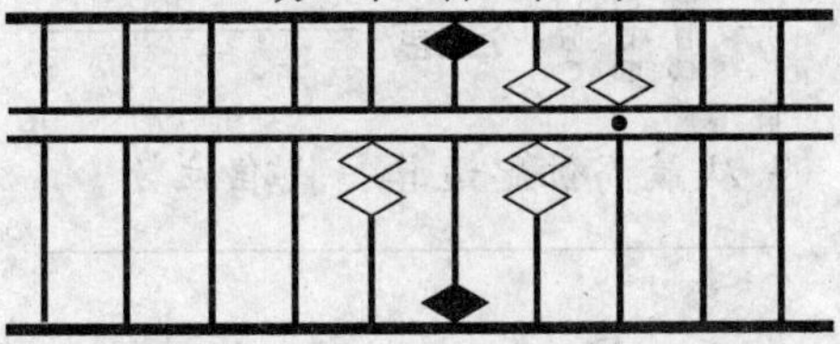

图 2－45

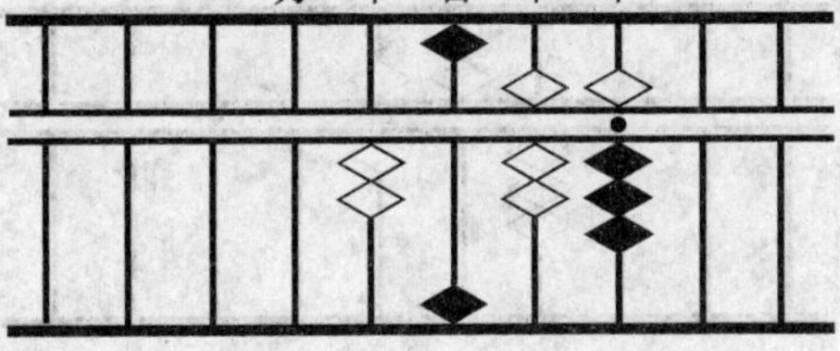

图 2－46

二、基数调整加减法

这种方法适用于多笔相同位数运算，相加数字大都接近，可选一笔基数为中心，其他各笔数字按这中心数加减调整，这样化繁为简，可减少加算笔数，提高运算速度。

【例 2－22】

	3563
	3570
	3550
	3568
	3552
	3564
	3567
	3560
	3559
+	3565
	35618

注意

找出这些数的特点。

可以 3560 为中心数进行加减调整，共 10 笔 35600，加调整数 37，减调整数 19。

		中心数	加调整数	减调整数
	3563	3560	+3	
	3570	3560	+10	
	3550	3560		-10
	3568	3560	+8	
	3552	3560		-8
	3564	3560	+4	
	3567	3560	+7	
	3560	3560		
	3559	3560		-1
+	3565	3560	+5	
	35624	35600	+37	-19

（1）将数35600按位数布在相应的档位上。如图2-47。

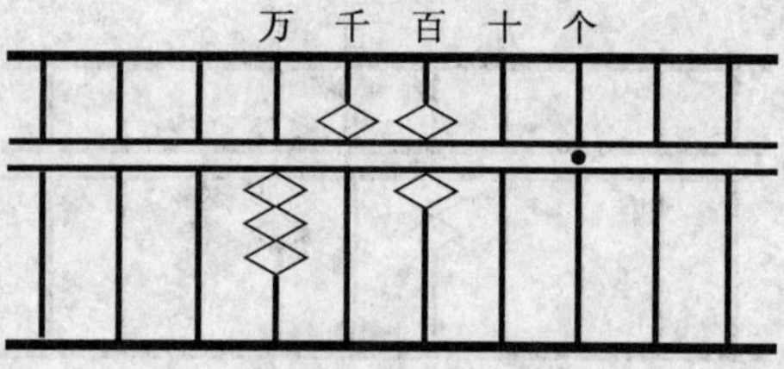

图2-47

注意

从最高位起运算，找准位数。

（2）在相应的档位加上37。如图2-48。

（3）在相应的档位减去19，结果得35618。如图2-49。

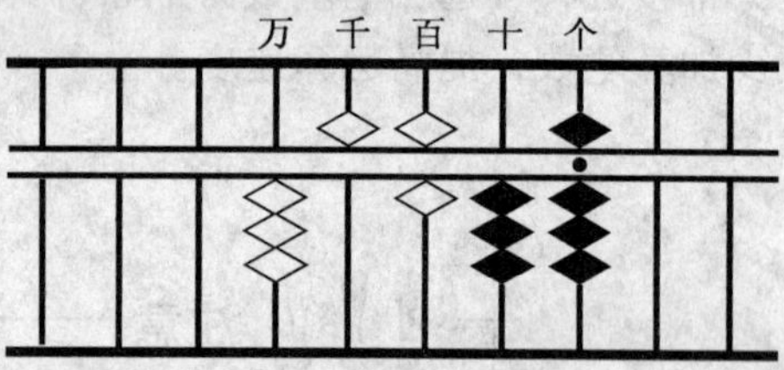

图2-48

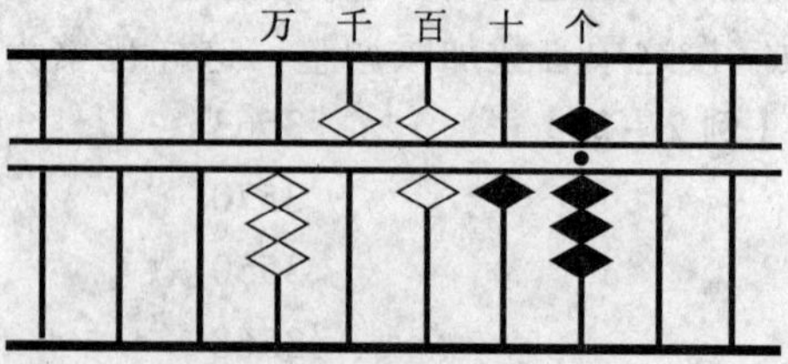

图2-49

三、以加代减法

一般人都是打加法比打减法熟练，当由一个数连续减去多笔数时，可以将减法改成加法来计算，这种方法叫以加代减法。

【例2-23】 96458-15894-2351-6148-27472-9875=34718

先将所有减数相加得和61740，再心算出61740凑足96458的数，得34718，即本题结果。

```
                96458
    15894 ┐
     2351 │
     6148 ├  -61740
    27472 │
+    9875 ┘
─────────────────────────
                34718
```

提示

同方向相加

（1）将数 15894 按位数布在相应的档位上。如图 2－50。

（2）在相应的档位加上 2351，得 18245。如图 2－51。

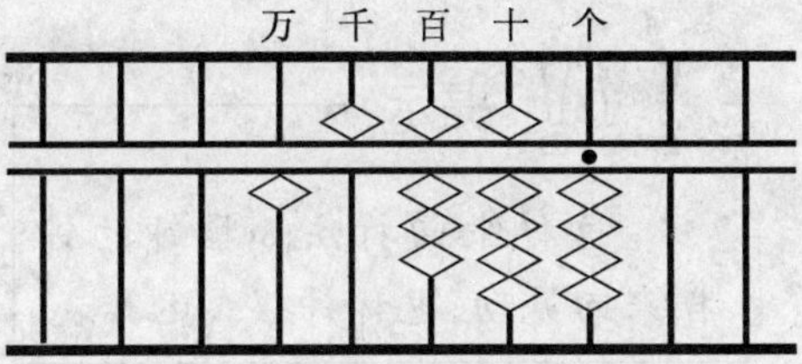

图 2－50

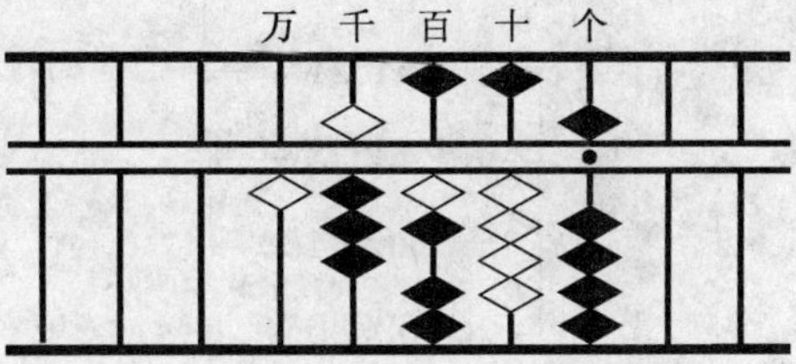

图 2－51

（3）在相应的档位加上 6148，得 24393。如图 2－52。

（4）在相应的档位加上 27472，得 51865。如图 2－53。

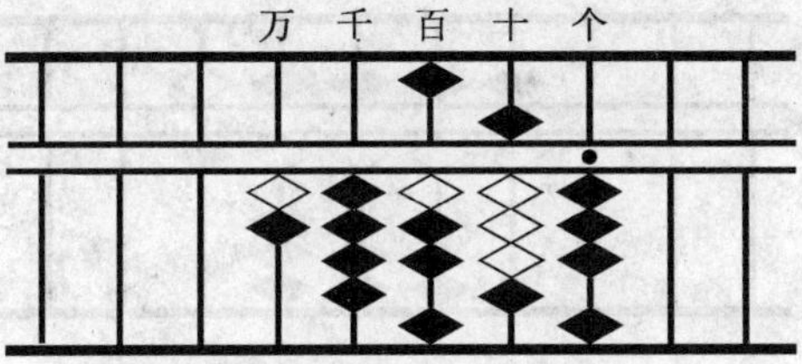

图 2－52

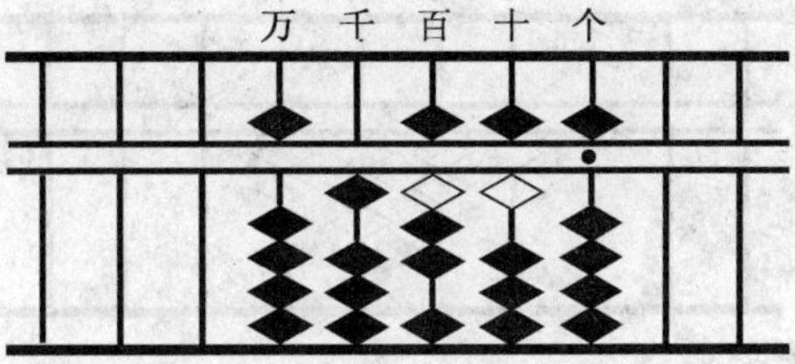

图 2－53

（5）在相应的档位加上 9875，得 61740。如图 2－54。

（6）心算出 61740 凑足 96458 的数，得 34718。如图 2－55。

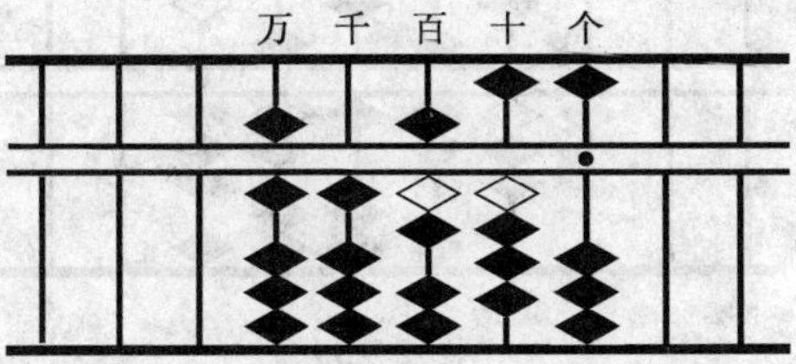

图 2－54

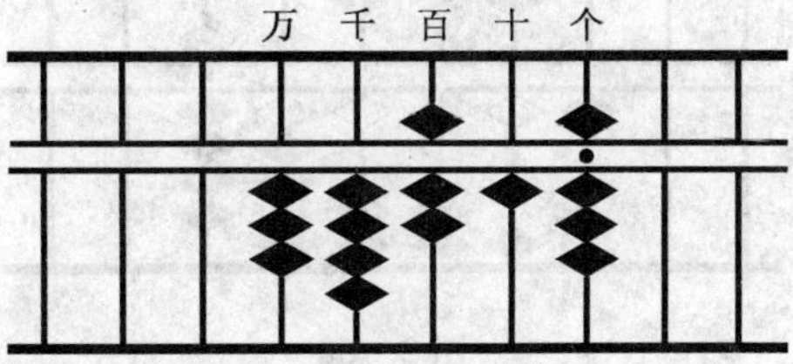

图 2－55

提示

心算出 61740 凑足 96458 的数，即看成 96458 - 61740 = 34718

四、来回（穿梭）加减算

这种方法适合于多笔基本相等位数，运算时第一笔从高位打起到低位；第二笔从低位打起到高位；第三笔又从高位打起到低位——这样来回连加，易找档位，两指拨珠没有间歇时间（即来回拨珠，不跑空趟），可以提高工作效率。

【例 2 - 24】12345 + 54321 + 43523 + 26984 + 52986 = 190159

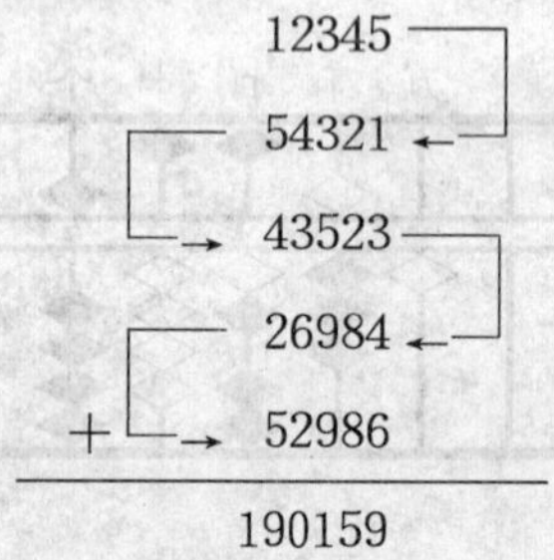

提示

这样来回打法如挂钟的钟摆来回晃动，也称钟摆式运算。

（1）将被加数 12345 从左到右拨入算盘。如图 2 - 56。

（2）从右到左加上 54321，得 66666。如图 2 - 57。

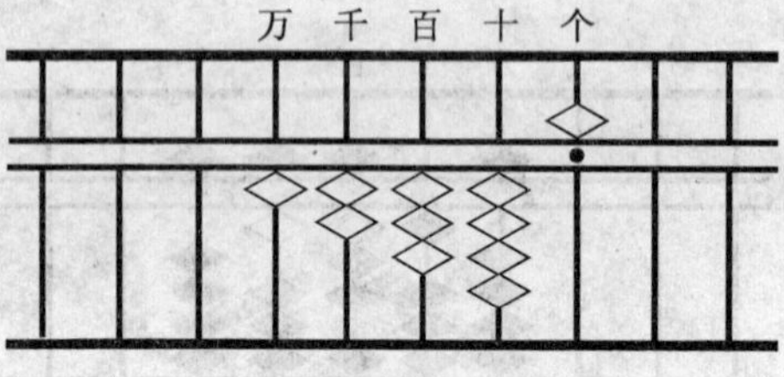

图 2 - 56

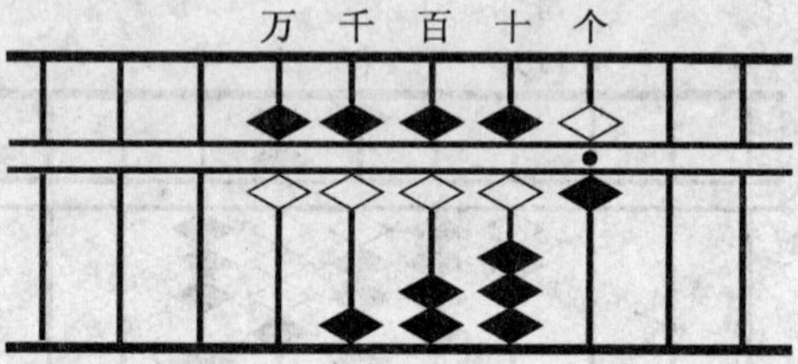

图 2 - 57

（3）从左到右加上 43523，得 110189。如图 2 - 58。

（4）从右到左加上 26984，得 137173。如图 2 - 59。

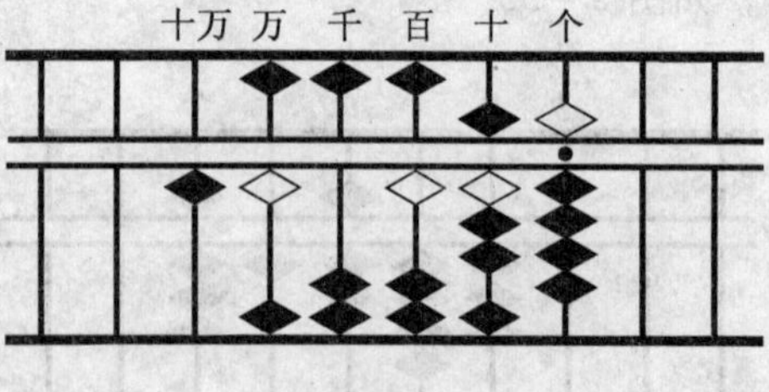

图 2 - 58

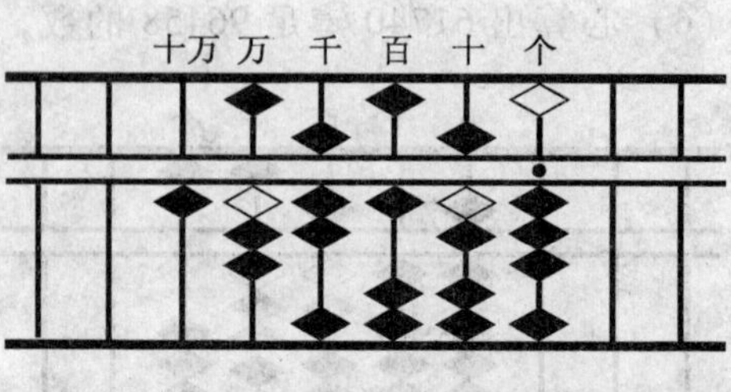

图 2 - 59

（5）从左到右加上 52986，结果得 190159。如图 2 - 60。

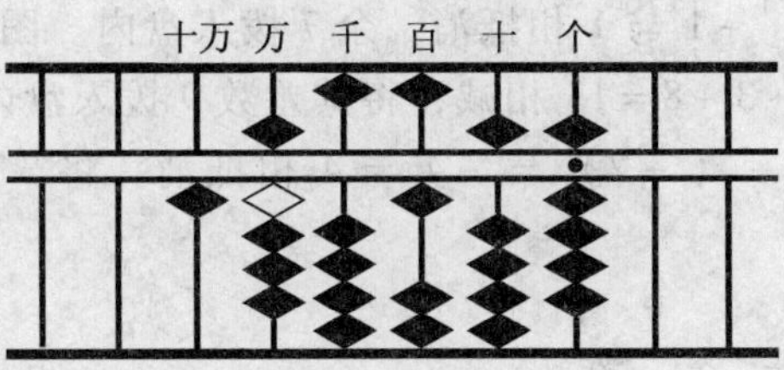

图 2－60

五、混合加减抵消法

这种方法适合于有加减混合运算，从左至右逐位加减，相互抵消，拨其差数，以减少拨珠次数，提高运算速度。

【例 2－25】

```
   46723
 - 35942
   82135
 - 70102
   45984
---------
   68798
```

> **注意**
>
> “相互抵消，拨其差数”要求心算结果准确。

	万		千		百		十		个
	4		6		7		2		3
	－3		－5		－9		－4		－2
6	8	8	2	7	1	9	3	8	5
	－7		0		－1		0		－2
+	4		5		9		8		4
	6		8		7		9		8

（1）万位中的（－3）+（－7）=－10，与 4+8+4=16 相减，其差数为 16－10=6 拨入盘内。如图2－61。

（2）千位中的－5 与 5 相抵消，6+2=8 拨入盘内。如图 2－62。

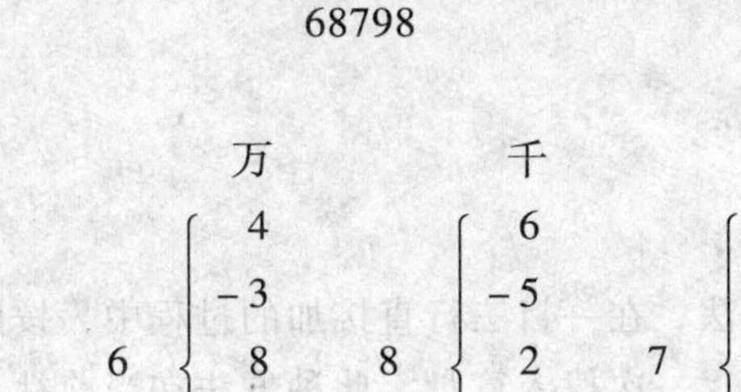

图 2－61

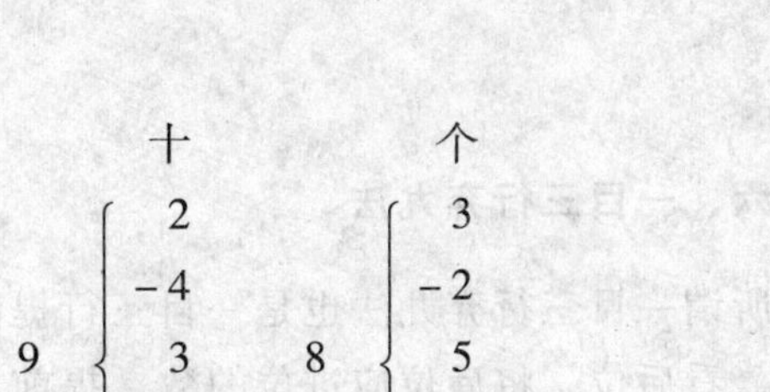

图 2－62

（3）百位中的 -9 与 9、-1 与 1 相抵消，余 7 拨入盘内。图 2-63。

（4）十位中的 -4 与 2+3+8=13 相减，将其差数 9 拨入盘内，如图2-64。

（5）个位中的（-2）+（-2）=-4 与 4 相抵消，将 3+5=8 拨入盘内，结果得 68798。如图 2-65。

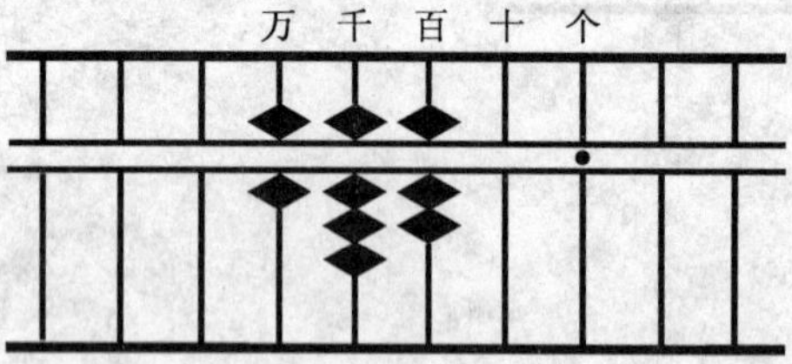

图 2-63

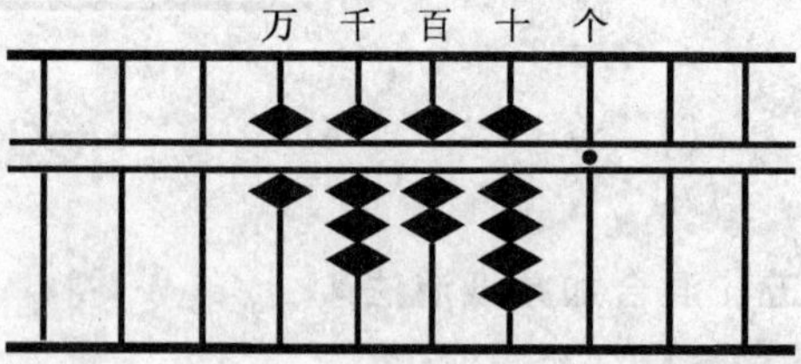

图 2-64

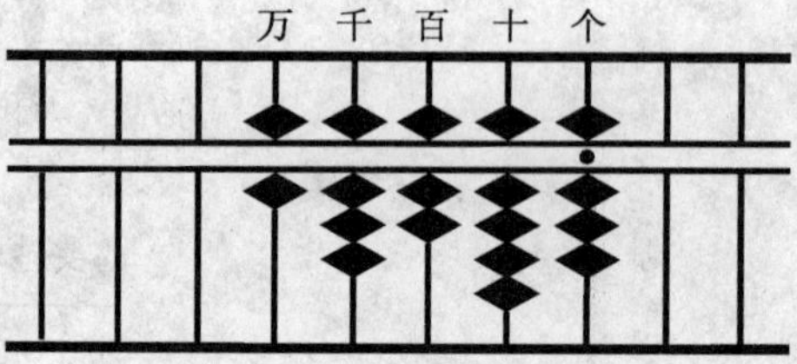

图 2-65

六、一目三行弃九法

所谓一目三行弃九法也是一目三行提前进位加法，在一目三行直接加的过程中，按照算本位，看后位，将后位应进位的数，提前加入本位，一次拨入算盘。此种方法在当前社会上应用广泛。

方法是：首位加一，中位弃九，末位弃 10，多几加几，少几减几。

【例 2-26】

354 287	
72 936	
432 594	
8	首位加一
6	中位弃九，多 6 加 6
-1	中位弃九，少 1 减 1
7	中位弃九，多 7 加 7
11	中位弃九，多 11 加 11
7	末位弃十，多 7 加 7
859 817	得数

首位加 1，要根据情况灵活使用，要在下位数和满九，才视同“首位”加 1。

【例 2-27】

```
     14 839
    8 905 824
       64 562
  ─────────────
    8 98          八九直拨，第三位加一
        4         弃九加四
        1 2       弃九加十二
          2       弃九加二
            5     弃十加五
  ─────────────
    8 985 225     得数
```

1. 本例第四位三数和才满九，第三位视同首位加 1，前二位八九直接拨入盘。

2. 中间项弃九，指从多加一的后一位起到倒数第二位上各位减九，遵循“中位弃九，多几加几，少几减几”

3. 末位项弃十：末位三数之和满十弃十，遵循“末位弃十，多几加几，少几减几”。

七、一目多行加减法

基本加减法是看一行打一行，如 20 笔数字就要看 20 行打 20 行，无疑会影响拨珠速度。为了减少拨珠的次数，可以采用一目多行加减法。

一目多行加减法是指通过心算，将 3 笔以上数字的同位之和一次拨入算盘，既减少了拨珠次数，又减少了抬手、换位和选档定位等步骤，使复杂的算题简单化，从而提高运算速度。

提示

一目多行加减法应根据每个人的心算水平来决定。如果心算能力强，可以一目四行，一目五行，甚至更多行。对于心算能力差一些的人也需要量力而行，一目二行或一目三行。目的是为了发挥每个人的最大潜力，使运算速度达到最佳效果。这里重点介绍一目三行加减法。

【例 2-28】

```
 7843 ┐                 3129 ┐
 3226 ├ 第一组 16722     4763 ├ 第二组 13874
 5653 ┘                +5982 ┘
                       ─────
                       30596
```

第一组：

```
     7843
     3226
 +   5653
 ────────
  +15
   +16
     +11
      +12
 ────────
    16722
```

（1）第一纵行的3个数心算7+3+5=15，在万位起从左到右加上15，即十位1加在万位，个位5加在千位。如图2-66。

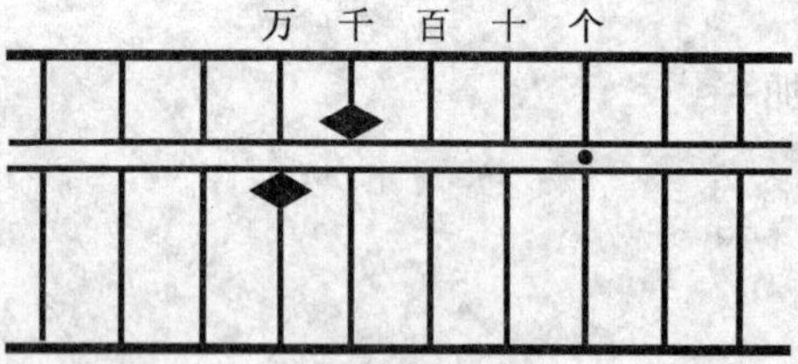

图2-66

注意

手指停留在千位档上。

（2）第二纵行的3个数心算8+2+6=16，十位1加在千位，个位6加在百位。如图2-67。

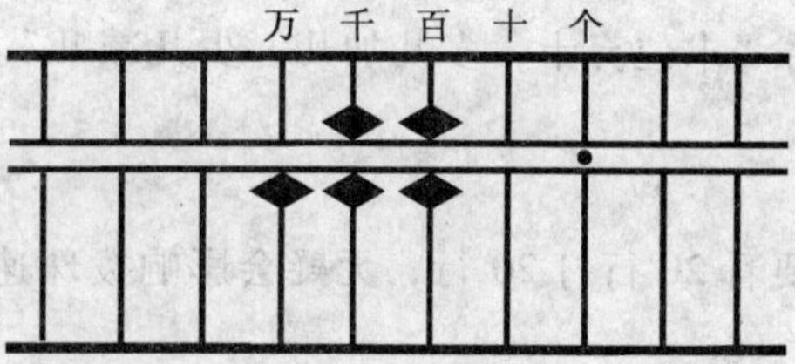

图2-67

注意

手指停留在百位档上。

（3）第三纵行的3个数心算4+2+5=11，十位1加在百位，个位1加在十位。如图2-68。

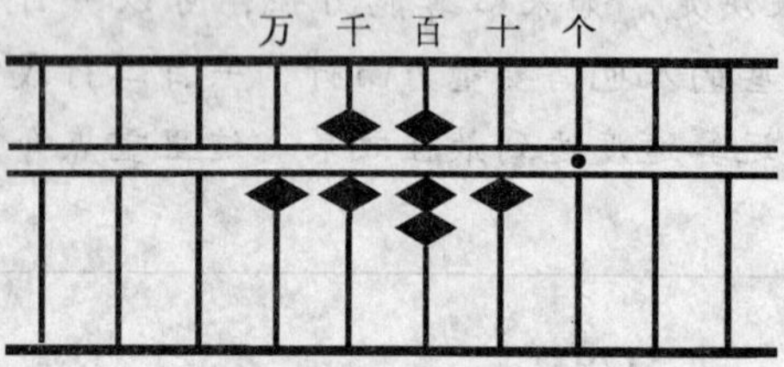

图2-68

注意

手指停留在十位档上。

（4）第四纵行的3个数心算3+6+3=12，十位1加在十位，个位2加在个位 。如图2-69。

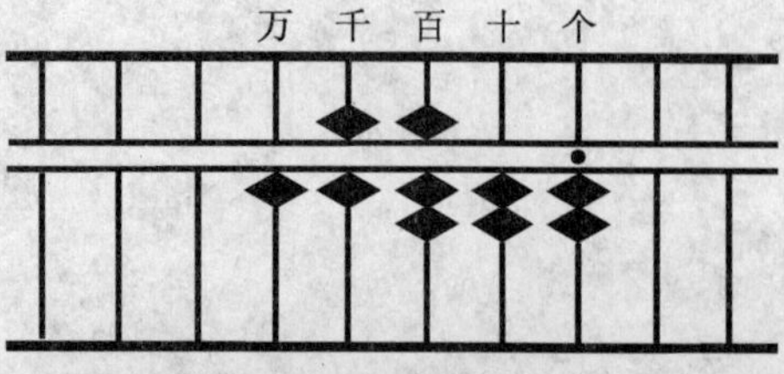

图2-69

注意

手指停留在个位档上。

第二组：第一组盘上数　16722

3129

4763

\+ 5982

+12

+17

+16

+14

30596

（5）第一纵行的 3 个数心算 3 +4 +5 =12，十位 1 加在万位，个位 2 加在千位。如图 2 –70。

（6）第二纵行的 3 个数心算 1 +7 +9 =17，十位 1 加在千位，个位 7 加在百位（手指停留在百位档上）。如图 2 –71。

（7）第三纵行的 3 个数心算 2 +6 +8 =16，十位 1 加在百位，个位 6 加在十位（手指停留在十位档上）。如图 2 –72。

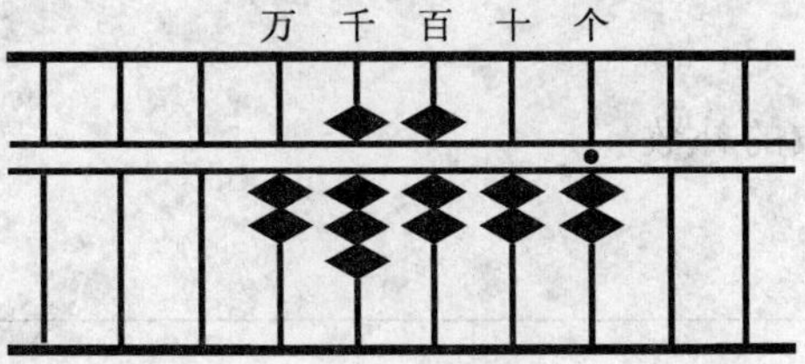

图 2 –70

注意

手指停留在千位档上。

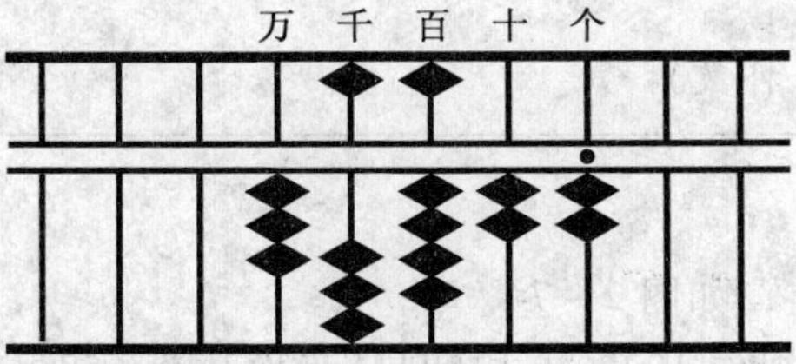

图 2 –71

注意

手指停留在百位档上。

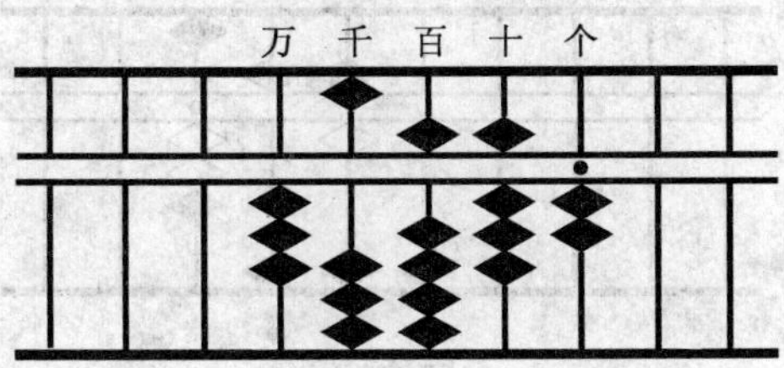

图 2 –72

注意

手指停留在十位档上。

（8）第四纵行的3个数心算 9+3+2=14，十位1加在十位，个位4加在个位，结果得30596。如图2-73。

图2-73

八、借减法

借减法也称倒减法，就是遇到被减数小于减数时，如果调换次序，得出负值，比较麻烦，可在被减数前一档虚借“1”，再从虚借“1”与原被减数之和减去应减的数，即所求之差，这个差是负值。

其运算方法及步骤如下：

1. 运算过程中，遇不够减，向前一档虚借1，再继续运算。

2. 当算到够还借时，须及时还借：

（1）已还借，答数是盘面数。

（2）运算完毕，不够还借，答数是负的盘面数的补数。

3. 求补数的规则：前位凑九，末位凑十。

提示

如果两数之和为 10^n（n=1、2、3、4……），则两数互为补数

例如：$3+7=10^1$（3与7互为补数）

$24+76=10^2$（24与76互为补数）

$2768+7232=10^4$（2768与7232互为补数）

【例2-29】 237-584=-347

（1）将被减数237按照位数布在相应的档位上，如图2-74。

（2）237要减去584不够减，向千位虚借1，视作1237减去584，盘面数为653，答案为653的负的补数，得-347。如图2-75。

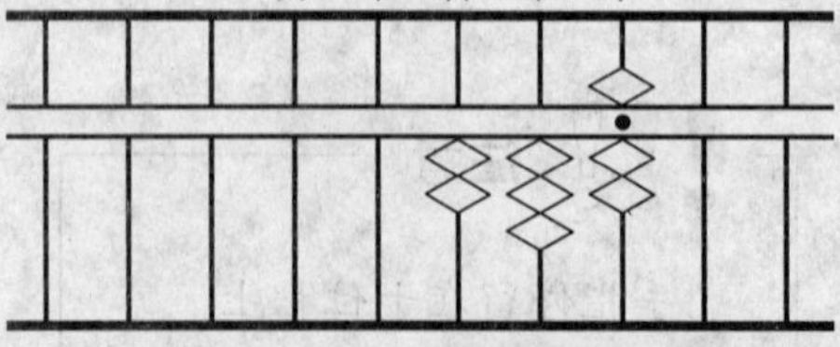

图2-74

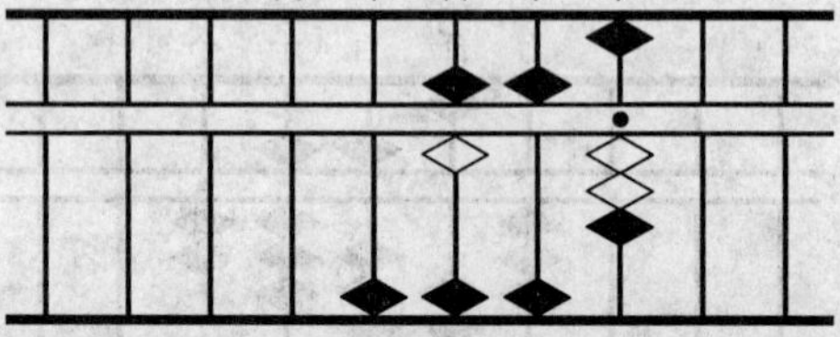

图2-75

【**例 2-30**】1142-3862+3857=1137

（1）将被减数 1142 拨在算盘上。如图 2-76。

（2）1142 要减去 3862 不够减，向千位虚借 1，视作 11142 减去 3862，得 7280。如图 2-77。

（3）加上 3857，得 11137，同时在万位归还虚借 1，结果得 1137。如图 2-78。

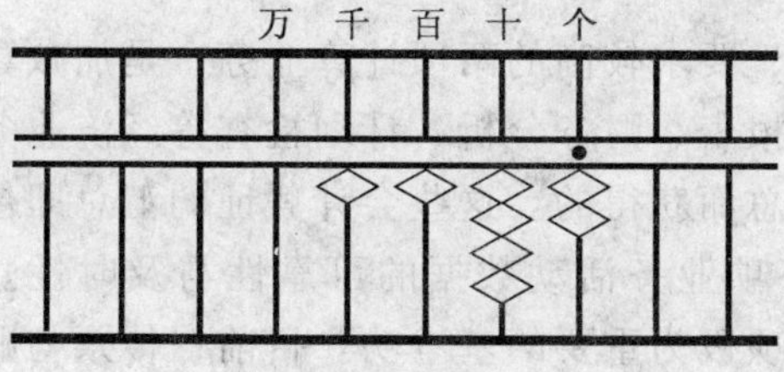

图 2-76

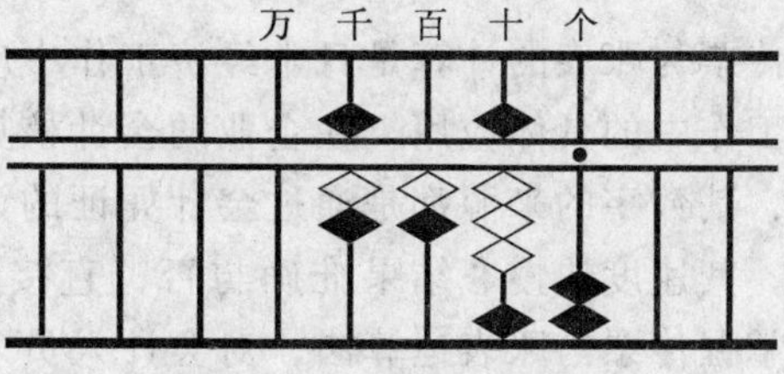

图 2-77

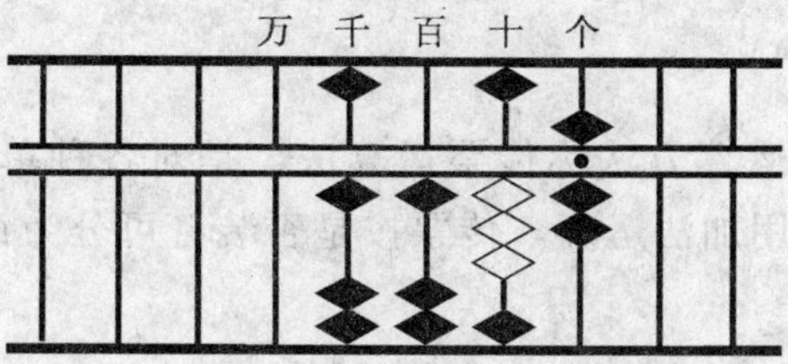

图 2-78

注意

在万位已归还虚借 1，结果应看盘面数。

【**例 2-31**】143-852+378=-331

（1）将被减数 143 拨在算盘上。如图 2-79。

（2）143 要减去 852 不够减，向千位虚借 1，视作 1143 减去 852，得 291。如图 2-80。

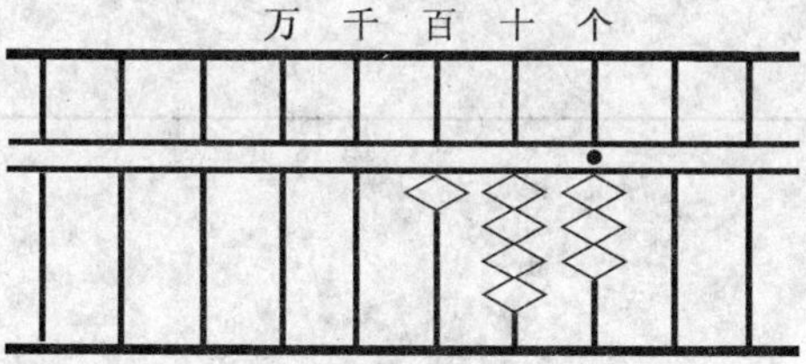

图 2-79

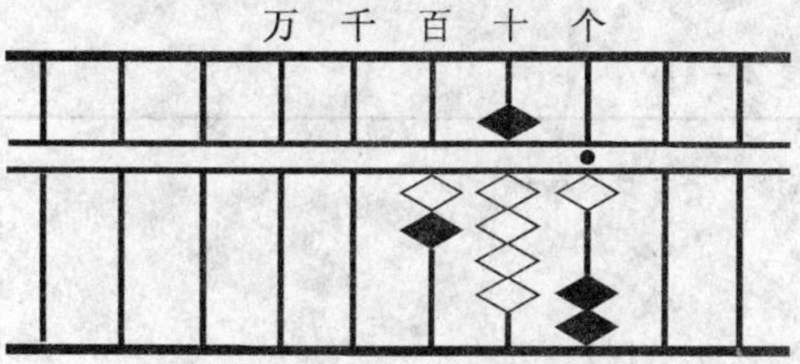

图 2-80

（3）加上 378，盘面数是 669，不够还借，结果是-331，即 669 的负补数（-1000+669=-331）。如图 2-81。

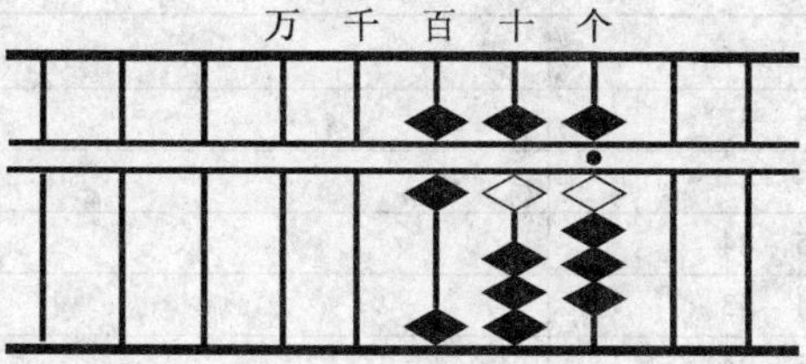

图 2-81

注意

千位未归还虚借 1，结果应看负的盘面数的补数。

第三节 传票与账表运算法

传票与账表的计算是日常经济工作中应用较多、要求较高的两项计算业务，是加减算在实际工作中的具体应用。在企业的会计核算、统计报表、财务分析、计划检查等经济业务活动中，其数字的来源都是通过会计凭证的计算、汇总而获得的。这些会计凭证的汇总即传票运算，其速度快慢、结果准确与否，直接影响到各项业务活动数据的可靠性与及时性。因此，掌握传票与账表运算法，对会计人员来说是一项极为重要的基本功。目前，传票与账表运算已列入全国珠算比赛正式项目。

一、传票运算法

传票运算简称传票算，也称为凭证汇总算，其运算方法称传票运算法，是对各种单据、发票或记账凭证进行汇总计算的一种方法，一般采用加法运算。传票按是否装订可分为订本式传票和活页式传票两种。

（一）传票算题型

全国比赛题型装订本传票，一般规格为：长18厘米，宽8厘米，每本为100页，每本传票的左上角装订，并有包角。每页长短大小一致。每页上印有5笔数，数字最多8位，最少4位，每笔数均带2位小数。每笔数前从上到下依次标有（一）、（二）、（三）、（四）、（五），表示第一行（笔）数，第二行数……，余此类推。每页右上角印有1、2、3、4、5……100，表示页数，具体见表2－11。

表2－11

（一）	63.78	第38页
（二）	1894.63	
（三）	605.24	
（四）	89564.72	
（五）	4508.85	

计算时，还备有传票算答数纸，见表2－12。

表2－12　传票算答数纸

题号	行数	起至页数	合计数
1	（五）	18～37	
2	（二）	25～44	
3	（四）	65～84	
4	（三）	34～53	
5	（一）	75～94	
…	…	…	…

在表 2－12 中，第一题要求计算从第 18 页到 37 页的第五行传票上的数字，答数写在“合计数”栏内。

在实际工作中，传票算的资料为成叠的发票、收据、支票、收支凭证、有价证券等，必须随翻页随计算。

（二）传票算的步骤和方法

传票算的具体步骤和方法是由传票本身的运算特点所决定的，主要包括：

1. 整理传票。

传票运算时，左手要进行翻页，即一页一页地翻页运算。为了提高运算速度，加快翻页动作，避免翻重页或漏页的现象，运算前，除了应检查传票有无缺页、重页或数字不清晰以外，还需将传票捻成扇面形状。

提示

全国珠算比赛传票，采用定时（15 分钟）和不定量的比赛方法，每本共有若干题（一般为 40 题），每题要计算传票连续 20 页之和，计 100 个数码字。在规定的 15 分钟时间内，做对题量愈多成绩越好。

捻扇面的常用方法有：将传票装订处朝下，用右手拇指放在传票封面的左下方，其余四指放在传票背面的左下方；左手拇指拿住传票背面的右上方，其余四指放在传票封面的右上方，右手轻轻捻动（左手不宜拿得太紧），即成扇面形状。

注意

将传票捻成扇面形状，还可以用其他方法。但无论用什么方法，首先都要求使其成扇面形状后的封面向里突出，封底向外突出，便于翻页。其次扇面不宜过大或过小。最后，用夹子将传票的左上角夹住，使扇形状固定，防止错乱。扇面形状的大小根据需要而定，不宜过大，一般封面与底页外侧上角偏出最大距离应在 1～2 厘米，否则左手翻动起来不方便。

2. 摆放传票。

传票摆放位置应以看数和计算方便为宜，贴近算盘。如使用大中型算盘，可将传票放在算盘的左下方；如使用小算盘，可将传票放在算盘的左下方或算盘的左上方，传票试题答案纸放在算盘的右下方。

3. 找页与翻页。

传票比赛，不是按照传票的自然页数一题一题往下运算，而是每一题都有起止的页数，每做一题，都需要找页与翻页。找页与翻页的快慢，直接影响打传票的速度。因此，找页与翻页是一项很重要的基本功。

找页要求翻动传票两三次就能找到。为了节省时间，当一题算完，右手抄写答数的同时，左手就要借助眼睛的余光迅速找页。当然，一边集中注意力抄写答数，一边找页是很困难，这需要经常练习，但起码要做到快速确定下一题顺向还是逆向找页，左手就要做顺翻或逆翻的动作。

（1）找页的方法。

①用手摸 100 页传票有多厚，再凭手的感觉去摸 50 页有多厚，前 20 页、30 页、40 页，后 60 页、70 页、80 页、90 页各有多厚，经常练习，做到凭手感一次摸翻 20 页、30 页、40 页等的厚度。

②在上述基础上，再练翻传票的开始页，可这样进行：任意读出一个页码或心中默记一个号码，凭手感翻到相应的厚度，再翻两至三次传票，就要翻到自己默念的页码。如默念53页，凭手感翻50页的厚度，在略多翻几页迅速用左手向前（或后）稍调整一下页码，就可翻到53页。

（2）翻页的方法。用左手的小指、无名指、中指放到传票封面的左下方，中指、食指、拇指放在每题的起始页，然后用拇指翻动传票，即拇指将传票一页一页翻起。食指挡在翻过传票页的背面和中指夹住已运算过的那部分传票。拇指翻一页，食指立即挡一页。

另外，传票运算除翻页外还需要记页。为了避免在计算过程中发生漏页或重页的现象，必须在计算过程中默记打了多少次。

4. 计算方法。

传票运算时，可采用一次一页传统打法、一次一页来回打法、一次双页打法和一次三页打法等方法。

（1）一次一页传统打法。每次翻过和运算一页传票，按高位到低位顺序看数拨珠计算传票的方法，称为一次一页传统传票打法。这种方法，难度不大，适合初学者，但翻页、拨珠动作较多，不利于提高计算效率和计算水平。

（2）一次一页来回打法（即穿梭运算法）。每次翻过和运算一页传票，按高位到低位，又从低位到高位的顺序看数拨珠计算传票的方法，称为一次一页来回传票打法。来回打法如挂钟的钟摆来回晃动，也称钟摆式传票打法。这种算法，运算时手不空回，从低位到高位拨珠时，不需考虑定位问题，运算速度较快。但运算从低位到高位时，初学者不习惯，需多进行一目一行加法来回运算的练习，熟悉低位到高位的看数拨珠，养成提前进位的习惯。

（3）一次双页打法。每次翻起两页传票，同时将前后两页传票上的数字，采用一目两行加法心算后，一次拨入算盘，称为一次双页传票打法。这种方法两页心算相加拨珠，可以减少拨珠次数，提高计算速度。但看数和心算难度较大，有的传票上下页数字位数不齐，看数容易错位，对于初学者难度较大，建议在较好地掌握一次一页打法后，再学此法为宜。另外，一次双页打法还可以采用一次双页来回打法。

（4）一次三页打法。一次三页打法就是将三页传票的同位数累加起来一次入盘。一次三页打法翻页和运算难度都较大，一般可以先将第一、二页同位数相加后，再迅速加上第三页同位数，然后将和数拨入算盘，以减少翻页、拨珠动作。

注意

进行传票运算时，必须做到“五配合”：

1. 翻、看配合：翻到上一页，立即看记、拨算该一页，同时，拇指稍稍掀起这一页。

2. 翻、数配合：每翻算两页默数1，边翻算边数数，数到10，即已算完一题20页传票。

3. 写、看配合：算完一题即进行看盘写数的同时，用眼睛的余光看记下一题的起始页数。

4. 写、找配合：在未写完答数之前，已看记下题起始页，同时，用左手迅速翻找下题起始页，力争答数写完，页数也找到。

5. 清、看配合：在清盘的同时，迅速看下一题所要求计算的行数。

二、账表运算法

账表算又称表册算，是归类分组整理汇总表的一种方法。如会计、统计报表等的汇总运算和计算账簿余额等。账表算有竖式和横式两种形式运算。

（一）账表算题型

以全国珠算比赛时使用的账表为例，规格是：一张账表中横向5行数，纵向20行数，要求纵横得出25个合计数，然后纵向横向算出两个总计数相等（俗称轧平）。一般共有3张账表，限时15分钟。账表中各数最高位一般为8位数，最低为4位数，竖行每题为120个数字，横行每题为30个数字。账表中一般加减混合题占有一定的比例，如表2-13。

表2-13 账 表 算 题

	（一）	（二）	（三）	（四）	（五）	合计
一	6, 581	389, 512	93, 856	95, 201, 702	605, 810	
二	280, 256	-6, 582	236, 547	8, 974, 561	-9, 856	
三	58, 430	321, 478	69, 101, 408	1, 324, 890	23, 568	
…	…	…	…	…	…	
二十	3, 259, 705	-3, 654	51, 789, 027	234, 618	1, 045, 089	
合计						

（二）账表算的方法

账表算适宜用小算盘进行，采用左手握盘，上下移动压上法和上下移动压下法进行计算。对行次多的账表采用上下移动压下法比较合适。具体方法是：把算盘放在要打的账表的头行数字下边，露出上行。当将要打完本行数字时，左手移动算盘挪向下行，右手继续打数。边打边向下移动，计算完最后一行数时，右手抄写答数。

如使用大算盘进行运算，一般应把账表放在算盘的下面，左手一边指数，一边随着计算将账表往上推，使其计算的行数尽量与盘面距离接近，以便于看数、拨珠和抄写答数。

1. 竖算。

可根据自己加减算的习惯打法进行，如传统的一目一行加减法和一目多行加减法等运算方法。为减少拨珠次数、提高运算速度，尽可能采用珠算与心算结合的一目多行加减法（如一目三行、一目四行或一目五行等）。

2. 横算。

可采用逐笔数运算的传统算法，也可采用珠算结合两笔数心算运算（一目双行运算），将其结果拨入算盘，有助于提高计算速度。

这里的“一目双行运算”不是通常说的纵行排列数字同位相加，而是指横行相邻两数同位相加，先用心算算出和数，再将和数拨入算盘中。其心算过程如图2-62。

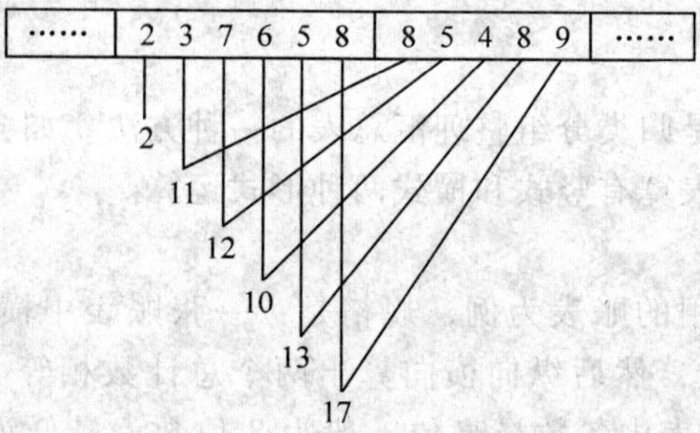

图 2-62

提示

账表算与加减算基本相同，所以，加减算是账表算的基础。因此，采用什么方法计算，如何提高运算速度，可以参照加减算。无论是横式算题，还是竖式算题都要做到手、眼、脑相结合，训练时要特别注意看数的练习。

同步练习

习题一 练习基本加法

1. 直接的加

(1) 7,154 + 1,735 =

(2) 2,222 + 2,657 =

(3) 1,063 + 2,836 =

(4) 2,013 + 1,865 =

(5) 3,742 + 5,155 =

(6) 4,056 + 5,941 =

2. 补五的加

(1) 1,242 + 4,313 =

(2) 3,322 + 2,334 =

(3) 4,143 + 2,434 =

(4) 2,413 + 4,344 =

(5) 3,442 + 4,434 =

(6) 4,321 + 1,444 =

3. 进十的加

(1) 7,888 + 4,137 =

(2) 9,983 + 8,239 =

(3) 1,625 + 9,896 =

(4)　2,357　(5)　7,746　(6)　8,375
+ 8,865　+ 5,465　+ 5,946

4. 破五进十的加

(1)　6,758　(2)　5,785　(3)　8,755
+ 7,676　+ 9,676　+ 6,779

(4)　6,758　(5)　7,878　(6)　9,566
+ 8,666　+ 6,767　+ 6,985

5. 加法综合练习

(1)	(2)	(3)
2,147	1,518	437.26
1,385	5,863	984.14
7,629	3,754	226.57
6,321	2,993	769.05
3,880	5,461	632.67
4,466	7,219	790.50
5,018	4,705	163.32
9,652	8,397	327.24
8,499	6,174	866.89
+ 4,778	+ 9,772	+ 462.48

(4)	(5)	(6)
69,439	111,652	360,456.78
70,518	867,736	568,131.43
23,411	482,597	782,823.29
89,580	633,750	346,789.54
41,267	118,416	901,562.11
33,608	212,653	543,178.22
57,196	547,245	674,477.35
98,342	285,154	557,554.17
78,829	308,578	894,224.39
20,794	817,592	432,424.87
+ 11,803	+ 587,689	+ 231,987.46

习题二　练习基本减法

1. 直接的减

(1)	(2)	(3)
7,159	8,578	2,949
- 5,153	- 6,567	- 1,836

(4)	(5)	(6)
6,891	4,987	3,783
- 1,860	- 3,855	- 2,561

2. 破五的减

(1)	(2)	(3)
5,678	8,765	5,876
- 2,434	- 4,343	- 1,434

(4)	(5)	(6)
6,867	7,586	8,785
- 2,444	- 3,442	- 3,441

3. 退十的减

(1)	(2)	(3)
12,122	21,765	11,625
- 8,434	- 4,896	- 7,889

(4)	(5)	(6)
68,231	36,526	12,125
- 9,844	- 6,749	- 8,449

4. 退十补五的减

(1)	(2)	(3)
13,233	34,124	14,344
- 8,686	- 9,679	- 7,889

(4)	(5)	(6)
52,342	23,134	63,354
- 8,876	- 6,679	- 6,899

5. 减法综合练习

(1)	(2)	(3)
69,743	71,652	1,360,456
1,597	3,817	31,437
3,218	6,482	83,291
2,594	1,633	59,043
8,289	9,118	62,114
5,605	4,214	78,282

4,194	3,541	47,351
7,326	6,285	24,139
6,822	7,309	14,225
2,051	5,817	94,788
− 9,360	− 2,586	− 17,446

(4) 969,439	(5) 11,652.29	(6) 760,456.89
17,587	816.34	22,131.43
29,111	782.53	15,823.21
82,598	693.05	46,789.54
21,280	518.48	91,562.18
33,604	612.85	78,212.70
69,195	347.26	87,351.36
56,321	285.17	54,139.59
48,829	308.94	64,394.62
70,595	917.69	24,827.37
− 99,603	− 587.78	− 87,446.93

习题三　加减法传统练习

1. 九九连加

在 1 的基础上，连加 9 次 1，和数是 10；在 2 的基础上，连加 9 次 2，和数是 20……。在 9 的基础上，连加 9 次 9，和数是 90。

2. 九九连减

在和数 10 里，连减 9 次 1，差数是 1；在和数 20 里，连减 9 次 2，差数是 2……在和数 90 里，连减 9 次 9，差数是 9。

3. 九盘清（九变九）

把 123,456,789 连加 9 次，和为 1,111,111,101，然后再逐笔减 123,456,789，直到减完。

4. “打百子”

（1）“加百子”。

从 1 开始依次加 2 加 3……一直加到 100，和数是 5050。（要求 1 分 20 秒加完）

检查加百子加到某位数和的公式是：[n（n+1）] ÷2

加百子其中部分得数如表 2－14。

表 2－14

加到数	10	20	24	36	44	55	66	77	89	95	100
和　数	55	210	300	666	990	1,540	2,211	3,003	4,005	4,560	5,050

（2）“减百子”。

在算盘上拨上5,050，然后依次往下减1减2减3……一直减到100，差数为0。

检查减百子减到某位数差的公式是：5050 − ［n（n+1）］÷2

减百子其中部分得数如表2−15。

表2−15

减到数	10	25	35	50	60	70	80	90	100
差　数	4,995	4,725	4,420	3,775	3,220	2,565	1,810	955	0

5. 一个数连加（或连减）

（1）625连加16次，和数是10000；从10000里连减16次625，结果为0。

（2）16835连加10次，和数是168350；从168530里连减10次16835，结果为0。

6. 三盘成（三回头）

先在算盘上拨上123,456,789，然后从左（高位）起，看这档是什么，就加什么数，即“见子打子”，连加三盘，最后再加9，就得987,654,321。（要求20秒完成）

7. 八盘成

将自然数1、2、3、4、5、6、7、8、9连续加8次，最后加9，结果为9个自然数倒过来9、8、7、6、5、4、3、2、1。（要求40秒完成）

再用减法还原，即用九个自然数再连续减八次，最后减去9，结果为0。

8. 加法趣题

方格中直行、横行相加是505，对角线相加也是505（见图2−63）。

60	5	96	70	82	19	30	97	4	42
66	43	1	74	11	90	54	89	69	8
46	18	56	29	87	68	21	34	62	84
32	75	100	47	63	14	53	27	77	17
22	61	38	39	52	51	57	15	91	79
31	95	13	64	50	49	67	86	10	40
83	35	44	45	2	36	71	24	72	93
16	99	59	23	33	85	9	28	55	98
73	26	6	94	88	12	65	80	58	3
76	48	92	20	37	81	78	25	7	41

图2−63

习题四　练习简捷加减法

1. 补数法

(1)	(2)	(3)
1,752	4,725	8,755
+ 1,998	+ 9,996	+ 6,995

(4)	(5)	(6)
6,758	17,878	7,566
− 3,990	− 9,992	− 6,994

2. 基数调整加减法

(1)	(2)	(3)
5,453	14,282	967.85
5,467	14,283	974.26
5,489	14,285	970.54
5,464	14,290	969.81
5,473	14,273	962.45
5,459	14,269	970.56
5,484	14,281	968.43
5,457	14,275	971.25
5,468	14,273	966.92
+ 5,486	+ 14,291	+ 972.67

(4)	(5)	(6)
99,356	8,652,230	30,456,789
7,597	487,368	1,111,337
7,612	487,359	1,111,329
7,596	487,375	1,111,313
7,589	487,341	1,111,342
7,608	487,365	1,111,328
7,591	487,348	1,111,335
7,616	487,354	1,111,329
7,590	487,372	1,111,343
7,595	487,355	1,111,327
− 7,603	− 487,362	− 1,111,331

3. 以加代减法

(1)	(2)	(3)
1,671,255	82,645	196,276,506
564,231	14,378	36,903,769
9,450	13,467	5,280,678
230	16,253	1,435,056
8,752	14,279	640,631

- 54,197	- 8,265	- 847,158

(4)	8,651,319	(5)	92,645.45	(6)	589,327,246
	1,608,182		24,378.36		356,119,714
	289,434		3,467.58		283,167
	1,296		253.69		21,489,056
	18,562		4,276.54		541,315
	- 873		- 63.25		- 2,972

4. 来回（穿梭）加减算

(1)	67,839	(2)	191,518	(3)	237.25
	15,467		652,639		974.67
	87,289		334,548		220.51
	65,321		321,993		369.08
	32,817		453,628		612.45
	44,496		647,216		750.15
	25,018		205,801		168.39
	63,652		684,397		371.28
	36,499		511,173		666.99
	+ 36,778		+ 994,729		+ 572.56

(4)	5,969,439	(5)	11,652.23	(6)	360,456,789
	17,597		817.36		2,131,437
	23,111		482.59		5,823,291
	82,596		633.75		6,789,543
	21,289		118.41		1,562,113
	33,608		212.65		3,178,212
	40,198		547.24		4,477,351
	58,321		285.15		7,554,139
	28,829		308.57		4,224,394
	60,595		817.59		2,424,827
	- 11,603		- 587.68		- 1,987,446

5. 混合加减抵消法

(1)	71,251	(2)	548,264	(3)	276.50
	- 24,732		- 287,378		- 136.93

69,415	313,224	528.26
− 13,907	− 116,954	− 235.87
68,956	985,316	640.31
− 54,354	− 458,765	− 484.55

(4)	(5)	(6)
1,679,575	51,182,645	196,276.76
− 856,631	− 11,456,377	− 36,903.61
59,450	33,746,856	25,280.38
− 231,230	− 26,253,119	− 1,457.23
68,752	74,279,354	1,110.83
− 24,197	− 48,265,207	− 867.12

6. 一目多行加减法

(1)	(2)	(3)
7,533	91,252	243.28
6,947	34,954	290.59
8,132	21,219	699.68
2,911	53,962	312.87
4,419	47,121	750.98
5,018	85,988	168.69
3,656	84,837	775.28
6,458	11,113	358.19
+ 6,633	+ 94,929	+ 472.86

(4)	(5)	(6)
167,383	4,191,851	455,237.25
915,946	2,652,263	897,474.69
787,269	3,345,549	220,513.86
465,521	8,721,918	369,086.53
632,309	4,853,632	612,459.34
525,768	2,775,583	168,395.81
263,637	6,284,637	371,528.42
316,494	5,811,654	696,879.29
+ 636,735	+ 9,949,729	+ 572,566.27

7. 借减法

(1) 984 + 2,574 − 7,829 + 9,817 + 325 =

(2) 3,416 − 45,186 + 3,728 − 847 + 2,083 =

(3) 15,764 - 37,568 + 78,987 - 4,320 =

(4) 387 - 4,217 - 8,000 + 4,586 =

(5) 1,098 - 2,874 + 3,561 - 8,743 + 9,854 =

(6) 275 - 9,874 + 2,547 - 473 + 719 =

习题五　练习传票计算

准备传票一本、铁夹一个、传票算答数纸一张，首先整理传票，练习找页、翻页、记页，然后作以下练习：

1. 分别计算每行1到50页、51页到100页传票的合计数。

2. 分别计算每行1到100页传票的合计数。

3. 计算下列比赛题型的传票算题：

(1) 传票算练习一（见表2-16）。

表2-16

题号	行数	起止页数	答案	题号	行数	起至页数	答案
1	(二)	18~37		21	(五)	68~87	
2	(五)	65~84		22	(二)	71~90	
3	(四)	49~68		23	(四)	15~34	
4	(三)	27~46		24	(三)	39~58	
5	(一)	75~94		25	(一)	57~76	
6	(四)	33~52		26	(三)	11~30	
7	(二)	22~41		27	(五)	4~23	
8	(五)	80~99		28	(四)	41~60	
9	(一)	9~28		29	(一)	26~45	
10	(三)	49~68		30	(二)	66~85	
11	(二)	53~72		31	(五)	73~92	
12	(四)	30~49		32	(一)	29~48	
13	(五)	67~87		33	(二)	32~51	
14	(三)	14~33		34	(四)	7~26	
15	(一)	13~32		35	(一)	52~71	
16	(二)	77~96		36	(五)	61~80	
17	(五)	42~61		37	(三)	2~21	
18	(二)	25~44		38	(一)	79~98	
19	(四)	37~56		39	(二)	16~35	
20	(三)	5~24		40	(四)	36~55	

(2) 传票算练习二（见表2-17）。

表 2-17

题号	行数	起止页数	答案	题号	行数	起至页数	答案
1	（四）	56~75		21	（二）	25~44	
2	（二）	2~21		22	（五）	2~21	
3	（五）	29~48		23	（四）	62~81	
4	（一）	19~38		24	（三）	34~53	
5	（三）	8~27		25	（一）	5~24	
6	（五）	65~84		26	（三）	49~68	
7	（四）	73~92		27	（五）	39~58	
8	（一）	33~52		28	（四）	61~80	
9	（二）	17~36		29	（一）	21~40	
10	（五）	45~64		30	（二）	58~77	
11	（一）	69~88		31	（五）	17~36	
12	（五）	11~30		32	（一）	74~93	
13	（三）	7~26		33	（二）	28~47	
14	（一）	42~61		34	（四）	30~49	
15	（二）	65~84		35	（三）	68~87	
16	（四）	31~50		36	（五）	58~77	
17	（三）	12~31		37	（四）	15~34	
18	（五）	76~95		38	（一）	27~46	
19	（三）	78~97		39	（二）	47~66	
20	（一）	34~53		40	（五）	35~54	

习题六　练习账表计算

1. 计算表 2-18 中竖式的合计数

表 2-18

序号	（一）	（二）	（三）	（四）	（五）
一	345	426	2,598	9,976	38,765
二	553	163	1,190	-7,751	4,267
三	-287	410	-2,675	672	-9,768
四	236	-287	6,325	-1,145	93,418
五	-747	-602	1,050	147	6,782
六	251	259	-5,476	2,990	-5,346
七	896	987	9,896	8,340	8,193
八	-248	-357	-2,909	-3,230	-36,312
合计					

2. 计算出表 2－19 中空格的数字

表 2－19

序号	（一）	（二）	（三）	（四）	（五）	合计
一	8,345	5,786	9,807	3,971	7,062	（　　）
二	1,906	（　　）	3,465	5,682	359	（　　）
三	2,890	518	（　　）	567	623	（　　）
四	6,345	9,492	660	4,683	（　　）	（　　）
五	9,866	6,064	1,090	9,484	4,268	（　　）
合计	（　　）	22,820	21,104	（　　）	22,183	（　　）

3. 分别计算表 2－20 中竖式和横式的合计数

表 2－20

序号	（一）	（二）	（三）	（四）	（五）	合计
一	48,965	67,854	74,639	84,632	64,258	
二	53,987	－5,926	9,356	－4,605	5,114	
三	74,678	8,735	－3,678	7,587	－9,556	
四	62,019	－2,681	5,846	－5,246	3,289	
五	36,950	4,570	－6,317	9,182	－7,698	
合计						

4. 账表算比赛模拟练习

（1）账表算练习一（见表 2－21）

表 2－21

序号	（一）	（二）	（三）	（四）	（五）	合计
一	2,833	6,579,915	36,897	13,504,785	270,945	
二	427,801	4,368	18,794,561	854,793	71,098,200	
三	2,780,501	480,217	3,264	－2,164,584	38,746	
四	94,378	6,507,338	720,481	6,587	9,165,789	
五	5,195,669	54,986	33,689,125	1,756,048	2,654	
六	43,682	9,681,574	879,014	9,859	87,105,932	
七	3,148,271	258,701	5,638	157,890	18,793	
八	2,401,278	3,659	17,502,987	6,987	－1,939,861	
九	9,102,457	62,128,914	209,146	－8,178,996	2,562	
十	1,685	203,147	71,589,245	1,450,408	6,598	
十一	37,168	9,741,206	3,871	294,587	256,489	

续表

序号	（一）	（二）	（三）	（四）	（五）	合计
十二	456,927	7,854	96,749	6,958,232	1,435,689	
十三	26,951,783	2,306,897	369,142	86,594	78,776	
十四	81,589	23,567	43,689,256	6,987	123,546	
十五	9,877,125	8,587	23,284	2,145,786	-4,784,944	
十六	3,874	530984	7,895,462	36,589	5,874	
十七	18,250,985	65,841	36,589,251	78,945,612	124,578	
十八	36,849,502	365,891	78,945	2,569	5,401,256	
十九	11,589	3,985,258	23,561,048	5,698,201	9,854	
二十	749,897	60,215,784	5,698	10,245,056	612,356	
合计						

（2）账表算练习二（见表 2－22）

表 2－22

序号	（一）	（二）	（三）	（四）	（五）	合计
一	9,872	68,102	602,148	29,456	98,316,407	
二	78,641,093	5,903	95,387,412	7,049	7,925,846	
三	183,906	40,173,698	7,302	6,905,813	-468,521	
四	2,076,385	2,764,539	3,076,519	174,268	71,039	
五	80,129	481,725	64,895	85,630,506	5,203	
六	9,073	9,806	2,056,783	2,169	4,137,659	
七	7,609,185	32,145	63,527	81,517	5,098	
八	571,408	30,291,758	4,109	-63,403	26,831	
九	2,987	706,842	891,053	386,735	90,841,752	
十	2,601,983	3,614,58	42,963,718	18,041,927	276,304	
十一	168,502	8,176	25,189	6,872	39,042	
十二	9,031,678	706,314	8,163,925	94,705,219	6,028,315	
十三	89,247	25,094,673	304,679	8,416,293	5,789	
十四	87,413,95	49,258	6,704	-98,035	401,276	
十五	298,345	9,801,532	70,834,215	2,815,876	87,645,913	
十六	9,857	4,835	9,058	506,495	-981,453	
十七	4,810,971	9,152,076	57,618,023	67,154,073	7,305,294	
十八	67,869	4,138	6,139,478	4,293,601	84,095,672	
十九	687,019	63,207	421,305	7,852	30,216	
二十	6,430,129	517,849	92,746	102,493	6,781	
合计						

第三章

珠算乘除法

学习目标

- 知道乘除法在珠算上的基本定位
- 利用珠算进行简单的乘除法运算
- 能够通过普四级的乘除法定级

第一节　乘除法的定位

乘除的定位方法就是决定乘积和商数位数的方法。珠算运算的记数方法与笔算不同，对“0”是用空档表示的，而运算终了发生的“0”和空档是分不清的，如 625 × 16 和 62.5 × 0.16 在算盘上出现的计算结果都是 1，实际上前者的乘积是10000，后者的乘积则是 10。因此，必须熟练地掌握定位的方法，才能准确地分别确定所求的数值。

乘除是相互逆运算，因此，在学习乘除的定位方法这一部分的内容时，可采用并进的学习方法。

一、确定数的位数

学习定位方法必须掌握确定数的位数的方法。数的位数可归纳为三种情况：

1. 凡是整数和带小数的，看它有几位整数就是正（用符号“ + ”表示）几位数，如 625 是 +3 位数，62.5 是 +2 位数。

2. 凡是纯小数，小数点右边带“0”的，有几个0就是负（用符号“-”表示）几位数，如0.0625是-1位数，0.00625是-2位数。

3. 凡是纯小数，小数点右边不带0的就是零位数，如0.625和0.605都是零位数。

举例如表3-1：

表3-1

位数	+3	+2	+1	0	-1	-2	-3
数	400	40	4	0.4	0.04	0.004	0.0004
	831	83.1	8.31	0.831	0.0831	0.00831	0.000831
	206.01	78.64	5.6807	0.5608	0.0706	0.00108	0.000401

二、采用大九九口诀

珠算乘法和笔算一样，是运用乘法口诀进行运算的。乘法口诀有“小九九”和“大九九”两种。大九九口诀包括乘数1~9与被乘数1~9相乘的81句口诀，小九九省略了大数读在前小数读在后的36句，只有45句。

大九九口诀能适应各种乘法的算题，不用颠倒乘数和被乘数的位置，便于默记乘数，不易发生差错。因此，珠算乘法多采用大九九口诀，见表3-2。

表3-2

乘数 / 口诀 / 被乘数	一	二	三	四	五	六	七	八	九
一	一一01	二一02	三一03	四一04	五一05	六一06	七一07	八一08	九一09
二	一二02	二二04	三二06	四二08	五二10	六二12	七二14	八二16	九二18
三	一三03	二三06	三三09	四三12	五三15	六三18	七三21	八三24	九三27
四	一四04	二四08	三四12	四四16	五四20	六四24	七四28	八四32	九四36
五	一五05	二五10	三五15	四五20	五五25	六五30	七五35	八五40	九五45
六	一六06	二六12	三六18	四六24	五六30	六六36	七六42	八六48	九六54
七	一七07	二七14	三七21	四七28	五七35	六七42	七七49	八七56	九七63
八	一八08	二八16	三八24	四八32	五八40	六八48	七八56	八八64	九八72
九	一九09	二九18	三九27	四九36	五九45	六九54	七九63	八九72	九九81

上表黑折线以下的45句是“小九九”口诀，加上黑折线以上的36句就成为“大九九”口诀。每句口诀的前两个字是指乘数和被乘数，后面的阿拉伯数字是乘积。

由于口诀的各个乘积有2位数，也有1位数，为了防止运算中加错档次，都作2位数看待。凡乘积是1位数的，都在乘积前加一个“0”。

根据“大九九”口诀表中每句口诀积数的不同情况，可分为三种类型：

1. 小型积。如二三06、四二08等口诀，十位是“0”，个位是非零数码。

2. 中型积。如二五10、五八40等口诀，十位是非零数码，个位是“0”。

3. 大型积。如二六12、八七56等口诀，十位、个位都是非零数码。

相乘两个因数数码的大小直接影响三种类型不同积数出现的频率，从而影响着计算的难易程度。

乘法口诀并不表示拨珠动作，运算时，只是把算出的结果按一定的顺序递位叠加，求出乘积。因此，必须和珠算加法结合进行。

三、公式定位法

公式定位法也叫“头定法”，是根据被乘（除）数和乘（除）数的位数来确定积、商位数的一种通用的定位方法。

（一）乘法的定位公式

从“九九口诀”中可以看出：若两个1位数相成的积是2位数，如“二六12”，则积的位数等于相乘两因数位数的和，而且乘积的头位数字比相乘两个1位数都小；若两个1位数相乘的积是1位数，如“二三06”，因乘积6没有进位，比相乘两个1位数都大。由此可见，乘积的位数是由相乘两因数的位数决定的。如果列出定位算式就是：

被乘数的位数 + 乘数的位数 = 积的位数。

1. 如被乘数和乘数的头位相乘的积是1位数，并且以下各位相乘结果没有进位的，积的位数就要减少1位数。可归纳为“位数相加，不进减一”两句话：（1）$m+n=x$，（2）$m+n-1=x$。举例说明如下：

【例3-1】$305\times68=20740$

被乘数305是+3位数，乘数68是+2位数，积的头位数为2，小于3和6，已进位。积的位数 =（+3）+（+2）= +5，应是整数5位数。

【例3-2】$256\times34=8704$

被乘数256是+3位数，乘数34是+2位数，积的头位数为8，大于2和3，没有进位。积的位数 =（+3）+（+2）-1 = +4，应是整数4位数。

【例3-3】$7.84\times62.5=490$

被乘数7.84是+1位数。乘数62.5是+2位数，积的头位数是4，小于7和6。积的位数 =（+1）+（+2）= +3，应是整数3位数。

【例3-4】$0.0105\times0.0028=0.0000294$

被乘数0.0105是-1位数，乘数0.0028是-2位数，积和乘数的头位数都是2，再比较第二位，9大于8，没有进位。积的位数 =（-1）+（-2）-1 = -4，应是小数点后有4个零的纯小数。

【例3-5】$8.5\times0.016=0.136$

被乘数8.5是+1位数，乘数0.016是-1位数，积和乘数的头位数都是1，但第二位数3小于5和6，实已进位。积的位数 =（+1）+（-1）=0，应是小数点后不带零的纯小数。

【例3-6】$0.0026\times3.5=0.0091$

被乘数0.0026是-2位数，乘数3.5是+1位数，积的头位数是9，大于2和3，没有进位。积的位数 =（-2）+（+1）-1 = -2，应是小数点后有2个零的纯小数。

【例 3 -7】100 × 10 = 1000

被乘数是 +3 位数，乘数是 +2 位数，积和两因数的头位数都是 1，没有进位。积的位数 = (+3) + (+2) - 1 = +4，应是整数 4 位数。

2. 珠算乘法可采用“位数相加，前空减一”的办法来应用公式定位。一般从算盘左一档起，依次拨上被乘数，采用挨位乘法运算，乘完后，如算盘左边第一档有数（即积的头位数在左一档），已进位；如左一档是空档（即积的头位数在左二档），没有进位，就要减少 1 位。因此，就叫“前空减一”。

举例图示说明如下（图中黑珠表示被乘数，白珠就表示乘积，▼表示被乘数的个位档，▽表示积的个位档。下同）：

【例 3 -8】305 × 68 = 20740

从算盘左一档起拨上被乘数 305；乘完后，积的头位数在左一档，已进位。积的位数 = (+3) + (+2) = +5，应是 20740。如图 3 -1、图 3 -2。

①

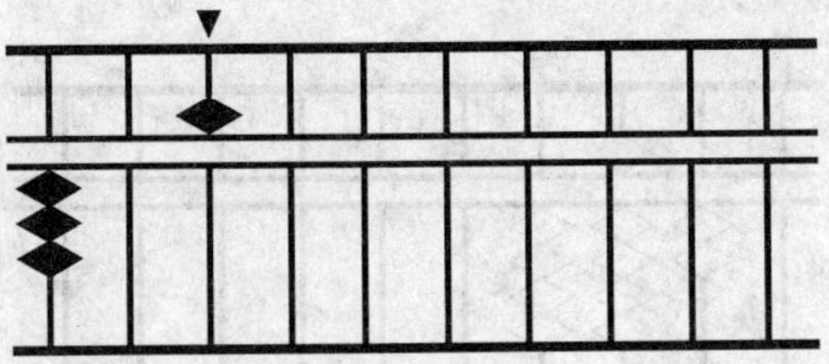

从左一档起拨入305

图 3 -1

②

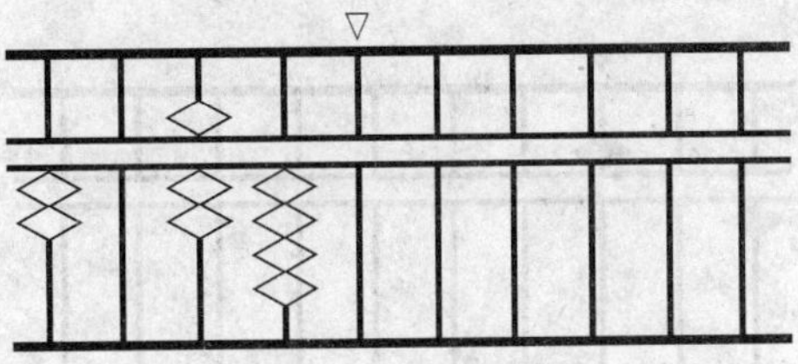

图 3 -2

【例 3 -9】256 × 34 = 8704

从左一档起拨入被乘数，乘完后，积的头位数在左二档，“前空减一”。积的位数 = (+3) + (+2) - 1 = +4，应是8704。如图 3 -3、图 3 -4。

①

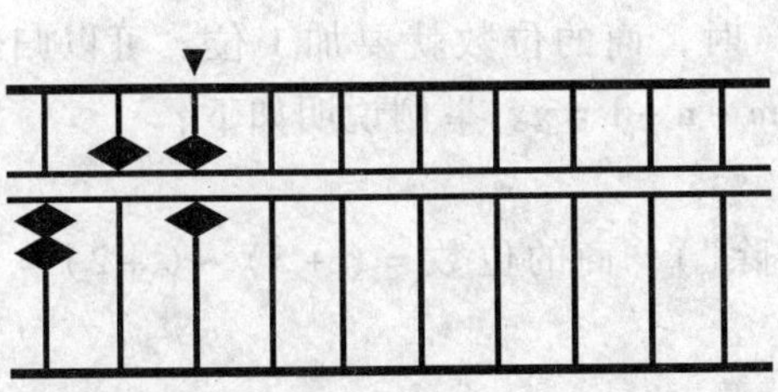

从左一档起拨入256

图 3 -3

②

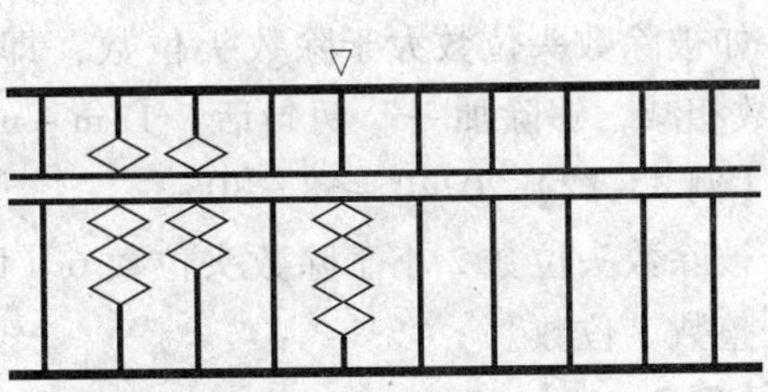

↑ 前空一档

图 3 -4

【例 3 -10】7. 84 × 62. 5 = 490

小数乘法可暂先当整数（即 784 × 625）看待，仍从左一档起拨入 784，用 625 乘完后，积的头位在左一档，已进位。积的位数 = （ +1） + （ +2） = +3，应是 490。如图 3 -5、图 3 -6。

①

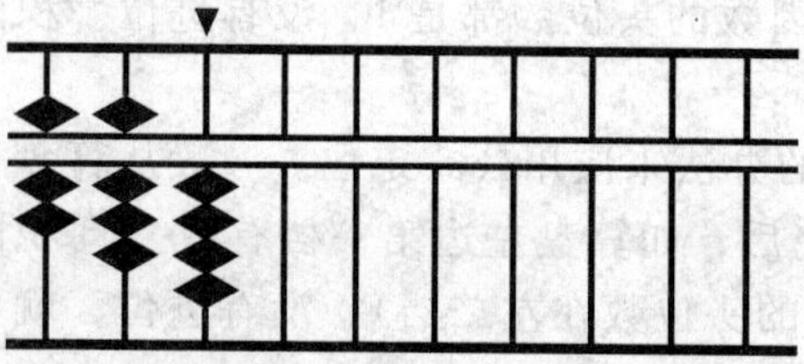

从左一档起拨入784

图3－5

②

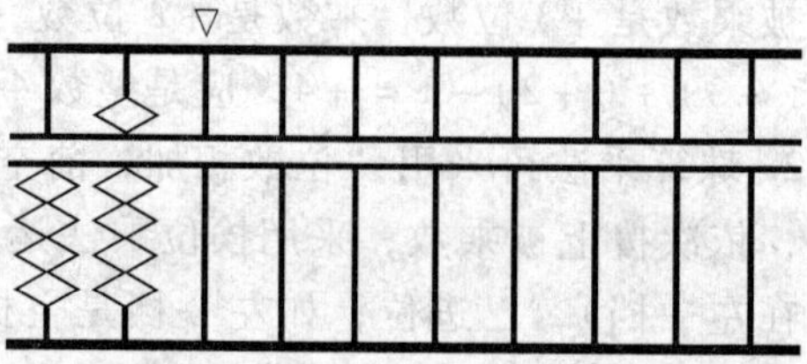

图3－6

【例3－11】0.0105×0.0028＝0.0000294

从左一档起拨入105，用28乘完后，“前空减一”。积的位数＝（－1）＋（－2）－1＝－4，应是0.0000294。如图3－7、图3－8。

①

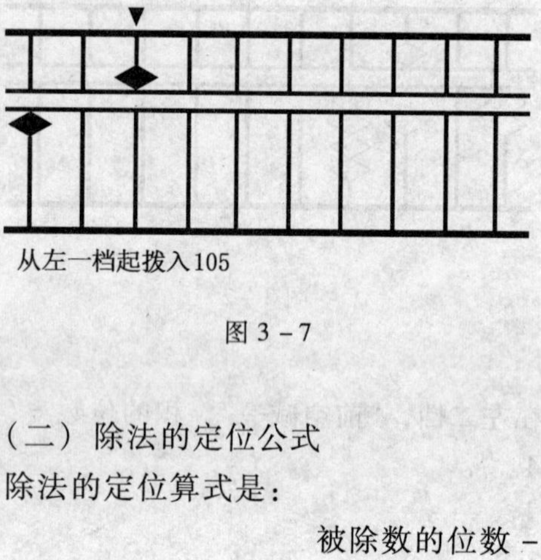

从左一档起拨入105

图3－7

②

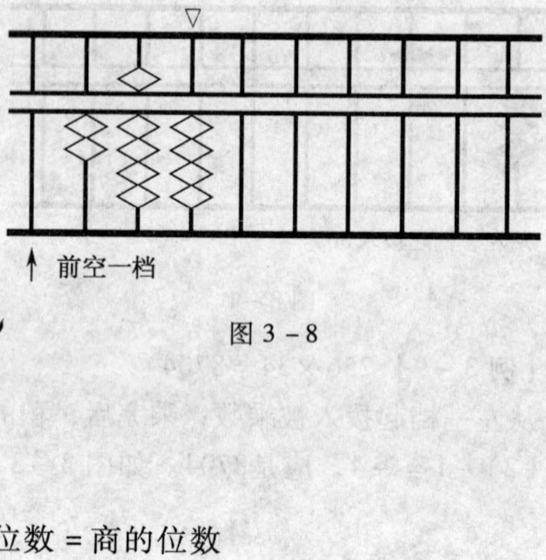

↑ 前空一档

图3－8

（二）除法的定位公式

除法的定位算式是：

被除数的位数－除数的位数＝商的位数

如被除数头位数大于除数头位数，即“够除”时，商的位数就要加1位。可以归纳为“位数相减，够除加一”两句话：① m－n＝x，② m－n＋1＝x。举例说明如下：

【例3－12】20740÷68＝305

被除数头位数2小于除数头位数6（即“不够除”），商的位数＝(＋5)－(＋2)＝＋3，应是整数3位数。

【例3－13】8704÷34＝256

被除数头位数8大于除数头位数3（即“够除”），商的位数＝(＋4)－(＋2)＋1＝＋3，应是整数3位数。

【例3－14】490÷62.5＝7.84

被除数头位数4小于除数头位数6（即“不够除”），商的位数＝(＋3)－(＋2)＝＋1，应是整数1位带小数。

【例3－15】0.0000294÷0.0028＝0.0105

头位数相同，比第二位数，9大于8（即“够除”），商的位数＝(－4)－(－2)＋1＝－1，应是小数点后带 1 个零的纯小数。

【例 3 – 16】 0. 136 ÷0. 016 =8. 5

被除数第二位数 3 小于除数第二位数 6（即"不够除"），商的位数 =0 –（ –1） = +1，应是整数 1 位的带小数。

【例 3 – 17】 0. 0091 ÷3. 5 =0. 0026

被除数头位数 9 大于除数头位数 3（即"够除"），商的位数 =（ –2） –（ +1） +1 = –2，应是小数点后带 2 个零的纯小数。

【例 3 – 18】 1000 ÷10 =100

被除数和除数的头位到末位都相同（即"够除"），商的位数 =（ +4） –（ +2） +1 = +3，应是整数 3 位数。

四、固定个位档定位法

固定个位档定位法是在算盘上个位应用公式定位的另一种简便方法。它是在算前先选定积、商的个位档（可固定在算盘中间某一计位点或同档的左一档上），再以这一档为准，来确定被乘数或被除数的置数位置；运算完毕后，积、商的个位就在所选定的个位档上，故名"固定个位档定位法"，又叫"算前定点定位法"。

（一）乘法的固定个位档定位

如采用挨位乘法，确定被乘数置数位置的方法是：将被乘数的位数与乘数的位数相加，如和为正 1 位数，就把被乘数从已选定积的个位档上依次拨入；如和为正 2 位数，就把被乘数从已选定积的十位档上依次拨入；如为零位数，就把被乘数从已选定积的个位右一档依次拨入；余类推。举例图示说明如下：

【例 3 – 19】 86. 4 ×6. 25 =540

在算盘上先选定一计位点的左一档（如左四档）作为积的个位档；（ +2） +（ +1） = +3，把被乘数从 +3 位档依次拨入。乘完后，即得乘积 540。如图3 –9、图 3 –10。

①

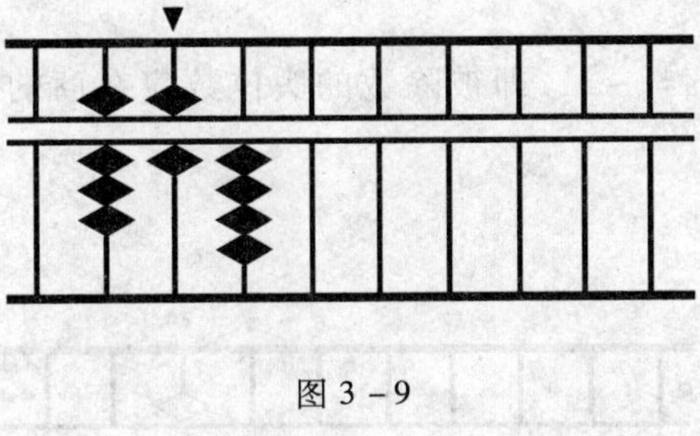

图 3 –9

②

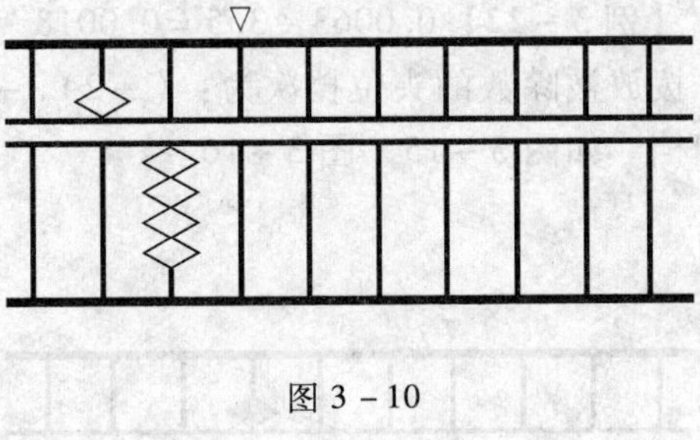

图 3 –10

【例 3 – 20】 0. 0018 ×3. 5 =0. 0063

仍以左四档定为积的个位档，（ –2） + （ +1） = –1，把被乘数从 –1 位档（即右二档）依次拨入。乘积 0. 0063。如图 3 –11、图 3 –12。

①

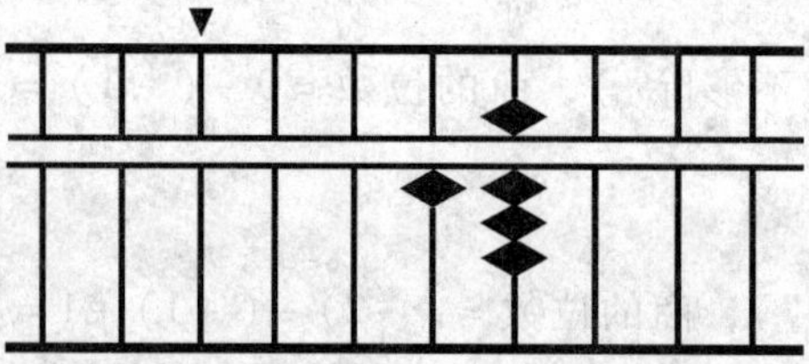

图 3－11

②

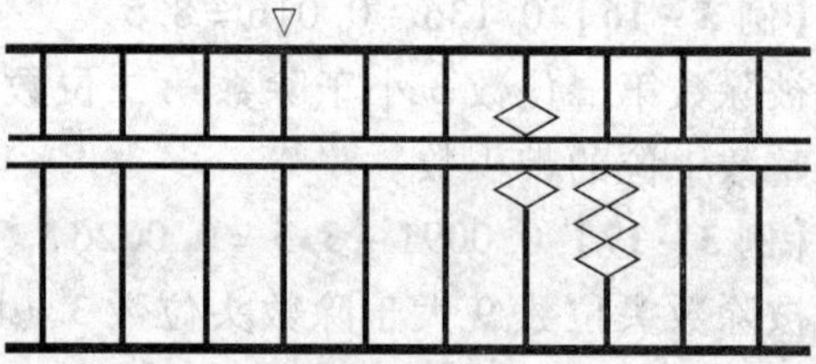

图 3－12

若采用隔位乘法，被乘数头位数的置数位置则应是：被乘数的位数加上乘数的位数后，再加 1 位。

（二）除法的固定个位档定位

如采用隔位除法，被除数头位数的置数位置是：被除数的位数减去除数的位数，再减 1 位。举例图示说明如下：

【例 3－21】 540 ÷ 6.25 = 86.4

先把商的个位档固定在算盘左四档，再确定拨放被除数的头位档次为：（+3）－（+1）－1 = +1，即被除数头位数应在商的个位左一档。如图 3－13、图3－14。

①

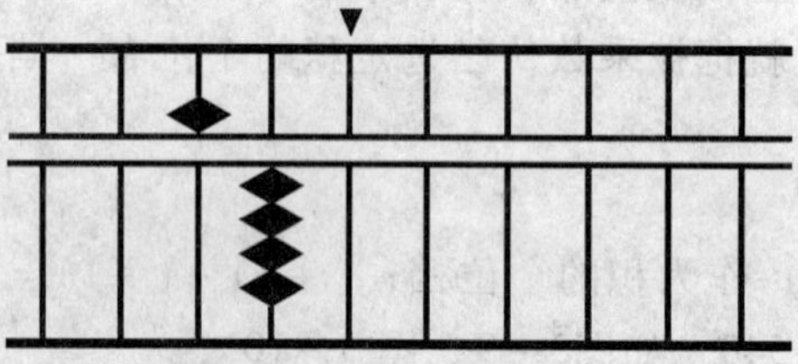

图 3－13

②

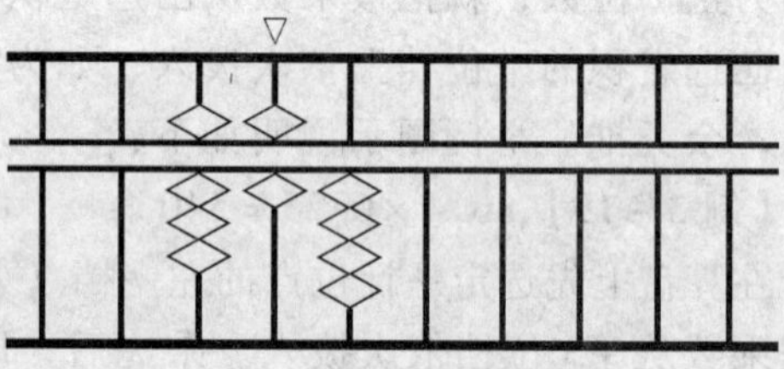

图 3－14

【例 3－22】 0.0063 ÷ 3.5 = 0.0018

拨放被除数的头位档次为：（－2）－（+1）＝－3，即被除数的头位数应在商的个位右四档。如图 3－15、图 3－16。

①

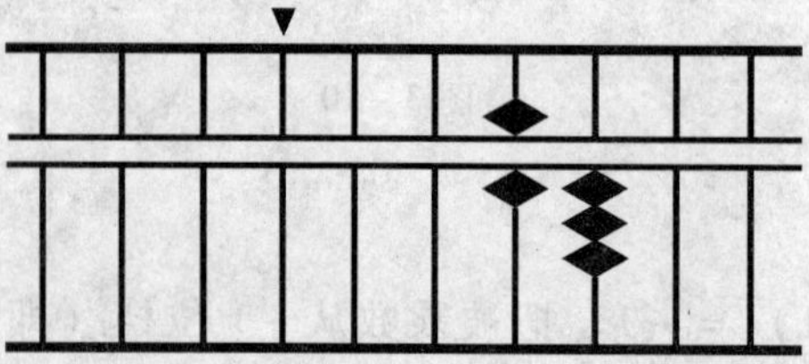

图 3－15

②

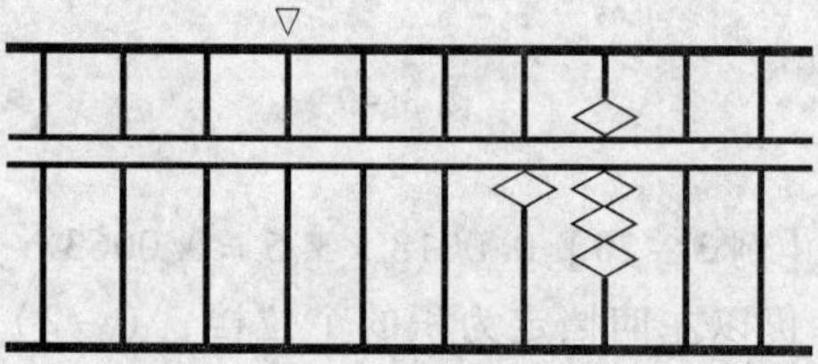

图 3－16

若采用挨位除法，被除数头位数的置数位置则应是：被除数的位数减去除数的位数（不再减 1 位）。

五、连乘和连除的定位法

（一）连乘的定位法

如乘数有两个以上的连乘法，可以采取“位数相加，前空减几”的办法来确定积的位数。仍从算盘左边第一档起拨被乘数，按乘数顺序连乘完后，如算盘左一档有数时，积的位数就等于各因数的位数之和；如算盘左边有空档时，则积的位数应等于各因数的位数之和，再减空档的档数，前空几档，就减几，所以叫做“前空减几”。如用隔位乘法运算，则应每遇一个乘数多加 1。现用挨位乘法举例图示说明如下：

【例 3－23】 25 × 1800 × 0.00026 = 11.70

从左一档起拨被乘数 25。乘完后，算盘左一档空档，前空减 1。即：（+2）+（+4）+（−3）−1 = +2，得连乘积 11.70。如图 3－17、图 3－18。

①

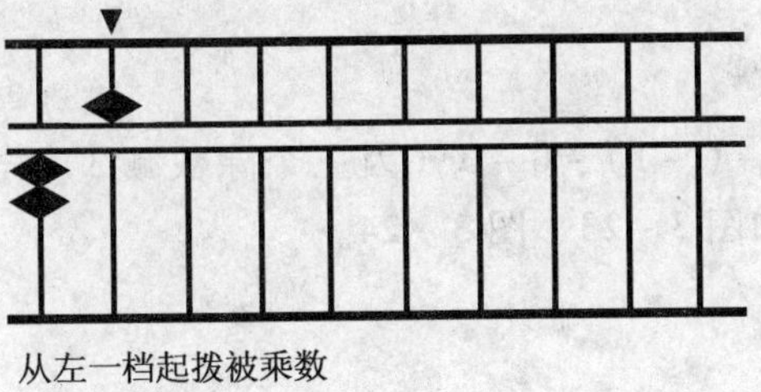

图 3－17

②

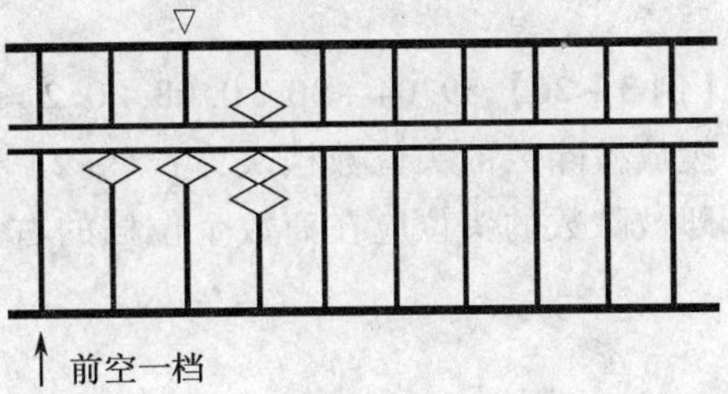

图 3－18

【例 3－24】 123 × 30 × 0.2 × 0.08 = 59.04

从左一档起拨被乘数 123。乘完后，算盘左一、二档空档，前空减 2。即：（+3）+（+2）+0 +（−1）−2 = +2，得连乘积 59.04。如图 3－19、图 3－20。

①

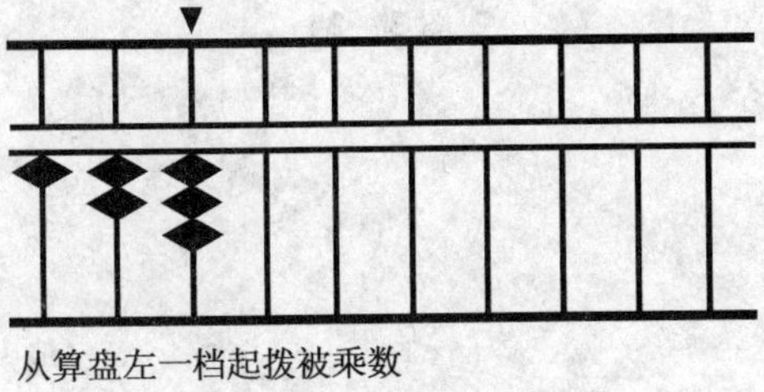

图 3－19

②

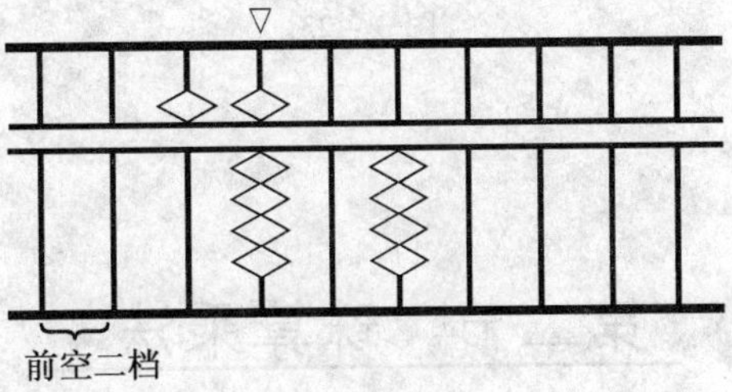

图 3－20

（二）连除的定位法

如除数有两个以上的连除法，当第一个除数去除被除数求得商数后，不要拨去，就继续用第二个除数进行运算。为便于定位，一般采用固定个位档定位法，在算前确定商的个位档，可用被除数位数减去各个除数的位数之和的方法，来确定拨放被除数头位数档。如用隔位除法运算，则应每遇一个除数多减1。现用隔位除法举例图示说明如下：

【例3－25】 11.70÷1800÷0.00026＝25

拨放被除数的头位数档次为：（＋2）－（＋4）－（－3）－2（因两个除数减2）＝－1，即被除数头位数应在商数个位的右二档。如图3－21、图3－22。

①

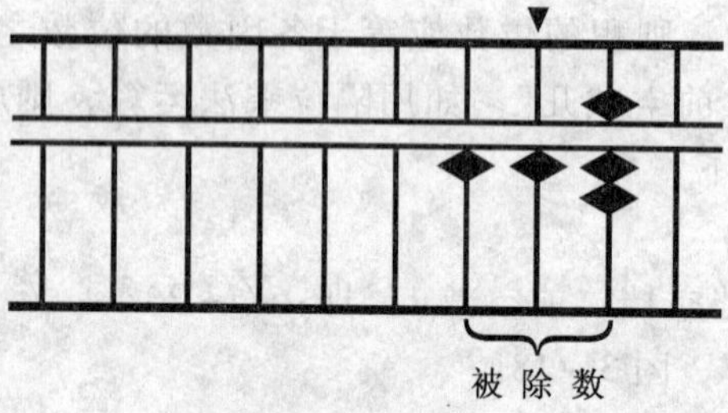

图3－21

②

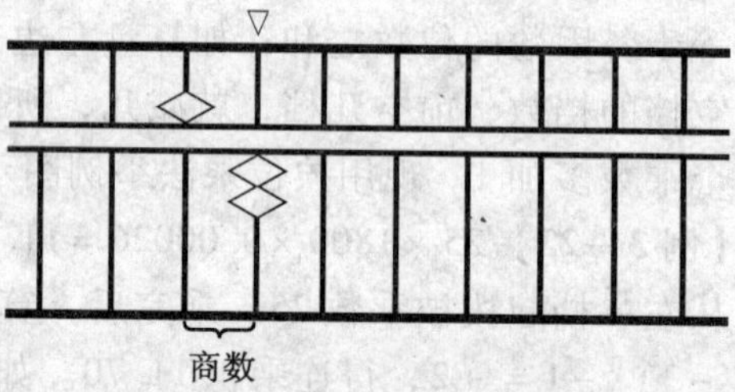

图3－22

【例3－26】 59.04÷30÷0.08÷0.2＝123

拨放被除数的头位数档次为：（＋2）－（＋2）－（－1）－0－3（因三个除数减3）＝－2位，即被除数的头位应在商数个位档的右三档。如图3－23、图3－24。

①

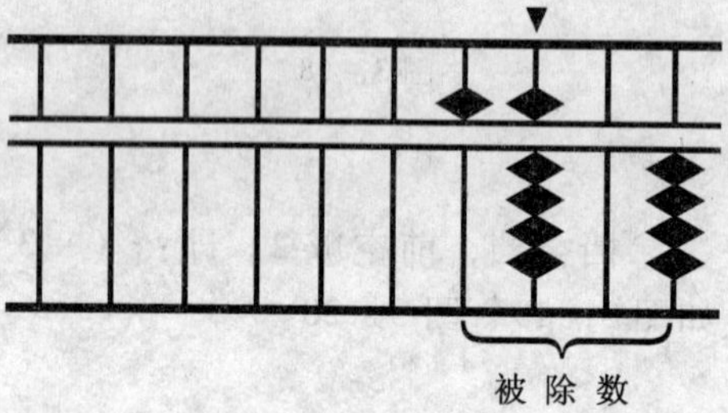

图3－23

②

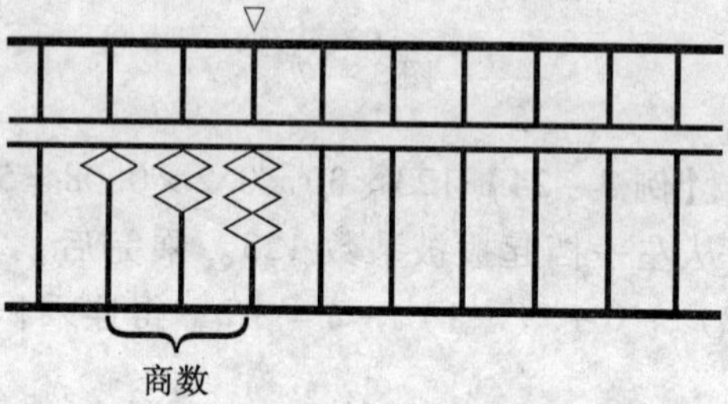

图3－24

第二节　珠算乘法

我国古算书中，把被乘数称为“实数”，简称“实”，把乘数称为“法数”，简称“法”，现在珠算中仍沿用。根据乘法法则，被乘数和乘数可以互相调换，乘得的结果一样，为了运算方便起见，一般把位数较少的一个因数作为乘数。

珠算乘法的运算方法很多。由于运算的顺序和方式不同，可分为前乘法和后乘法两类。前乘法一般用乘数的头位（即最高位）同被乘数的头位起乘，乘积放在被乘数的左面；也可不在算盘上拨被乘数，只把两数相乘的乘积直接拨入算盘。后乘法一般用乘数或被乘数的本位同另一个因数的某一位起乘，乘积放在被乘数的右面。后乘法又可分为挨位乘法和隔位乘法。根据计算实务的需要，这里重点介绍空盘前乘法和破头乘法。

一、空盘前乘法

前乘法可分为空盘前乘、破头前乘和减一前乘等几种方法。本书只介绍目前正被广泛应用的空盘前乘法。

空盘前乘法是20世纪50年代初，浙江省绍兴县施剑扬、上海市翁长金和山东省临沂地区赖步海等同志介绍推行的一种新算法。由于在运算时不必先在算盘上拨被乘数和乘数，而是把乘积直接拨入算盘，故叫“空盘”；乘的顺序是先从乘数和被乘数的头位乘起，就是“前乘”。故名“空盘前乘法”。

空盘前乘的计算顺序，首先用乘数的首次，从首至尾乘以被乘数的各位，从算盘左一档起算，把部分积逐次加到算盘上；再用乘数的次位与被乘数从首至尾相乘，从算盘左二档起算，把部分积逐次加到算盘上，其他各位置上的数以此类推，直至把全部数算完，这样不易错档错位。乘完后，盘算上的数就是所求的积。

为了便于运算，可选择相乘两因数中位数较少、中间带“0”或有几位数字相同的因数作为乘数。运算时，眼看着计算资料中所要计算的被乘数各位，默记正在乘的那一位乘数。要注意看数和拨珠动作的配合，可用右手食指点着已经运算到的档次，防止串位错档。这种算法简便易学，不用底珠、顶珠和悬珠，上一下四和上一下五珠算盘都适用，既准又快，故初学者多乐于采用。举例图示说明如下：

【例3－27】 14×75＝1050

运算顺序：先用乘数头位数7乘被乘数14，并从算盘的左一档起依次拨入乘积；再用乘数末位数5乘被乘数14。本例积的头位数在算盘左一档，应用公式定位：（+2）+（+2）＝+4。乘积是：1050。如图3－25、图3－26。

①

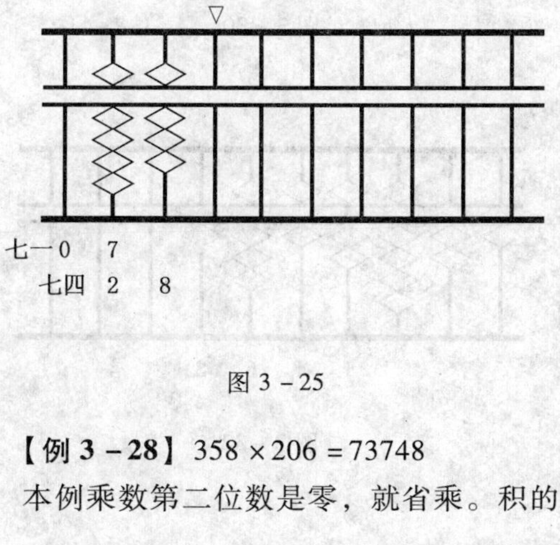

图3－25

②

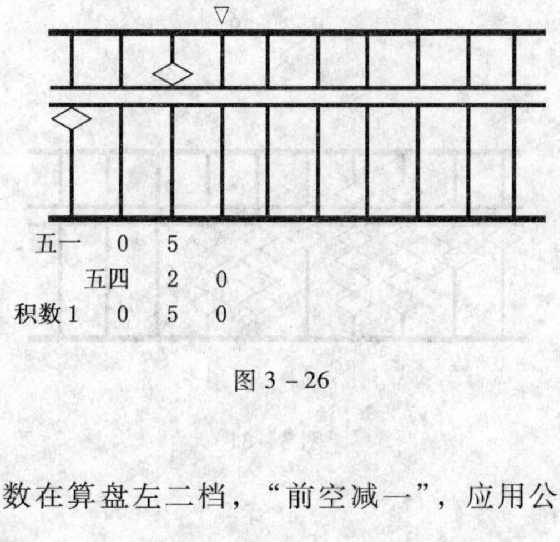

图3－26

【例3－28】 358×206＝73748

本例乘数第二位数是零，就省乘。积的头位数在算盘左二档，“前空减一”，应用公式定位：（+3）+（+3）-1 = +5。乘积是：73748。如图 3-27、图 3-28。

①

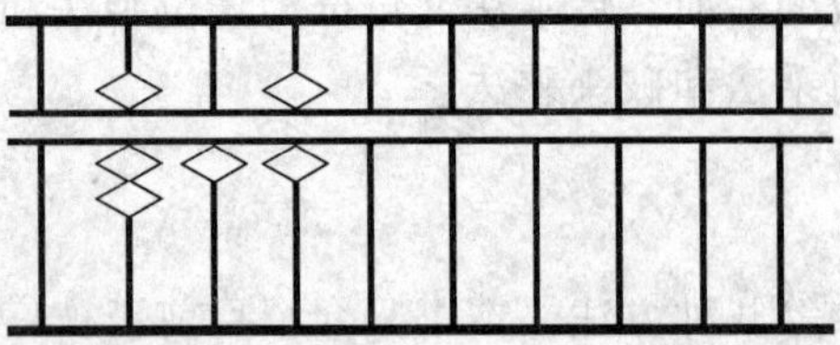

二三 06

二五 10

二八 16

图 3-27

②

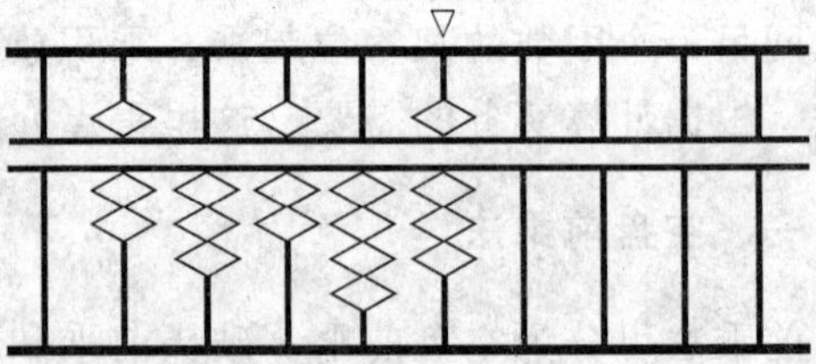

六三 1 8

六五 3 0

六八 4 8

积数 7 3 7 4 8

图 3-28

【例 3-29】1463 × 8879 = 12989977

本例乘数头二位数相同，可将头位数 8 乘被乘数1463的乘积11704从左二档起依次相加；乘数第三位数 7（即 8-1），也可从左三档起依次加11704，并从左四档起依次减去被乘数1463；乘数末位数 9（即 8+1），还可以从左四档起依次加上11704，并从左五档起依次加上被乘数1463。这种利用先乘之积迭位进行加、减的运算的方法，叫“移积乘法”，又叫“跟踪乘”。可简化运算过程。如图3-29、图 3-30、图 3-31、图 3-32、图 3-33、图 3-34。

①

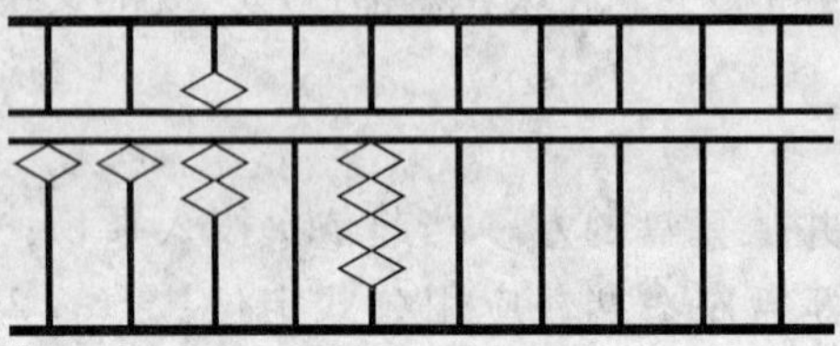

八一 08

八四 32

八六 48

八三 24

图 3-29

②

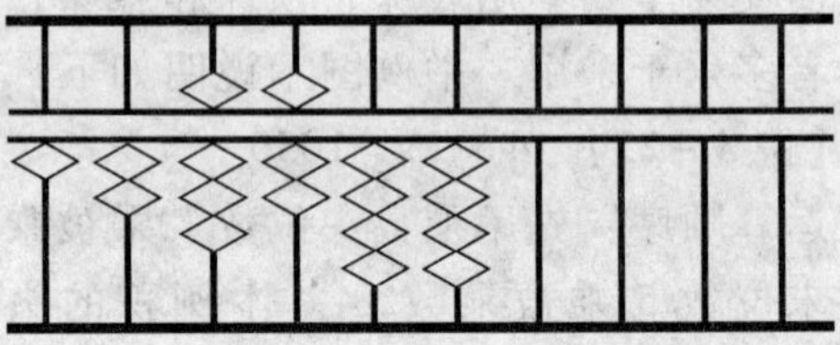

+ 1 1 7 0 4

图 3-30

③

+ 1 1 7 0 4

图 3-31

④

- 1 4 6 3

图 3-32

⑤

图 3－33

⑥

图 3－34

二、后乘法

后乘法根据乘数的位数多少，还可分为一位乘法和多位乘法两种，本书只优选目前适用的运算方法，供读者参考。

（一）一位乘法

1. 挨位乘法

乘数是 1 位的乘法叫一位乘法。运算时，一般在算盘的左边拨被乘数，即把算盘左边第一档作为被乘数的头位档，默记乘数（不要拨入算盘）。乘的顺序和笔算一样，用乘数和被乘数的末位起乘，依次乘到被乘数的头位为止。

乘积的记法，每乘 1 位数，就把被乘数本档上的数字改成乘积的十位数，乘积个位数拨在被乘数个位的右一档上（如乘积的十位数是“0”，应先拨去本档数字，以空档代“0”，个位数仍在右一档上）。所有被乘数都乘过之后，算盘的结果就是乘积。这种乘法叫“挨位乘法”，也叫“不隔位乘法”。举例图示说明如下：

【例 3－30】 426 × 3 = 1278

乘数是 1 位数，被乘数个位的右一档即积的个位档。积的头位数在算盘左一档。应用公式定位：（+3）+（+1）= +4，得1278。如图 3－35、图 3－36、图3－37、图 3－38。

①

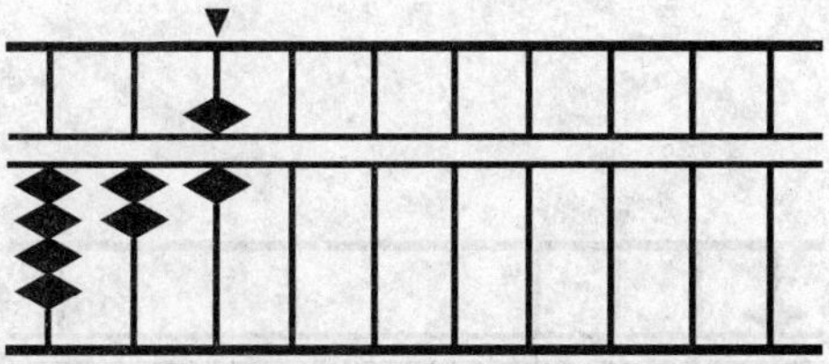

图 3－35

②

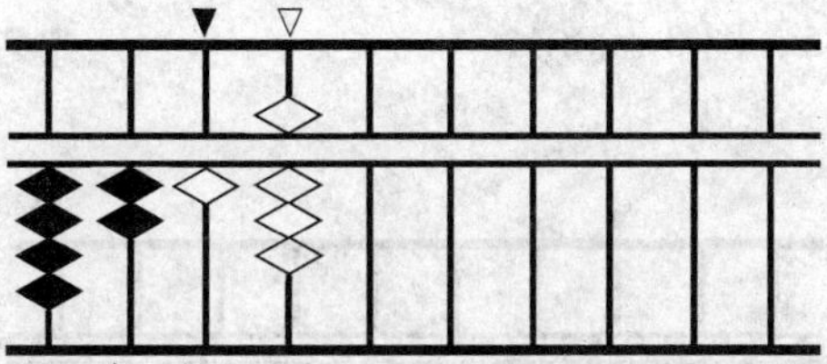

图 3－36

③

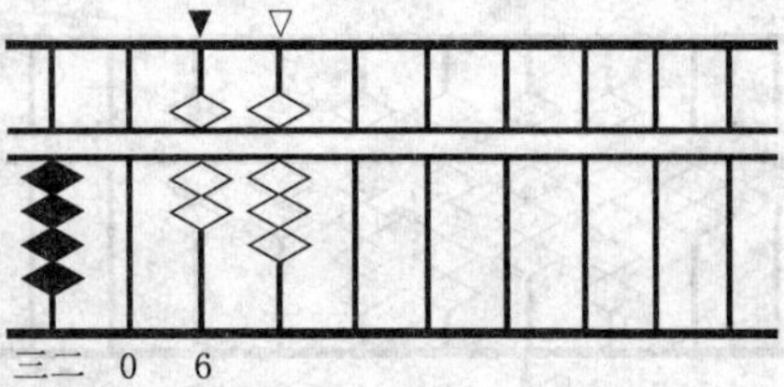

图3－37

④

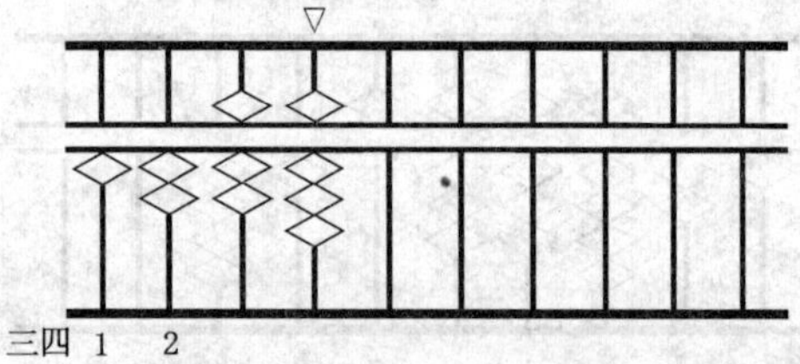

图3－38

【**例3－31**】152×4＝608

积的头位数是在算盘左二档，“前空减一”，（＋3）＋（＋1）－1＝＋3，得608。如图3－39、图3－40、图3－41、图3－42。

①

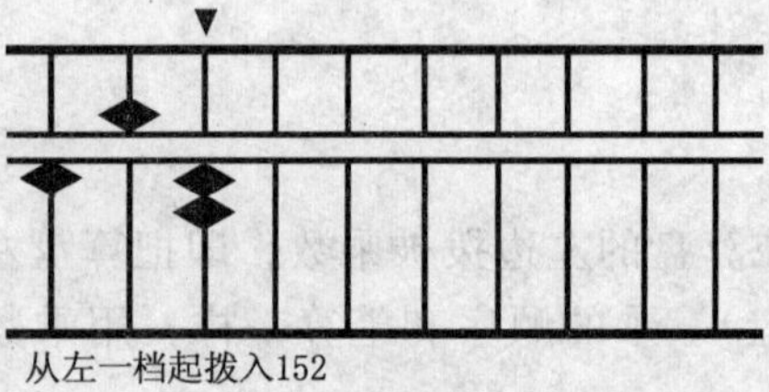

图3－39

②

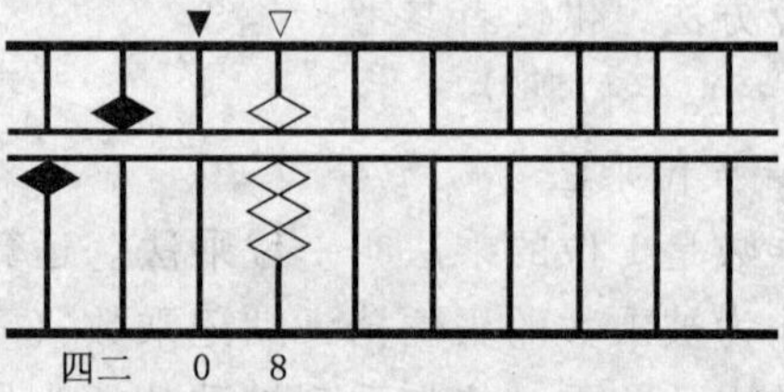

图3－40

③

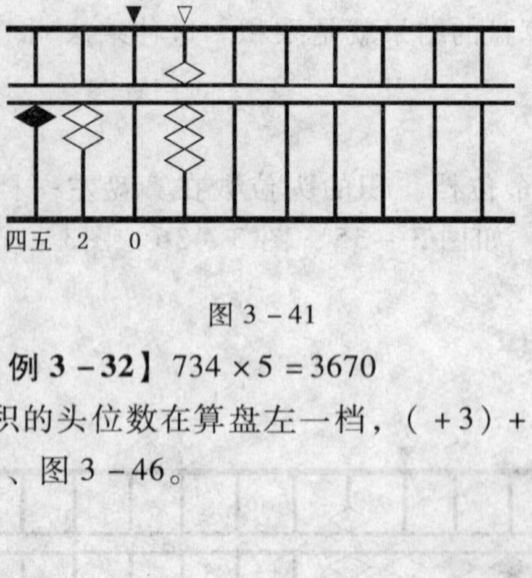

图3－41

④

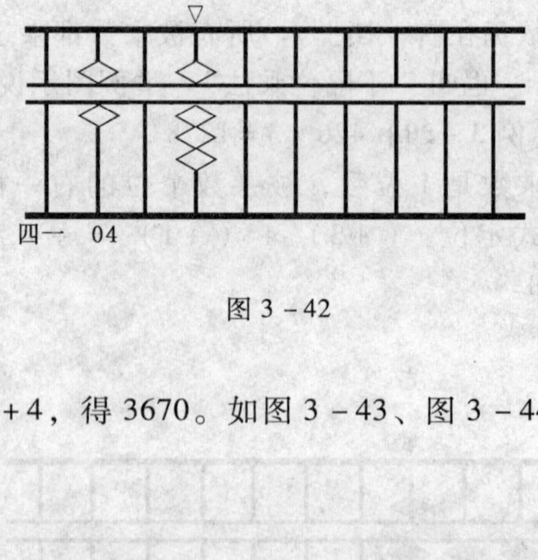

图3－42

【**例3－32**】734×5＝3670

积的头位数在算盘左一档，（＋3）＋（＋1）＝＋4，得3670。如图3－43、图3－44、图3－45、图3－46。

①

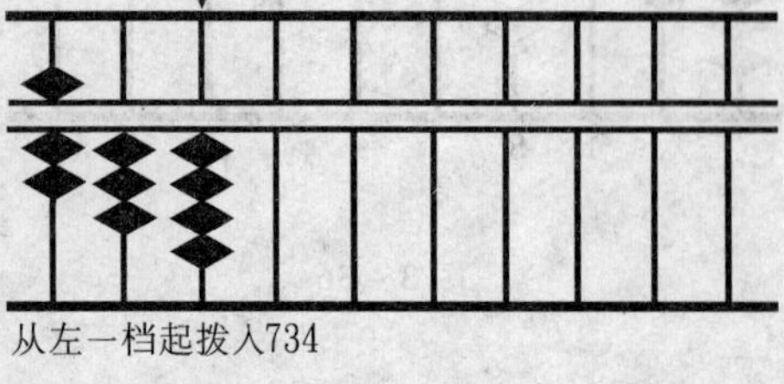

图3－43

②

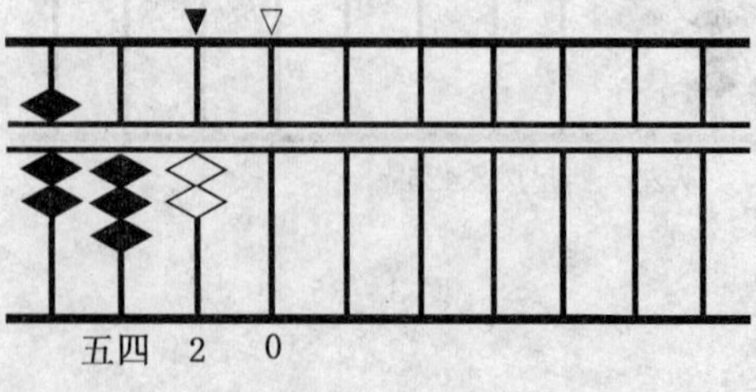

图3－44

③

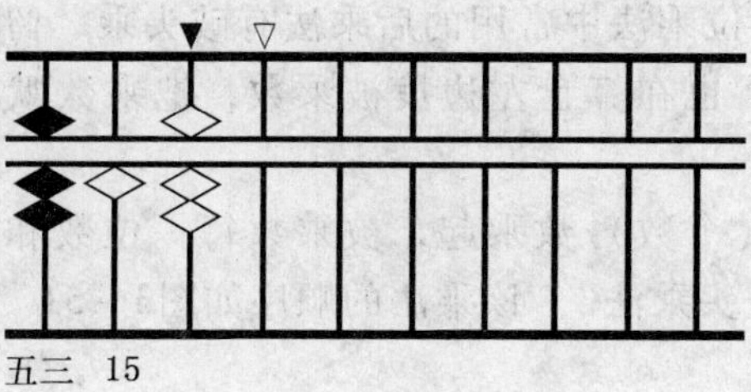

图 3－45

④

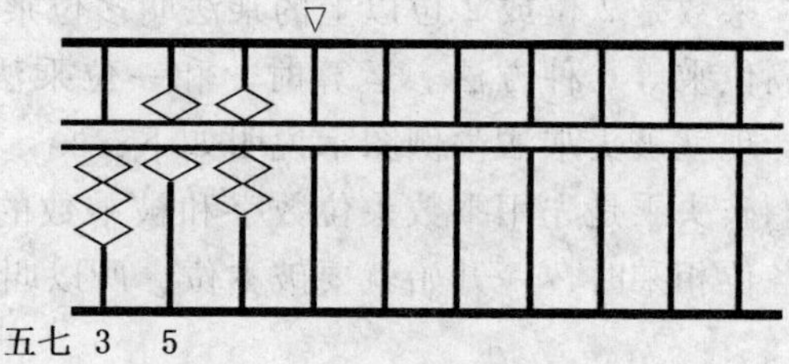

图 3－46

2. 隔位乘法

若采用隔位乘法，乘积的记法，是从被乘数个位数的右二档拨起，乘完后，应把被乘数的本位数拨去。这种乘法是在被乘数的隔位拨入乘积，所以称为“隔位乘法”。

现以 152 ×4 为例，说明如下。如图 3－47、图 3－48、图 3－49、图 3－50 所示：

①

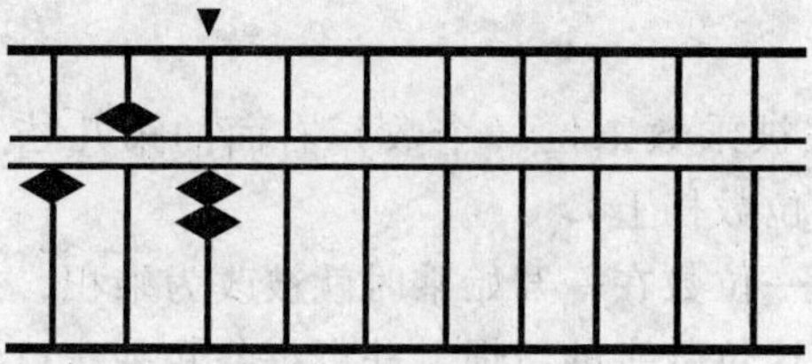

图 3－47

②

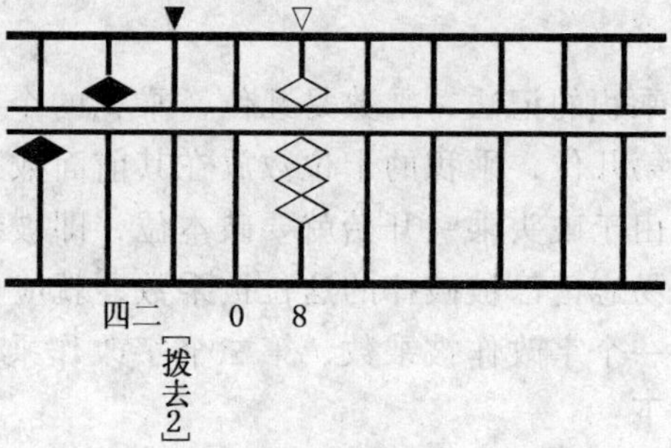

图 3－48

③

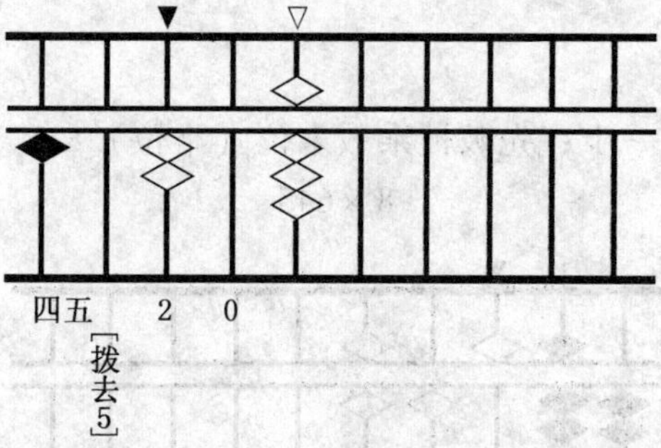

图 3－49

④

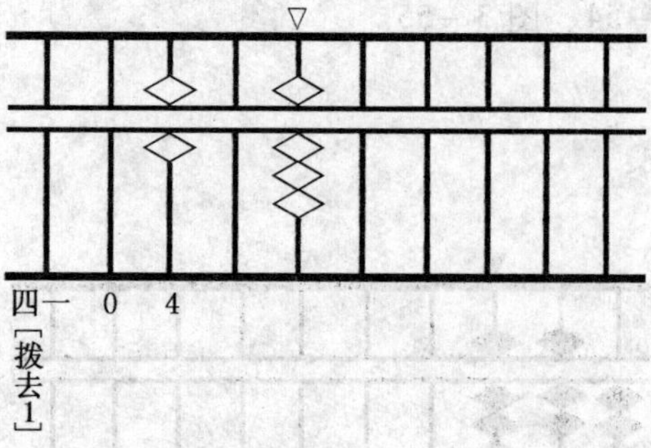

图 3－50

由于隔位上乘积，被乘数个位右面应比乘数的位数多空一档。如乘数是1 位数，被乘数个位的右二档是积的个位档。若乘积头位在算盘左二档，就已进位；在左三档，就没有进位，积的位数应从相乘两因数位数之和中减去一位。采用固定个位档定位法确定被乘数位数时，就应在相乘两因数之和后，再加一位。

（二）多位乘法

乘数是2位或2位以上的乘法叫多位乘法。多位乘法中常用的后乘法有破头乘、留头乘和隔位乘等几种方法。运算时，和一位乘法一样，也在算盘左边拨被乘数，把乘数默记心里。现就破头乘法举例图示说明如下：

破头乘是先用乘数头位数字和被乘数的末位（个数）数乘起，被乘数每一位数和乘数的各位相乘时，一开始就要破本位，所以叫做“破头乘法”。该乘法的顺序如图3－51。

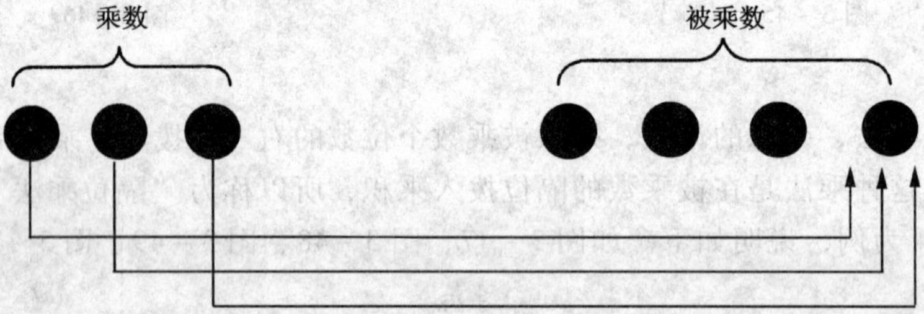

图3－51

乘积的记法，乘数是几位，乘积的个位就放在被乘数末位（个数）右面的第几档上乘数是第几位，乘积的十位数放在其前面数乘积的个位数档上）。

由于破头乘一开始就要破本位，即被乘数的某一位数在一开始乘时就被改为乘积，初学时常易忘记已被破掉的这位被乘数，就应养成默记这位数字的习惯，并可将各句乘法口诀中的第一个字改作被乘数，第二个字改作乘数。例如：7×4＝28，念为七四28。举例图示说明如下：

【例3－33】378×645＝243810

从左一档起拨上被乘数378，乘数645是3位数，被乘数个位的右三档即积的个位档。积数头位数在左一档，即：（＋3）＋（＋3）＝＋6，应是243810。如图3－52、图3－53、图3－54、图3－55。

①

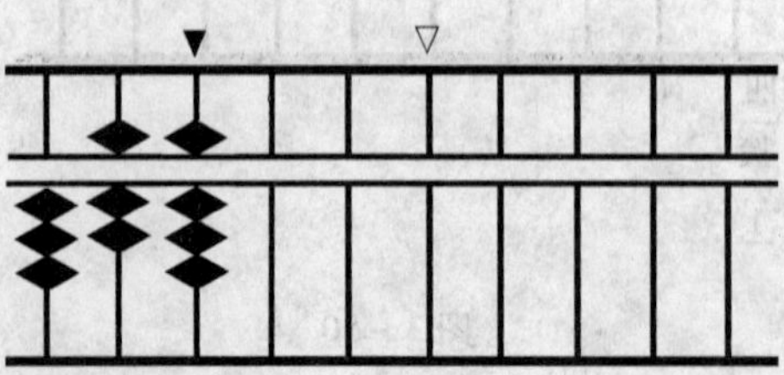

从左一档起拨入378

图3－52

②第一步：先破被乘数末位（个位）8

8×645

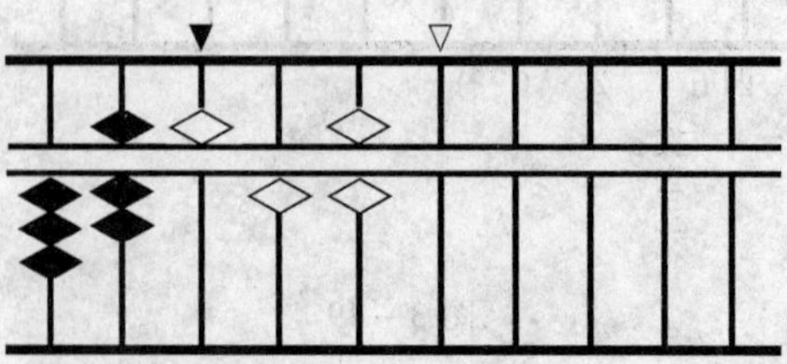

八六 4 8
八四 3 2
八五 4 0

图3－53

③第二步：破被乘数第二位（十位）7

7 ×645

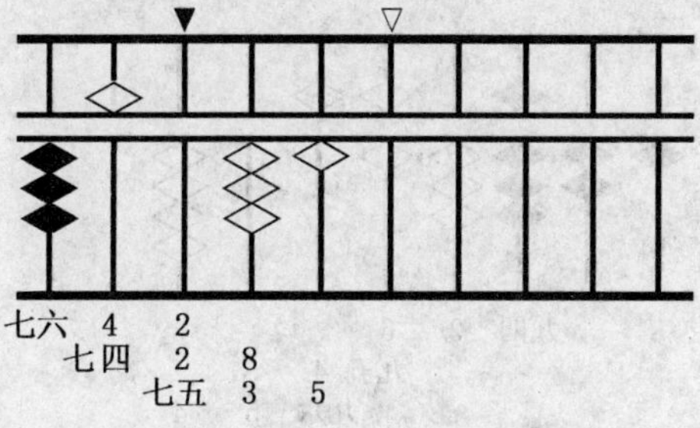

图 3－54

④第三步：破被乘数头位 3

3 ×645

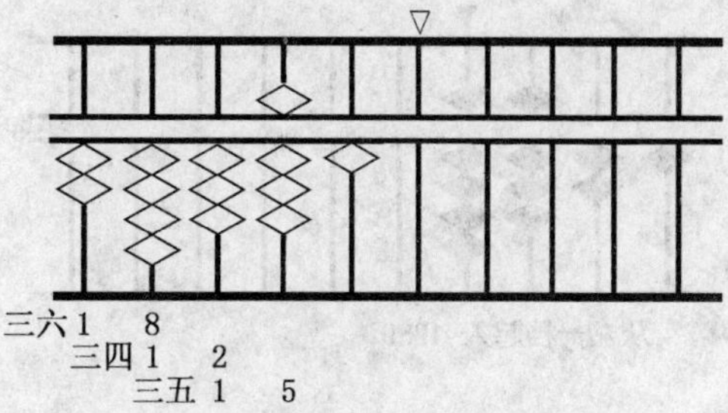

图 3－55

【例 3－34】 987 ×998 =985026

积的头位数在算盘左一档，（+3）+（+3）= +6，得985206。如图 3－56、图 3－57、图 3－58、图 3－59。

①

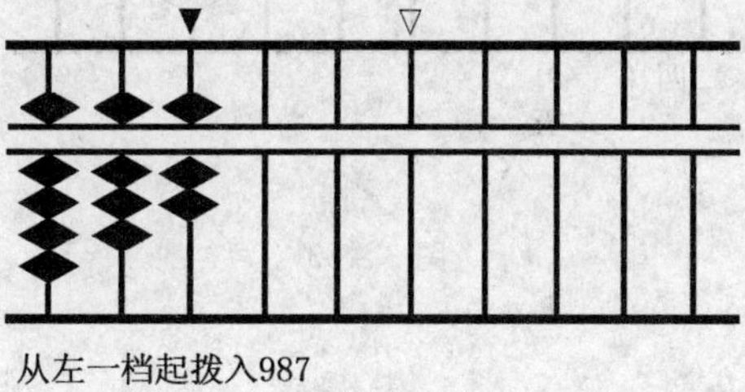

图 3－56

②先破被乘数末位（个位）7

7 ×998

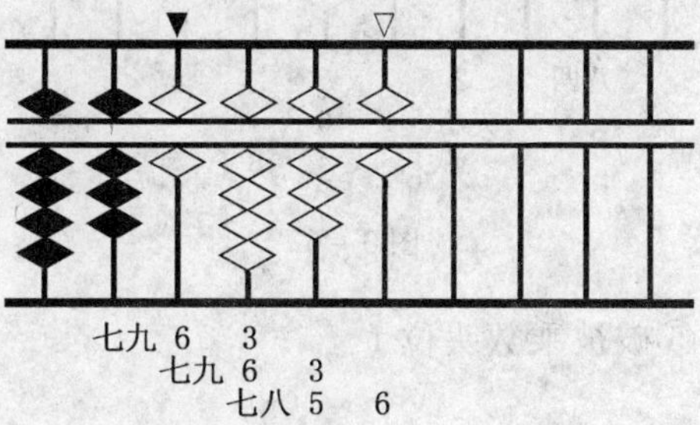

图 3－57

③破被乘数第二位（十位）8

8 ×998

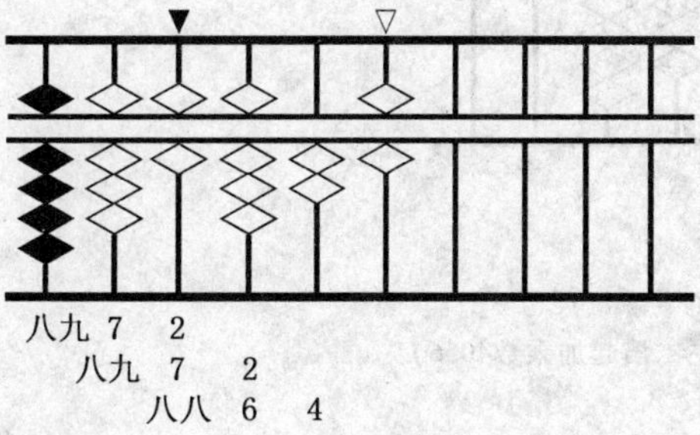

图 3－58

④先破被乘数头位 9

9 ×998

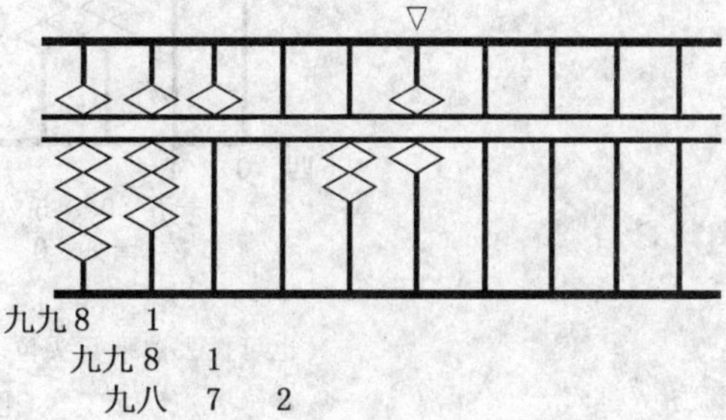

图 3－59

【例 3－35】 1289 ×4056 =5228184

积的头位数在算盘左二档，“前空减一”，（+4）+（+4）－1 = +7，得5228184。如图 3－60、图 3－61、图 3－62、图 3－63、图 3－64。

①

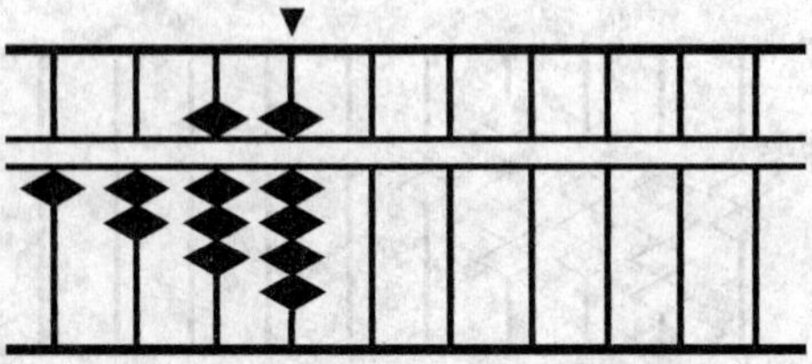

从左一档起入 1289

图 3 - 60

②先破被乘数末位（个位）9

9 ×4056

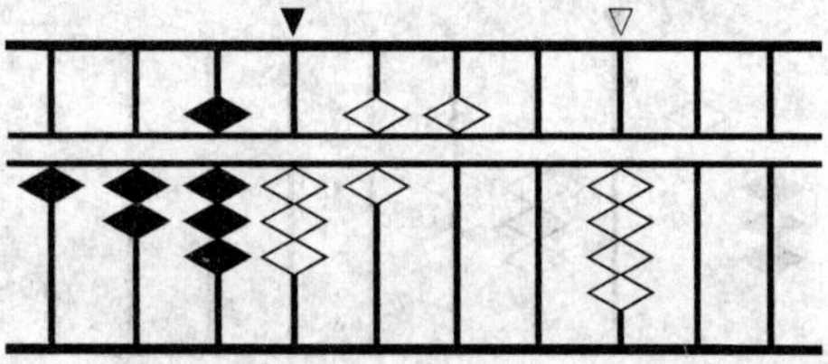

九四 3 6

九五 4 5

九六 5 4

图 3 - 61

③破被乘数第二位（十位）8

8 ×4056

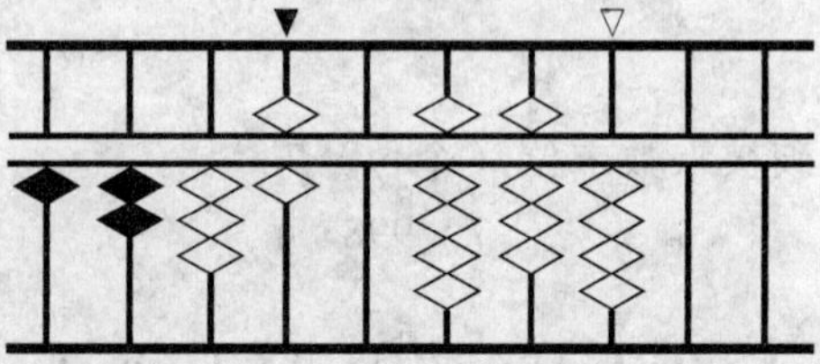

八四 3 2

八五 4 0

八六 4 8

图 3 - 62

④破被乘数第三位（百位）2

2 ×4056

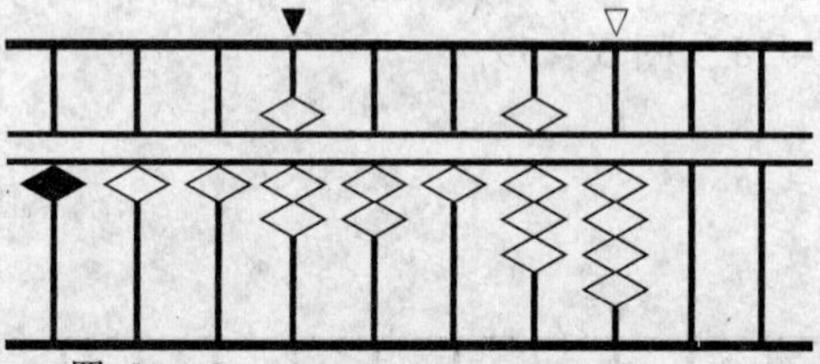

二四 0 8

二五 1 0

二六 1 2

图 3 - 63

⑤破被乘数头位 1

1 ×4056

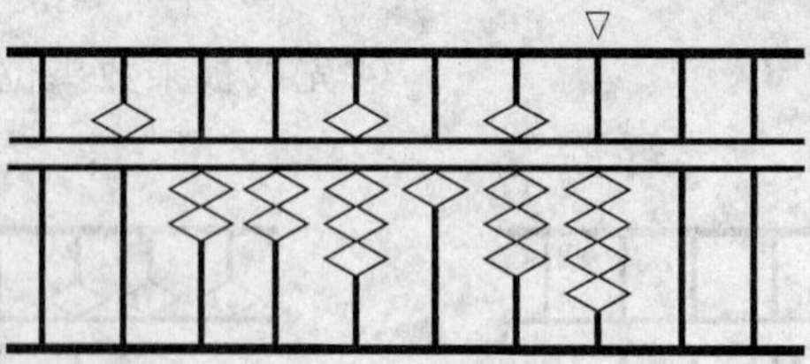

一四 0 4

一五 0 5

一六 0 6

（也可拨去被乘数头位 1 后，从左二档起加乘数4056）

图 3 - 64

【例 3 - 36】 3. 68 ×0. 0475 =0. 1748≈0. 17

本题要求保留小数 2 位，第三位四舍五入，先按 368 ×475 运算。如图3 - 65、图 3 - 66、图 3 - 67、图 3 - 68。

①

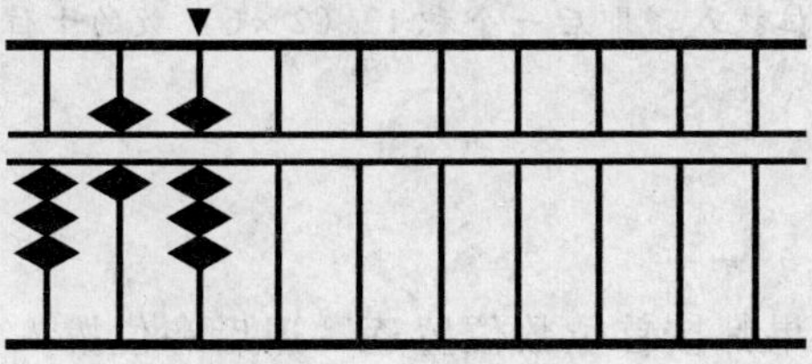

图 3－65

②第一步：先破被乘数末位 8

8 ×475

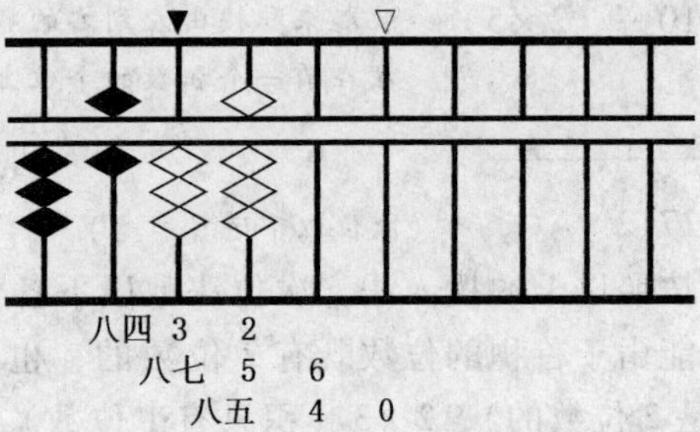

图 3－66

③第二步：破被乘数第二位 6

6 ×475

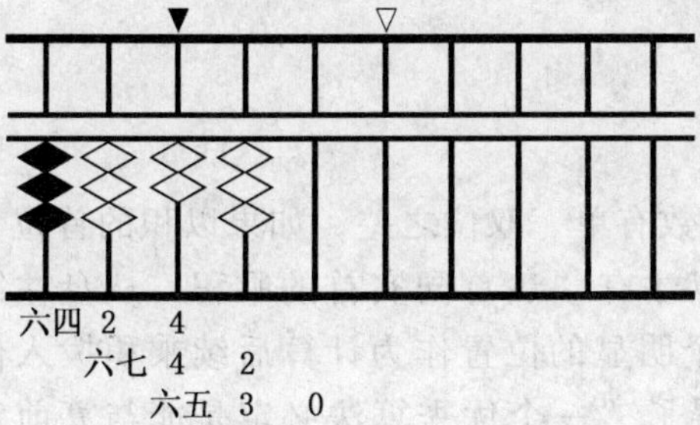

图 3－67

④第三步：破被乘数头位 3

3 ×475

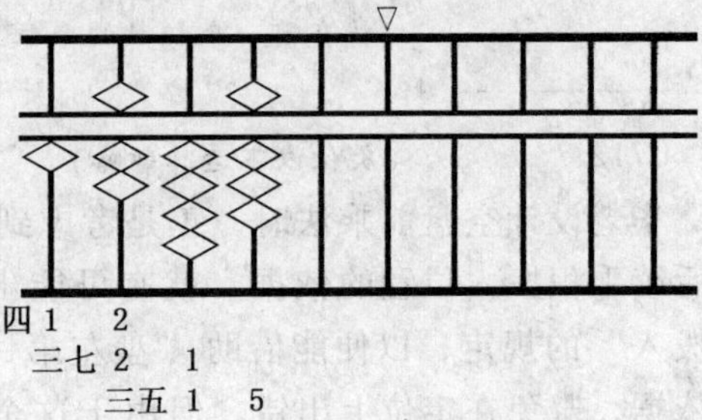

图 3－68

三、空盘来回乘法

空盘来回乘法的运算步骤如下：

（一）设定积数的个位点

与置数个位点（可在横梁上的分节点中选定一个），作为计算后直接读出积数的依据。计算积数拨入的位数都要从这一点起数。

（二）计算积数拨入的位数

使用算前定位法时，对于积的位数的计算，在置数乘法中，如前面介绍的破头乘，是在“拨入实数”的过程中进行的。但在空盘前乘法中，由于运算前没有拨入实数，所以它只能在拨入第一个积数的过程中进行。其方法是，在预定的个位点的基础上用以下公式进行算前定位：

法首同实首的乘积拨入位数 = 法数的位数 + 实数的位数

算好后，把一个手指点在这个档上，作为拨入第一个乘积位置的依据，以后的运算顺此下去。

【**例 3－37**】27 ×856 =23112的第一个法乘实的积数拨入位置

△　　　　　　　（算前设定的固定个位点）

16…（2×8）　因法实位数之和为2+3=5，故首积从个位点前5位起拨入。

10…（2×5）　此起乘积按由左到右的顺序逐一退位拨入，即后一个积12（2×6）数的十位数是拨在前一个积数的个位上。

———————

1712　　　　　（次位以下运算暂略）

按照以上的拨入法，次位法数以下各位乘积如果都按首位数位置逐一退后一位拨入，就有可能由于首积的位数既有2位数的，也有是1位数的而发生定位上的差错，如2×8=16（积是2位数的），2×3（积只有1位数）等。如上例换成27×356，其首位数的位置就与上例相差一位。试看下式：

【例3-38】 27×356=9612的第一个法乘实的积数拨入位置

△　　　　　　　（算前设定的固定个位点）

06…（2×3）　因法实位数之和为2+3=5，但首积只有1位数，故退后一位拨入。

10…（2×5）　此起乘积按由左到右的顺序逐一退位拨入，即后一个积12（2×6）数的十位数是拨在前一个积数的个位上。

———————

0712　　　　　（次位以下运算暂略）

华老设计空盘前乘法时，正是考虑到首积的位数有单、双位之差，如果以积的首位为计算后续乘积拨入位置的依据，就有可能出错。所以才有“法首同实首的乘积，从盘左第一档拨入”的规定，以便能借助“盘左第一档”这个明显的位置作为计算后续乘积拨入位置的依据，避免在定位上出错。但由于这个规定妨碍了“一个优秀算法必定是能与算前定位法结合的”这个大原则的实现，因而有因噎废食之憾。

（三）来回穿梭打法

在确定好积的个位点和按“法数的位数+实数的位数”的公式计算出乘积首位拨入的位数后，就从个位点数到相应的档上，并把手指点住该档，然后把第一个法实的乘积从这档起拨入，再按一来一回的方法进行运算。

【例3-39】 274×3857=1056818的运算方法

△　　　　　　　（算前设定的固定个位点）

06…（2×3）　因法、实位数之和为3+4=7，但首积是1位数，故应退后一位拨入。

16…（2×8）　此起乘积拨入的顺序是由左到右逐一退位拨入，即后一个积数的十位

10…（2×5）　数是拨在前一个积数个位数上，这时的拨珠每次都要记住积位数所应

14…（2×7）　拨的位置。

———————

07714…

49…（7×7）　此起乘积拨入的顺序是右到左。每次拨入时都要记住乘积所在的位置，然后才能拨

35…（7×5）　珠。拨完一个积数后，手指就要立即从所在的位置（个位）往前移动一位，以作

56…（7×8）　为拨下一个积数时其个位数应拨的位置。

21…（7×3）

———————

104139…

12…（4×3）　此起乘积拨入的顺序是由左到右逐一退位拨入，即后一个积数的十位数是拨在前一个积数个位数上，这时每次拨珠都要记住积的十位数所应拨的位置。

32…（4×8）

20…（4×5）

28…（4×7）

————————

1056818

（四）打法中需要注意的问题

1. 当拨珠指在“由左到右”或“由右到左”的移动过程中，必须注意认定每个乘积的个位或十位所在的位置。一般来说，当拨珠是处在“由左到右”移动的过程中，所必须认定的档次是“十位”，而当处在“由右到左”移动的过程中，必须认定的档次是“个位”，这样就不至于拨错档次。

如【例 3-39】274×3857的运算过程中，“2×3857”的拨珠顺序是“由左到右”，就应该认定后一个积数的十位数是拨在前一个积数的个位数上，如下式：

06…（2×3）

16…（2×8）

10…（2×5）

14…（2×7）

而在次位法乘实，即“7×3857”的计算过程中，拨珠顺序是“由右到左”。这时就应该认定后一个积数的个位数是拨在前一个积数的个位数的前一位，如下式：

49…（7×7）

35…（7×5）

56…（7×8）

21…（7×3）

这个拨珠过程是，在拨完49后把拨个位的手指由“9”移前一位，这样就知道拨后一个积数“35”时该拨在什么地方。拨完35后又把拨个位的手指由“5”移前一位，这样拨再后一个积数“56”时也就知道给拨在什么地方了，以此类推。

也许有人认为，在这个过程中认定后一个积数的个位数是拨在前一个积数的十位数上，不是也一样吗？不一样的。因为当前一个积数的十位数在拨入时，很可能还会遇到有进位，甚至有连续进位的情况，这样对于积的十位数的确切位置常常很难记住。

所以当手指往后退的时候是认定“十位数”的位置，而当手指往前移的时候是要认定“个位数”的位置。

2. 法数或实数中间带“0”的，必须注意在跳过“0”时的拨珠位置所在，严防在这个环节上出错。以下按不同情况说明：

（1）法数中间带0，实数不带0的。

【例 3-40】 408×6289=2565912的拨珠过程

△　（算前设定的固定个位点）

24…（4×6）　因法、实位数之和为3+4=7，故首积的位置应是从个位点数起的第7档处拨入。此起乘积拨入的顺序是由左到右逐一进位拨入，即后一个

08…（4×2）

32…（4×8）　积数的十位数是拨在前一个积数个位数上。
36…（4×9）

———————

25156…　此处法的次位是0，不需要乘，只要在退位时手指多退一位即可。此起乘积按由右到左的顺序逐一进位拨入，每拨入一个积数其个位点均应提前一位。
72…（8×9）
64…（8×8）
16…（8×2）
48…（8×6）

———————

2565912

（2）法数不带0，实数中间带0的。

【例3－41】478×6209＝2967902的拨珠过程

△　（算前设定的固定个位点）

24…（4×6）　因法、实位数之和为3＋4＝7，故首积的位置应是从个位点数起的第7档处拨入。此起乘积拨入顺序是由右到左逐一进位拨入，即后一个积数的个位数是拨在前一个积数个位的前一位，但在“2”与“9”之间尚隔着一个“0”，所以在拨后一个积数时要退后一个档，请注意“08”与“36”之间位置的间隔。
08…（4×2）
36…（4×9）

———————

24386…　此次乘积按由右到左的顺序拨入，积的个位应比上行进前一位。
63…（7×9）　此起乘积按由右到左的顺序逐一进位拨入，即后一个积数的个位数是拨在前一个积数的个位数的前一位。但此处因“9”与“2”之间尚隔一个“0”，所以手指在前移时要多移一个档，请注意“63”与“14”之间位置的间隔。
14…（7×2）
42…（7×6）

———————

291823…　此次乘积按拨入的顺序是由左到右，积的个位应比上行退后一位。
48…（8×6）　此起乘积按由右到左的顺序逐一进位拨入，即后一个积数的个位数是拨在前一个积数个位数的前一位，但在“2”与“9”之间尚隔着一个“0”，所以在拨后一个积数时要退后一个档，请注意“6”与“72”之间位置的间隔。
16…（8×2）
72…（8×9）

———————

2967902

（3）法实中间都带0的。

【例3－42】408×6209＝2533272的拨珠过程

△　（算前设定的固定个位点）

24…（4×6）　因法、实位数之和为3＋4＝7，故首积的位置应是从个位点数起的第7档处拨入。此起乘积拨入的顺序是由右到左逐一进位拨入，即后一个积数的个位数是拨在前一个积数个位数的前一位，但在“2”与“9”之间尚隔着一个“0”，所以在拨后一个积数时要退后一
08…（4×2）
36…（4×9）

个档。

24836… 此处法的次位是0，不需要乘，只要在退位时手指多退一位即可。此
72… (8×9) 起乘积按由右到左的顺序逐一进位拨入，每拨入一个积数，其个位
16… (8×2) 点均应提前一位，又因“9”与“2”之间尚隔一个“0”，所以手指在
48… (8×6) 前移时要多移一个档。

2533272

空盘来回乘的基本算法已如上述。其主要优点是可以避免因法首与实首的积有1位与2位数之别而引起的首积拨位差错的问题，因而在定位上可以实现与算前定位法相合，达到“优秀算法与优秀定位法”的完美结合。再者，由于这种算法是用“由左到右”和“由右到左”两种顺序交替使用，使计算者手指的移动是一位接一位的连续拨珠，不要反复抬手找位，既节省时间，又减少差错，使乘法技术提升到一个更高的水平。

四、省略乘法

在日常运算工作中，常遇到小数位很多的数相乘，而乘积往往只要求精确到小数点后2位即可，并不需要把全部位积都计算出来。省略乘法就是根据近似计算的原理，在作小数乘法时把类似对求精确度没有作用的步骤省去，以提高计算效率。

省略乘法具体运算方法如下：

（一）用截取公式求出所需计算的位数

截取公式为：被乘数位数+乘数位数+精确度+保险系数，精确度为积的小数位数，保险系数一般是1，截取位数后，右一档为截止档。

（二）用基本乘法计算

计算时把各部分乘积加到要求计算的截止档为止，把截位档上的位积四舍五入，从而满足题中精确度的要求以获得正确的近似积。

（三）得出全部乘积后，积数末位四舍五入。

【例3-43】 0.85206×0.9251≈0.79（精确到0.01）

（1）先用截取公式求得位数为0+0+2+1=3（位），第三档的右一档（第四档）为截止档（也称压尾档）。从算盘左边首档起第四档为截止档，此处截止档的上下算珠全靠梁，以示标记。

（2）用空盘前乘法计算，将乘数首位9×被乘数852乘积7668从左一档起依次相加（截止档为8，应进1，被乘数06就不必再乘）。

（3）将乘数次位2×被乘数85的乘积170从左二档起依次相加（截止档为0，舍去，被乘数206就不必再乘）。

（4）将乘数第三位5×被乘数8乘积40从左三档起依次相加（截止档为0，舍去，被乘数5206就不必再乘）。

（5）算题要求精确到0.01，所以0.79为所求的积。

如图3-69，3-70，3-71，3-72所示：

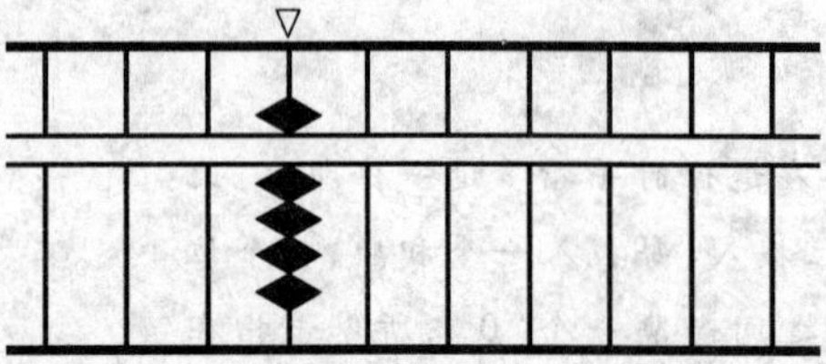

图 3－69

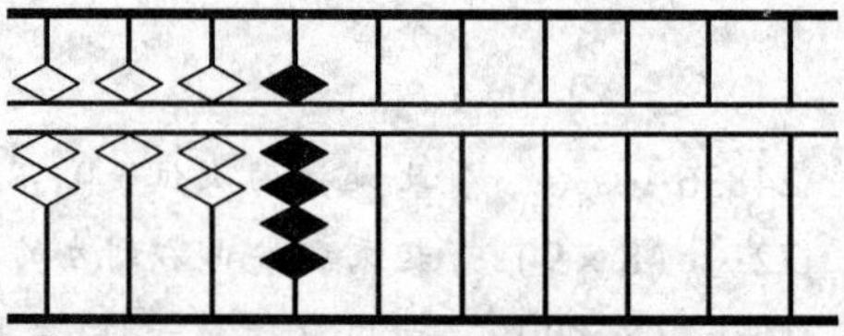

九八7　2
九五4　5
九二1　8　（四舍五入，进1）

图 3－70

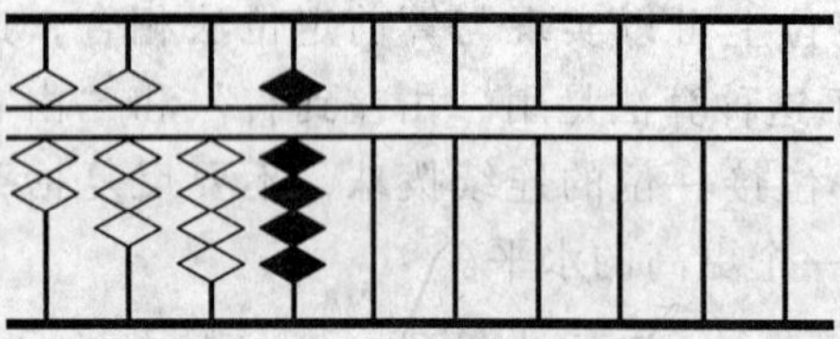

二八　1　6
二五　1　0　（舍去）

图 3－71

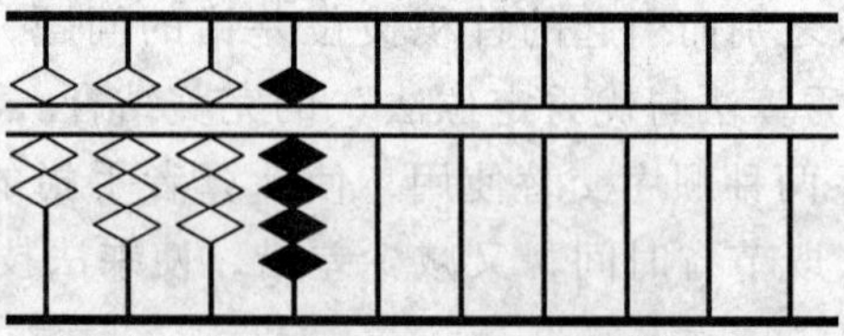

五八4　0　（舍去）

图 3－72

五、跟踪乘法

这种乘法适用于乘数有几位数字是相同的。运算时，首先计算一为乘数与被乘数相乘的部分积，然后将其余相同的几位跟踪照这个部分积拨入，变乘算为加算，以提高运算效率。

【例 3－44】 1256×4844＝6084064

（1）用空盘前乘法计算，将乘数首位 4×被乘数 1256，积为 5024 从左二档拨入盘中。

（2）将乘数第二位 8×被乘数 1256，乘积 10048 从左二档起依次相加。

（3）乘数第三位第四位数字与乘数首位相同都为 4，分别从左四档左五档开始加上 5024，积为 6084064。

如图 3－73，3－74，3－75，3－76 所示：

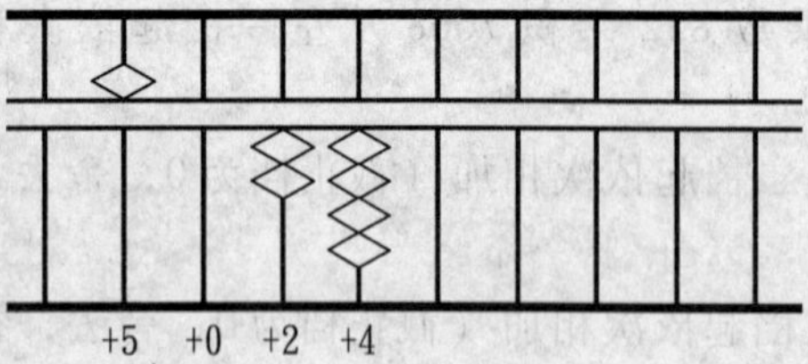

图 3－73

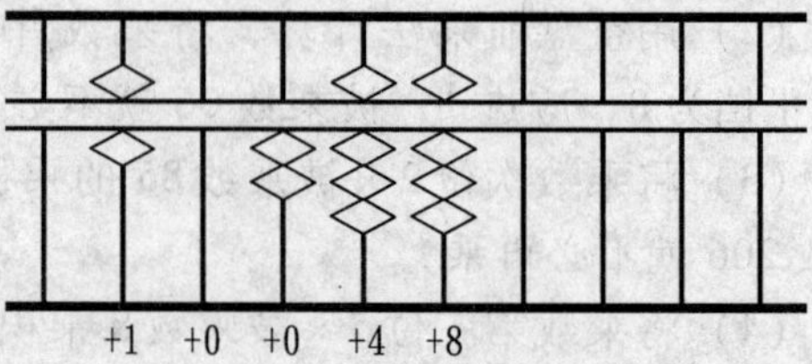

图 3－74

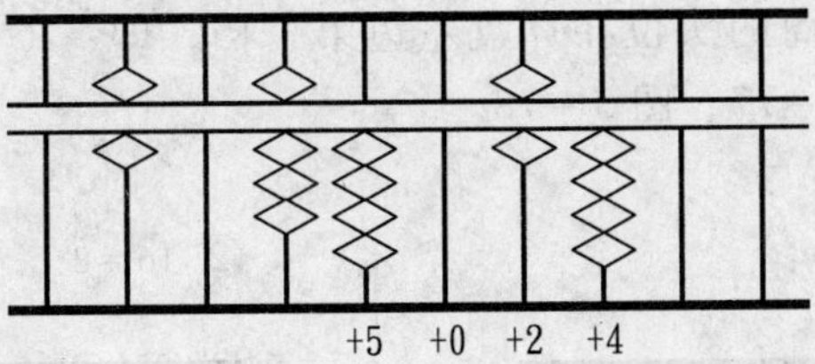

图 3－75

第三节 珠算除法

我国古算书中，把被除数称为“实数”，简称“实”；把除数称为“法数”，简称“法”。现在珠算中仍沿用。乘法和除法互为逆运算。

珠算基本除法可分为归除法和商除法两类。由于放置商数的位置不同，也可分为挨位除法和隔位除法，还可根据除数的位数多少，分为一位除法和多位除法。

归除法利用一套除法口诀（叫“归除口诀”）进行运算，按口诀定商就较准确迅速，不必运用心算。但口诀难记，有时需使用顶珠、底珠和悬珠。商除法用乘法九九口诀求商，计算方法和笔算相似。但运算时要结合珠算加、减、乘法和心算进行。在未产生归除口诀以前，古人就用商除法。运算时，总要经过一番“商议”才能求得商，因此除法的得数就叫做“商”，这种除法也叫“商除法”。在此只介绍商除法。

商除法分隔位商除法和挨位商除法两种。隔位商除法一般较普遍采用，但如能熟练掌握挨位商除法，则运算速度较快。以下将分别予以介绍。为便于学生理解，先讲授隔位商除法后再介绍挨位商除法。

一、隔位商除法

隔位商除法通常把被除数放在算盘左边，可从左三档起拨入被除数，左边空两档留着放商数。在放置商数时必须牢记：“够除商隔位，不够除商挨位”的置商原则。即：当除数是1位除，如被除数头位大于或等于除数头位也就是“够除”时，商数应放在被除数的左面第二档上（隔位上商）；如被除数头位小于除数头位也就是“不够除”时，商数应放在被除数的左一档上（挨位上商）。当除数是2位的除法，“够除”与“不够除”就要看被除数的前1位。除数是3位的除法，“够除”与“不够除”就要看被除数的前3位。其余类推。由于商除法需要隔位上商，所以就是一种隔位除法。

（一）一位除法

在算盘左边第三档起拨放被除数，除数默记在心里。由于隔位上商，除数是1位数，商数头位应在被除数的左面第二档上即算盘左边第一档（盘式中黑珠表示被除数和余数，白珠表示商数，▼表示被除数的个位档，▽表示商的个位档。下同）。

【例 3－45】 $96 \div 8 = 12$

被除数头位“够除”，商的头位在算盘左边第一档，即：（+2）-（+1）+1=+2，应是12。如图3-76、图3-77、图3-78。

① 9÷8

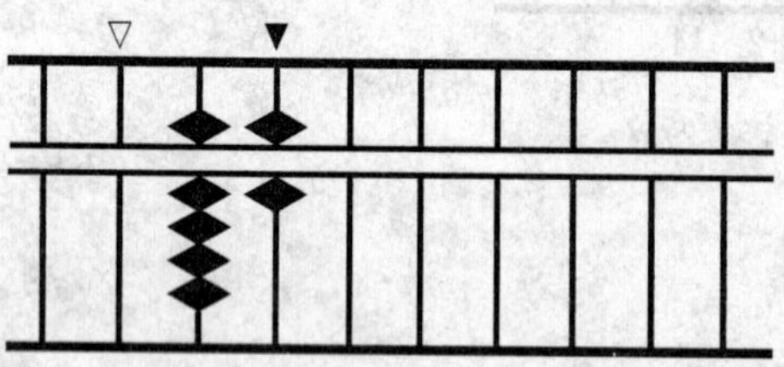

图3-76

② 16÷8

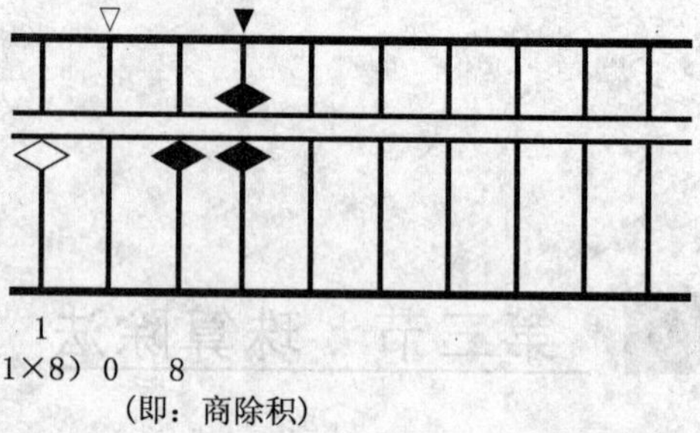

图3-77

③

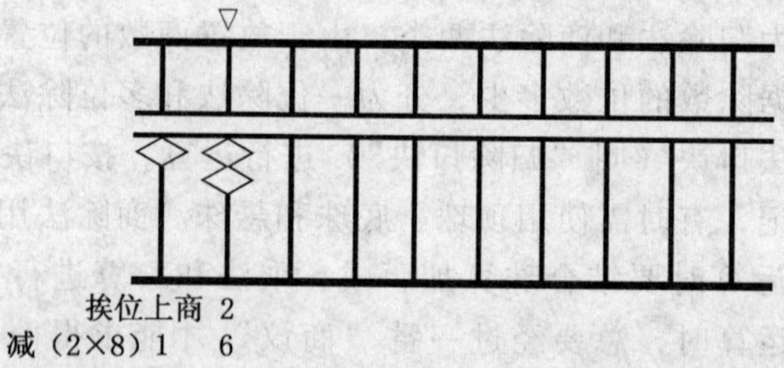

图3-78

【例3-46】112÷7=16

被除数头位“不够除”，商的头位在算盘左边第二档，算盘左一档“空档”，即：（+3）-（+1）=+2，应是16。如图3-79、图3-80、图3-81。

① 11÷7

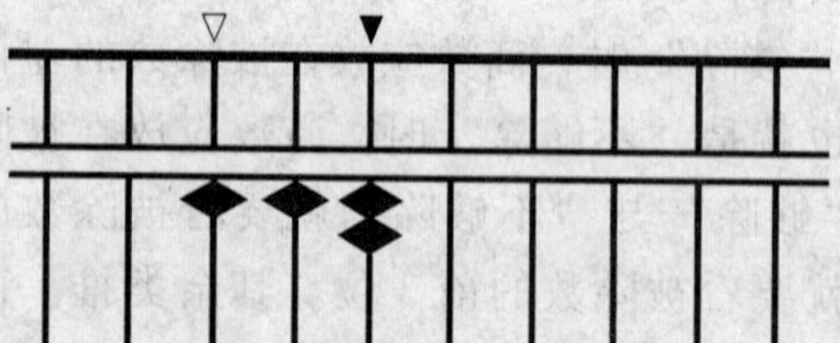

图3-79

② 42÷7

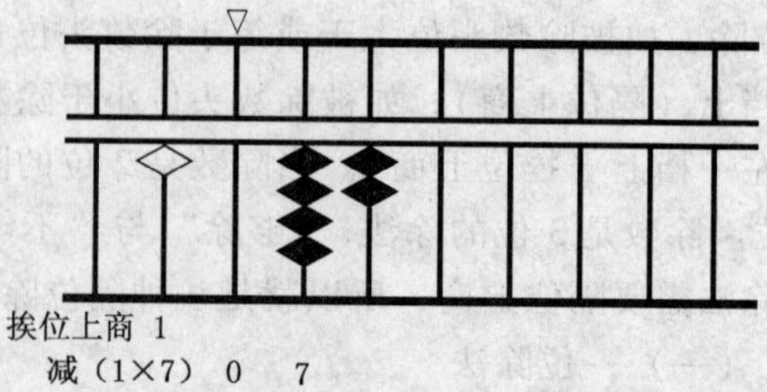

图3-80

③

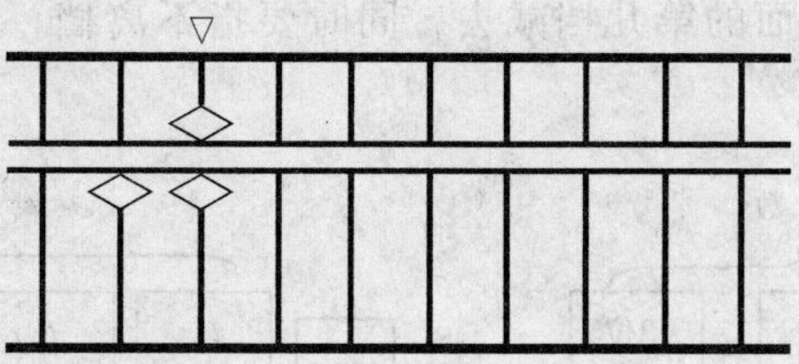

挨位上商 6
减（6×7）4　2

图 3－81

【例 3－47】632 ÷ 4 = 158

被除数头位“够除”，商的头位在算盘左边第一档，即：（+3）－（+1）+1 = +3，应是 158。如图 3－82、图 3－83、图 3－84、图 3－85。

① 6 ÷ 4

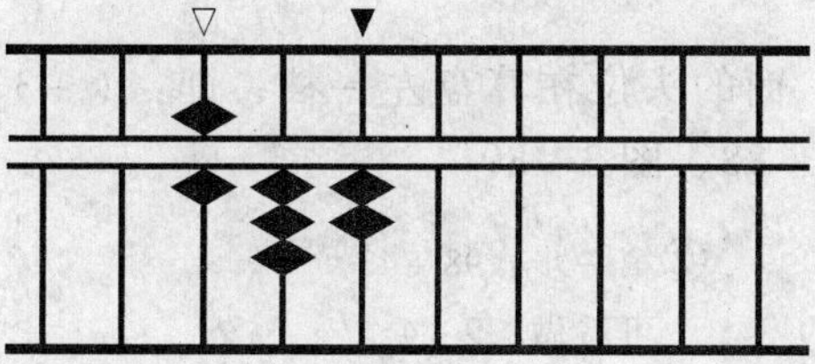

图 3－82

② 23 ÷ 4

隔位上商 1
减（1×4）0　4

图 3－83

③ 32 ÷ 4

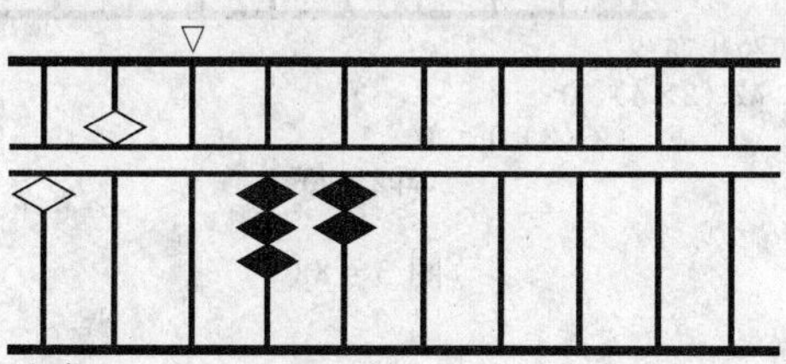

挨位上商 5
减（5×4）2　0

图 3－84

④

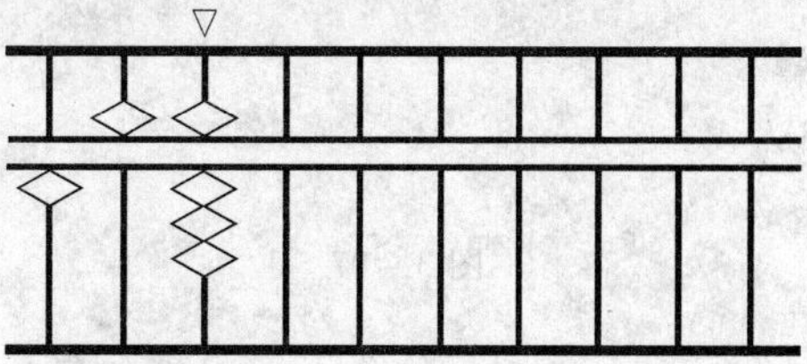

挨位上商 8
减（8×4）3　2

图 3－85

（二）多位除法

多位除法的运算方法和一位除法相同。但由于除数位数增多，容易出现估商不准，试商时可把除数按照“四舍五入”的办法看做整十或整百的数字来试除。例如：943 ÷ 275，就可看做 900 ÷ 300（即 9 ÷ 3）试商 3。估商的数字，要“宁小勿大”，以免商数过大不够除时，难于还原。发现余数大于除数，要进行补商。补商的方法是：商数加 1，要隔位减去除数。如遇试商偏大而不够除（即被除数不够减商数和除数的乘积）时，就应退商。退商的办法是：商数减 1，要隔位加上多减的那个商数和除数的乘积。

作多位除法要防止在减商和除数乘积时借档，掌握的要领是：除数是第几位，它与商数乘积的十位数就从商数右面的第几档减去，同时要指不离档，依次运算，就不会减错档次。如图3－86。

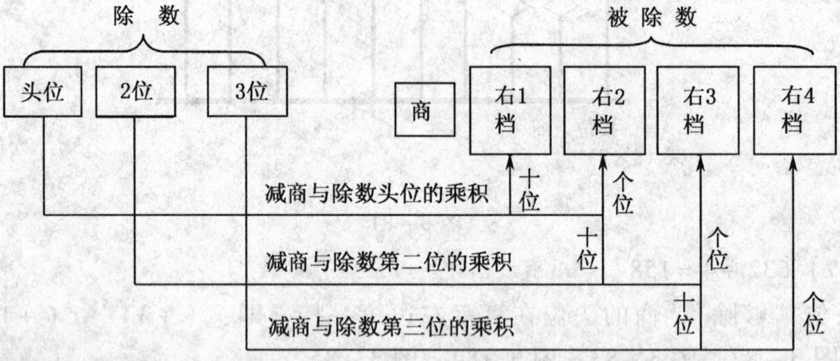

图3－86

【例3－48】989÷43＝23

被除数头二位数98大于除数43，即“够除”，商的头位在算盘左一档，即：（＋3）－（＋2）＋1＝＋2，商数应是23。如图3－87、图3－88、图3－89。

①

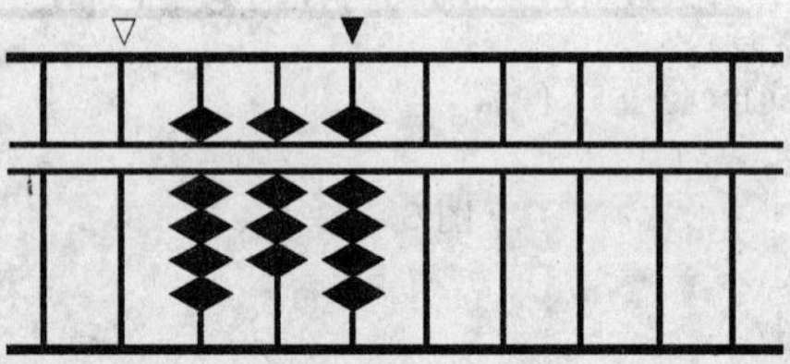

图3－87

②第一步：98÷43

可看做：9÷4

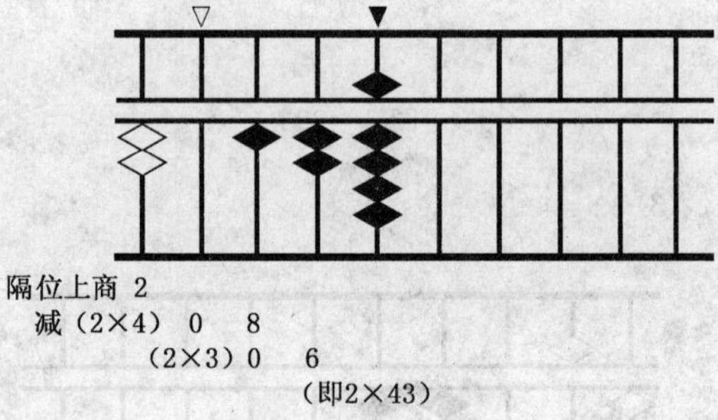

图3－88

③第二步：129÷43

可看做：12÷4

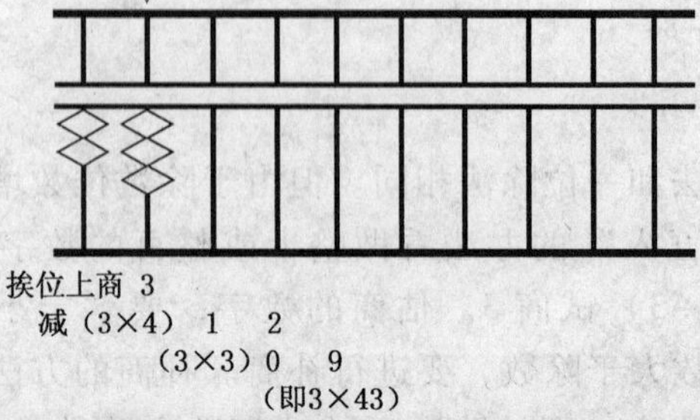

图3－89

【例 3 – 49】40948 ÷ 706 = 58

被除数头位 4 小于除数头位 7，即“不够除”，商的头位在算盘左二档（即“空档”），即：5 – 3 = +2，商数应是 58。如图 3 – 90、图 3 – 91、图 3 – 92。

①

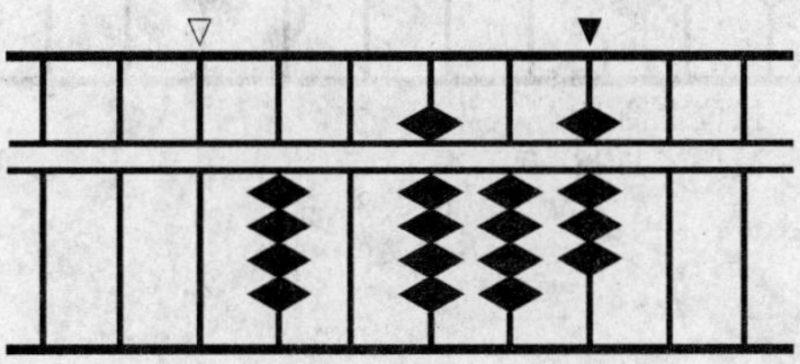

图 3 – 90

②第一步：4094 ÷ 706

可看做：40 ÷ 7

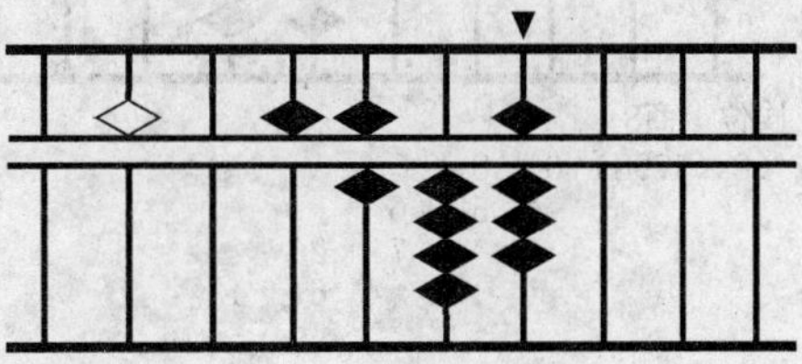

挨位上商 5

减（5×706）　3　5

　　　　　　　　　3　0

图 3 – 91

③第二步：5648 ÷ 706

可看做：56 ÷ 7

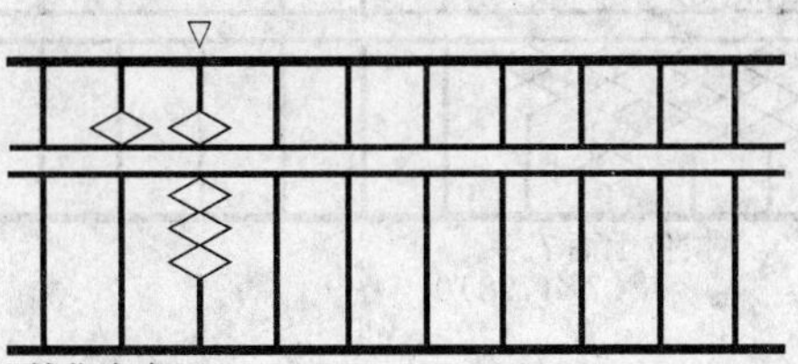

挨位上商 8

减（8×706）5　6

　　　　　　　　4　8

图 3 – 92

【例 3 – 50】7006806 ÷ 1798 = 3897

本例“够除”，商的头位数在算盘左一档，即：7 – 4 + 1 = +4，应是3897。除数1798的第二位大于5，就“5 入”，可看做 2（头位数 1，加 1）进行估商。如图3 – 93、图 3 – 94、图 3 – 95、图 3 – 96、图 3 – 97。

①

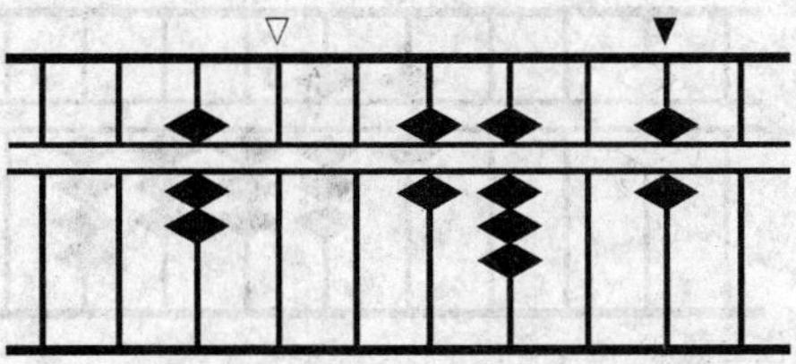

图 3 – 93

②第一步：7006 ÷ 1798

可看做：7 ÷ 2

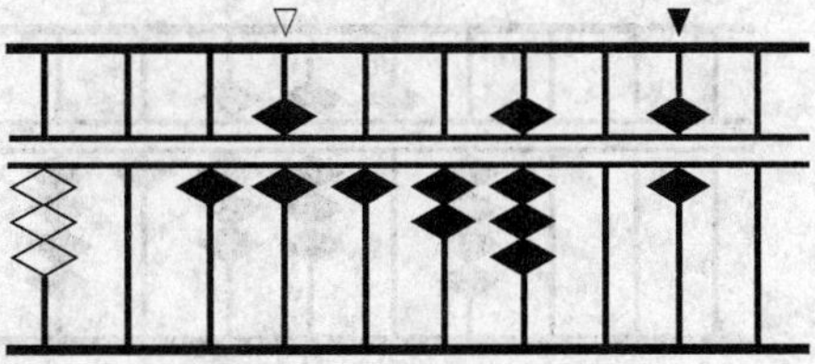

隔位上商 3

减（3×1798）0　　3

　　　　　　　　2　1

　　　　　　　　　2　7

　　　　　　　　　　2　4

图 3 – 94

③第二步：16128 ÷ 1798

可看做：16 ÷ 2

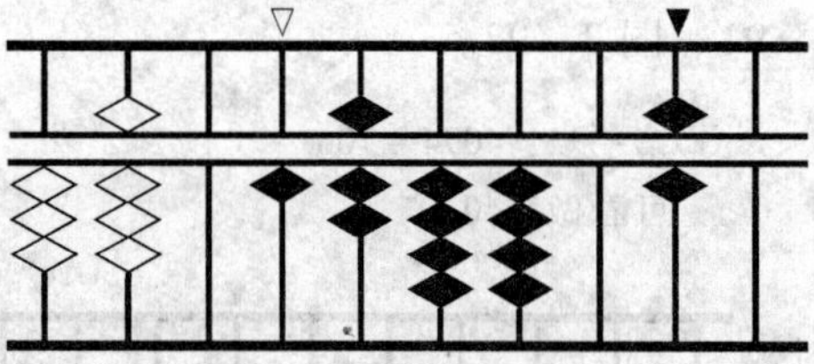

挨位上商8
减（8×1798） 0 8
5 6
7 2
6 4

图 3 – 95

④第三步：17440 ÷ 1798

可看做：17 ÷ 2，应商 9

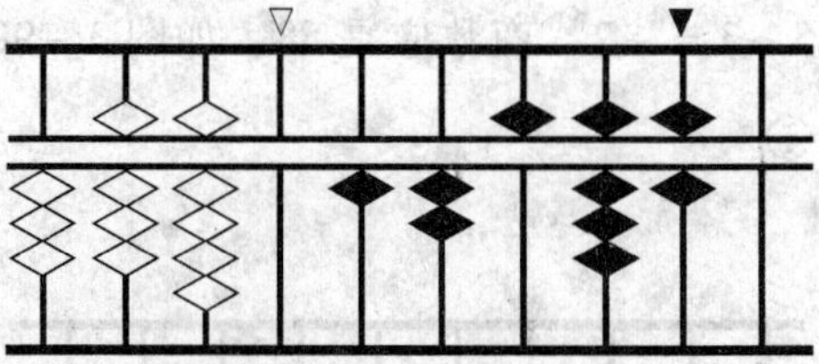

挨位上商9
减(9×1798) 0 9
6 3
8 1
7 2

图 3 – 96

⑤第四步：12586 ÷ 1798

可看做：12 ÷ 2

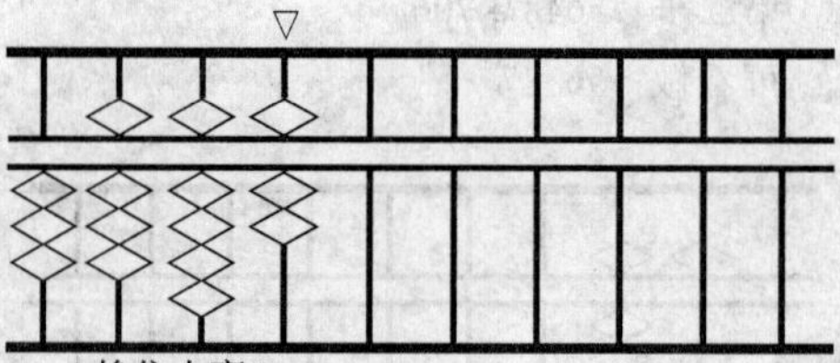

挨位上商 7
减(7×1798)0 7
4 9
6 3
5 6

图 3 – 97

【例 3 – 51】 4588. 14 ÷ 650. 8 = 7. 05

小数除法，可比照小数乘法，暂把实、法两数当整数看待。被除数头位 4 小于除数头位 6，不够除，算盘左一档“空档”，即：4 – 3 = +1 位，商数应是 7. 05。

本例需要进行补商，如图 3 – 98、图 3 – 99、图 3 – 100、图 3 – 101。

①

图 3 – 98

②第一步：45881 ÷ 6508

可看做：45 ÷ 7，应商 6

挨位上商 6
减(6×6508) 3 6
3 0
4 8

图 3 – 99

③ 余数6833大于除数6508

应补商1，隔位减除数

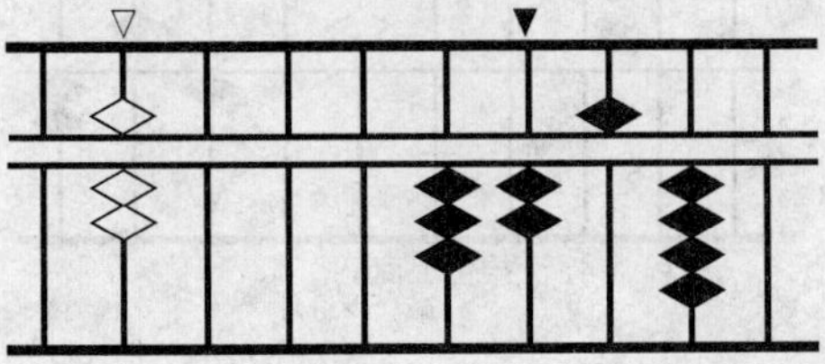

图 3－100

④第二步：32540 ÷ 6508 = 5，

应商5（若商4，要补商）

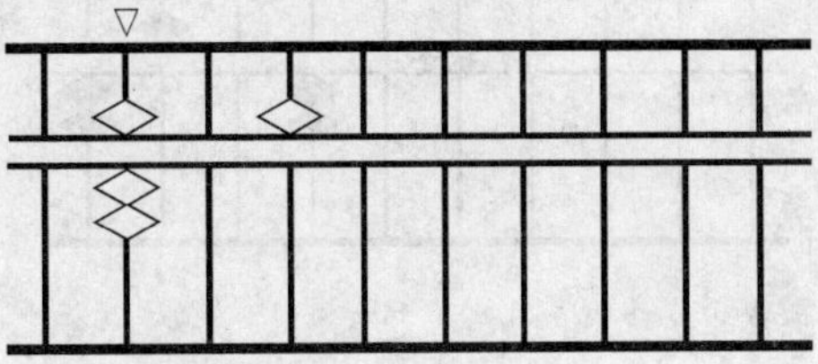

图 3－101

在商除计算中，为了避免中途退商的麻烦和容易出错，估商必须“宁小勿大”。如遇试商偏大不够减“商除积”时，可运用“借减法”。有时被除数的头位和第二位够除，其余位数如不够除，就可从上一位借“1”倒减，再进行退商，退商的方法是：商数减1，隔位加除数。

（三）估商、补商与退商

1. 估商。多位数除法的难点在于估商，估商应力求准确，为了快速估商，一般不用整个除数去估商，而把估商部位简化，通常采用以下三种估商方法：

（1）除首估商。当除数的第二位是0、1、2时，用除数的首位与被除数相比较估商，例如，47073 ÷ 51 = 923，除数的第二位是1，则用5来估商，47 ÷ 5首商估为9。

（2）除首加1估商。当除数的第二位是7、8、9时，用除首估商容易偏大，则用除数的首位加1，再与被除数相比较估商，例如，43332 ÷ 69 = 628，除数的第二位是9，则用除数的首位6 + 1 = 7来估商，43 ÷ 7首商估为6。

（3）除二位估商。当除数的首位是1时，则上述两种方法估商偏差都大，所以要用除数的前二位与被除数相比较估商，例如，5782 ÷ 14 = 413，57 ÷ 14首商估为4。当除数的第二位是3、4、5、6时，可灵活估商。

以上三种估商方法只是适合大多数的题型，实际运算时还需要看余数的大小而灵活掌握。俗话说：熟能生巧，熟练后就能掌握估商的技巧了。记住商除法的估商“宁小勿大”。

2. 补商。在多位数除法运算过程中，试商减积后，发现余数仍大于或等于除数时，说明估商偏小，应及时调整，补拨商数，即补商，不必重新运算。补商的方法为：在试商上加1，同时隔位减一倍除数，试商加几，就隔位减几倍除数。

【例3－52】 205.2 ÷ 38 = 5.4

（1）运用隔位商除法计算，把被除数拨入算盘，心算估商5，“不够除商挨位”，把试商5置在被除数首位的左一档上。

（2）从试商右一档起，减去试商5与除数38的乘积。

（3）心算估商3，“不够除商挨位”，把试商3置在余数首位的左一档上。

（4）从试商右一档起，减去试商3与除数38的乘积，减后余数尚有38。

（5）补商1，“够除商隔位”，在原有的商数上加1（即在余数首位的左二档置商）。

如图 3－102，3－103，3－104，3－105 所示：

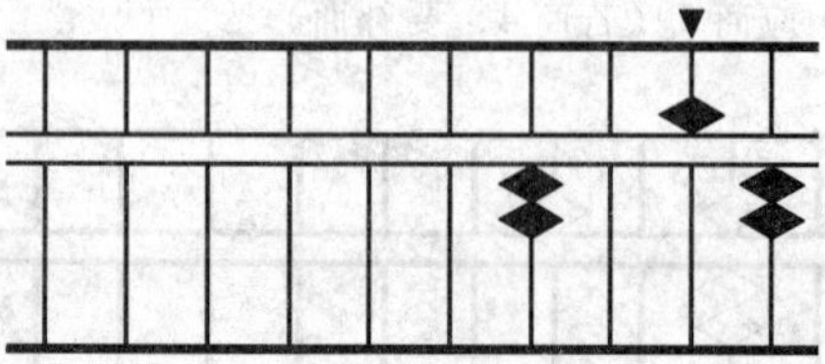

图 3－102

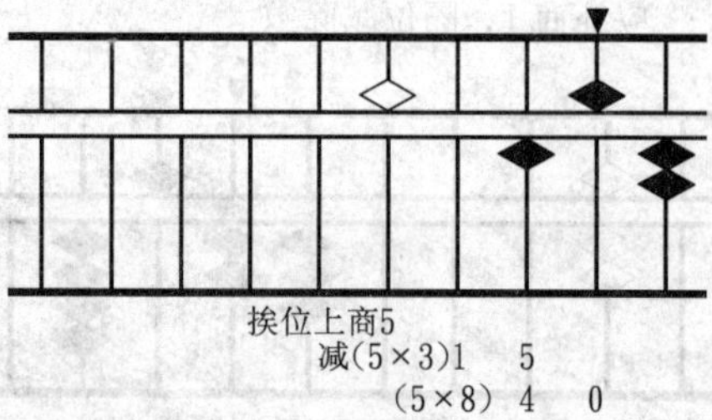

图 3－103

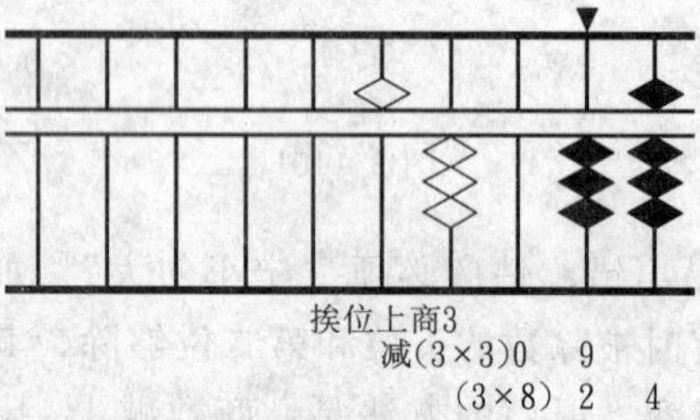

图 3－104

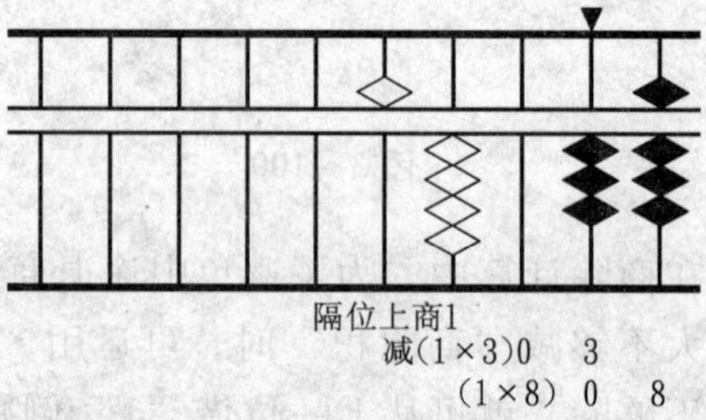

图 3－105

3. 退商。商除法运算过程中，心算估商不仅可能偏小，有时也可能偏大，即出现试商与除数的乘积不能完成“除去”这一步（被除数不够减）的情况。这时也可以不重新计算，而以退商的方法来调整试商。退商的方法为：从试商上减去1，隔位加还已经除过的那几位除数，然后再用调整后的试商，去乘尚未乘减的那几位除数，并将其积从被除数的相应档位中减去。

【例 3－53】 205.91 ÷ 34.9 = 5.9

（1）把被除数拨入盘中，看数估商，试商得6，“不够除商挨位”，把试商6拨到被除数首位左一档上。

（2）从试商右一档起减去试商6与除数349相乘的积，减到6与34相乘的积后不够减。

（3）“试商退1，隔位加还除过数”，从原试商上减1，隔位加还“除过数”34（即除数第三位9前面的两位数）。

（4）从试商右三档起，减去调整后的试5商与除数第三位数9的乘积45，余数3141。

（5）除数首位3与余数首位3相等试商9，“不够除商挨位”，把试商9拨到余数首位的左一档上。

（6）从试商右一档起逐位叠减试商9与除数349的乘积正好除尽，得商数为5.9。

如图 3－106，3－107，3－108，3－109，3－110：

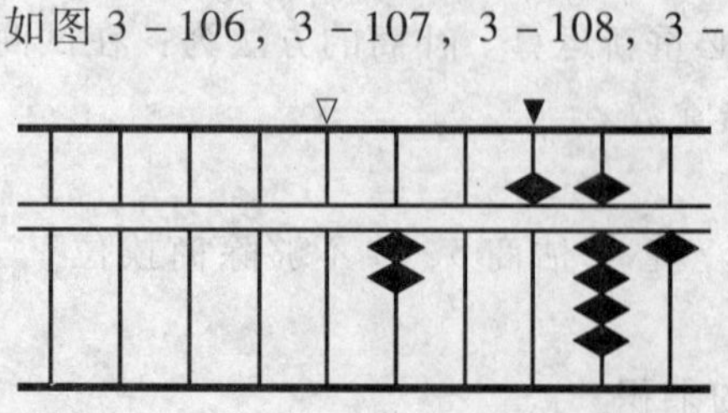

图 3－106

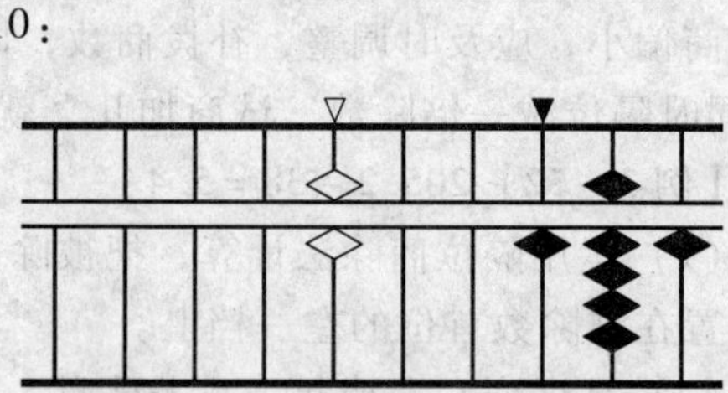

图 3－107

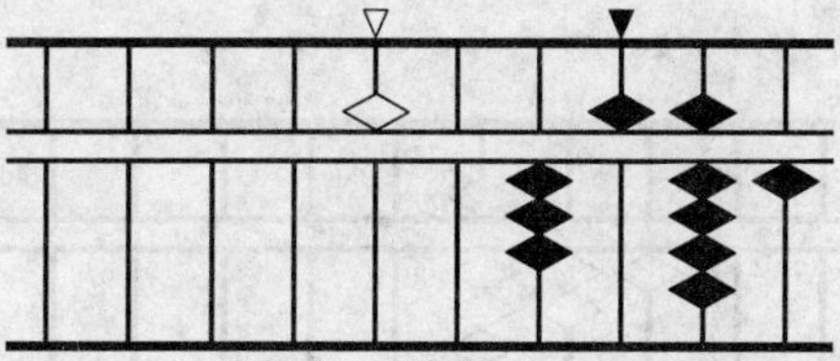

试商减1，隔位加 3 4

图 3－108

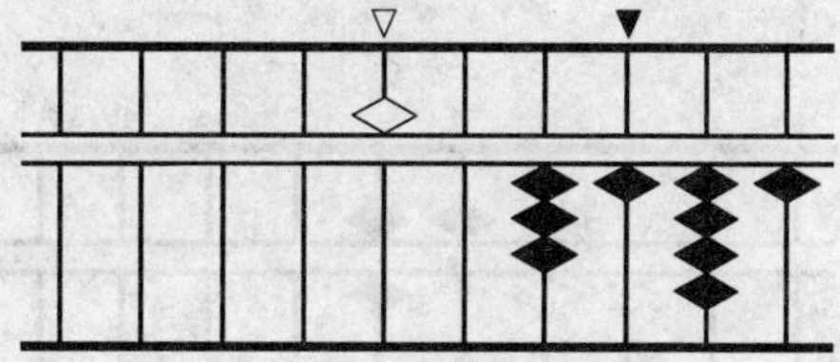

减(5×9) 4 5

图 3－109

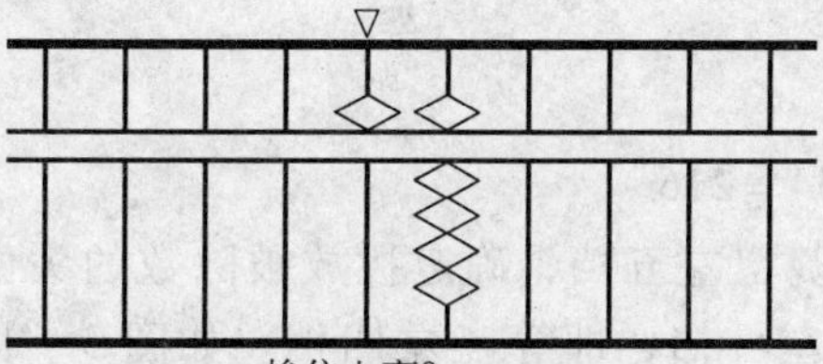

挨位上商9
减(9×3)2 7
(9×4) 3 6
(9×9) 8 1

图 3－110

二、挨位商除法

挨位商除法是把归除法与商除法相结合的一种除法，原称“商归法”。在放置商数时，应改按：“够除商挨位，不够除在本位改商”的原则，故又有称为“改商除法”。由于够除商挨位时，商除积并无十位数，而不够除在本位改商时，商除积的十位数已在改商的同时减掉，因此，减商除积都只减个位积。但应注意，改商前的被除数本位比应减的十位积大“1”时，就不应在下位再减个位积，而应加个位积的补数。这种除法也要结合心算，能减少很多拨珠动作，许多珠算尖子选手都乐意采用，并用“固定个位档定位法”在算前先确定商的个位档，以便按要求计算的商数位数进行运算，立即求得商数。由于是挨位除法，确定拨放被除数的头位档时，被除数的位数减去除数的位数后，不要再减去1位。

【例3－54】 896÷7＝128

可先把商的个位档定在算盘左五档，确定拨放被除数的头位档次为：3－1 ＝＋2，即被除数头位应在商数个位档的左一档，即算盘左四档。如图3－111、图3－112、图3－113、图3－114。

①

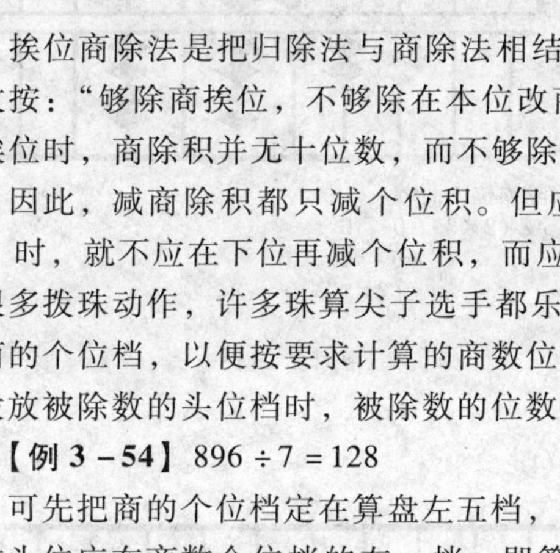

从左四档起拨放被除数

图 3－111

②

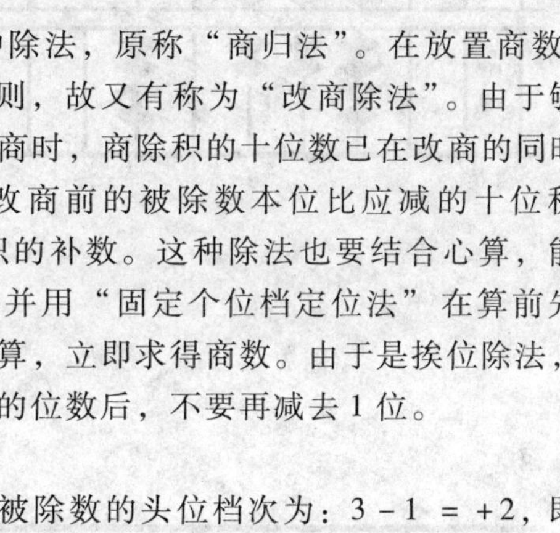

够除挨位上商 1
减（1×7） 0 7

图 3－112

③

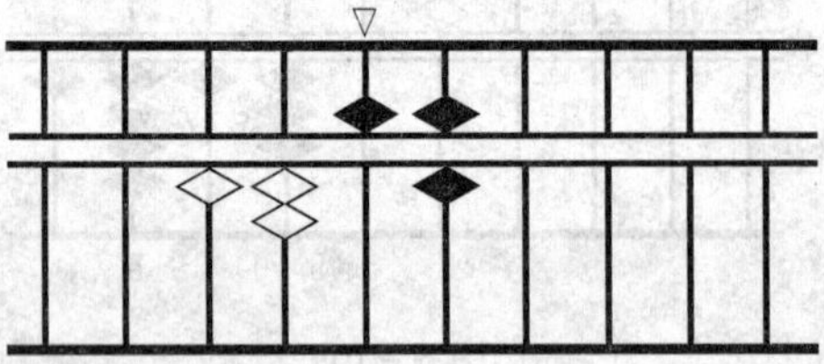

不够除改商 2
减（2×7） 1 4

图 3－113

④

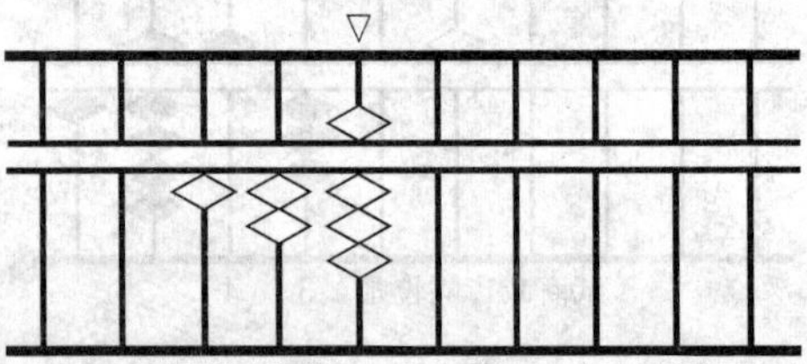

不够除改商 8
减（8×7） 5 6

图 3－114

【例 3－55】 97704 ÷ 354 = 276

可先把商的个位档定在算盘左五档，确定拨放被除数的头位档次为：5－3 ＝ +2，即被除数头位应在商数个位档的左一档，即算盘左四档。如图 3－115、图 3－116、图 3－117、图 3－118、图 3－119。

①

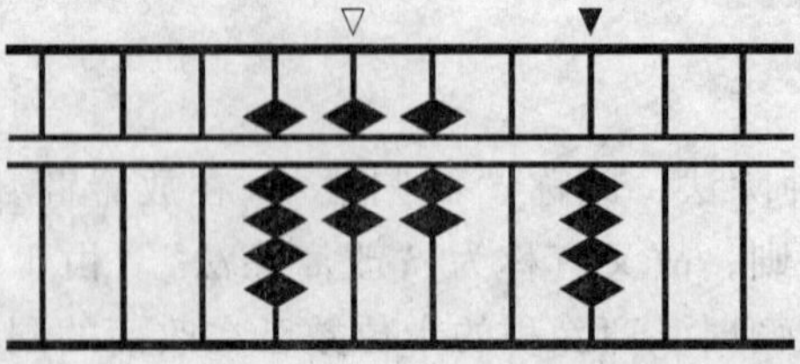

图 3－115

②

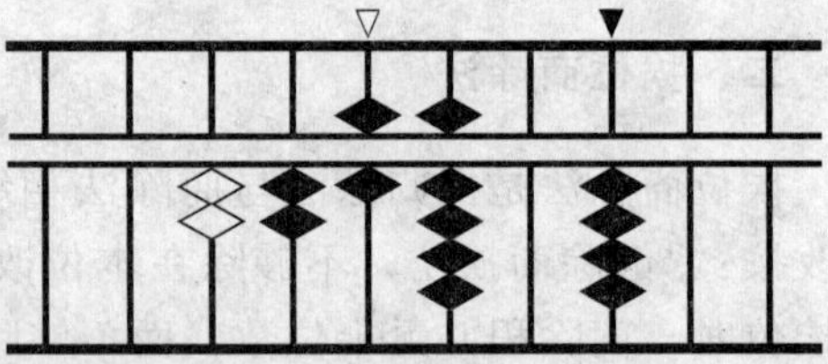

够除挨位上商 2
减（2×3） 0 6
（2×5） 1 0
（2×4） 0 8

图 3－116

③

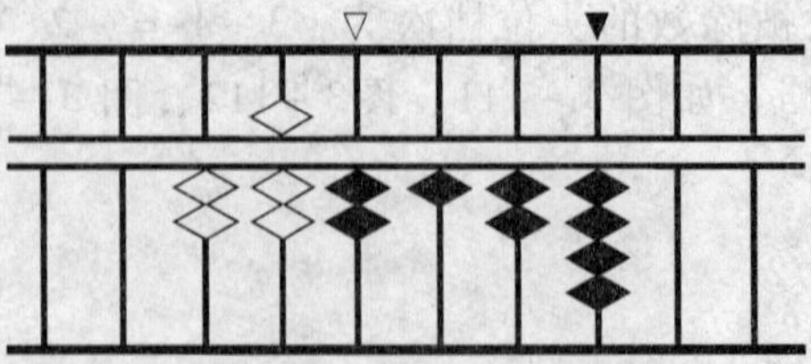

改商 7
减(7×3) 2 1 (个位积)
(7×5) 3 5
(7×4) 2 8

图 3－117

④

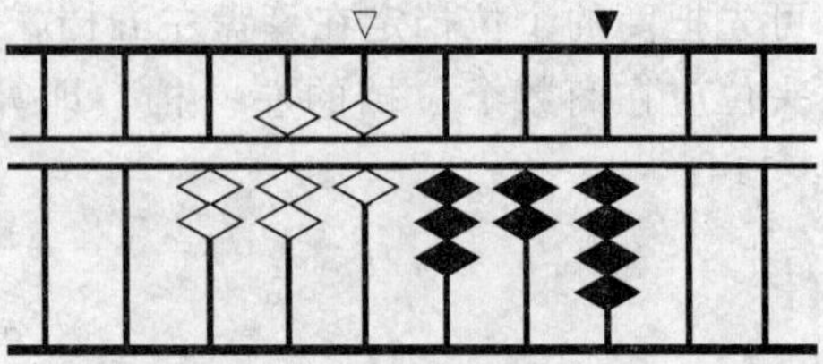

改商 6
应减(3×6) 1 8 (个位积)
因本位2比十位积1大“1”
就加2(个位积8的补数)

图 3－118

⑤

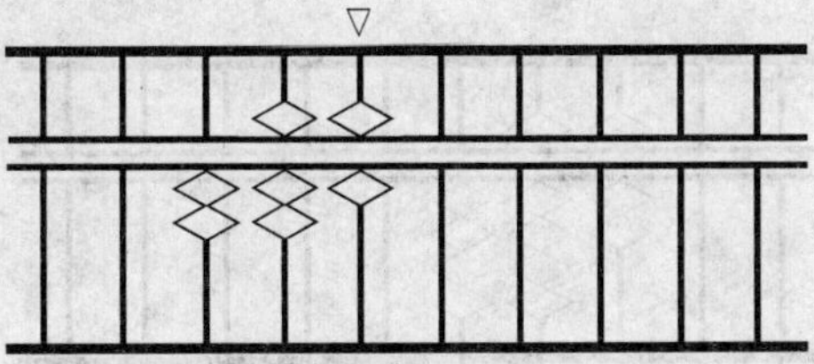

图 3-119

【例 3-56】543.89 ÷ 68.5 = 7.94

先把商的个位档确定在算盘左五档，3 - 2 = +1，被除数头位应在商数个位档的左一档，即算盘左四档。如图 3-120、图 3-121、图 3-122、图 3-123、图 3-124。

①

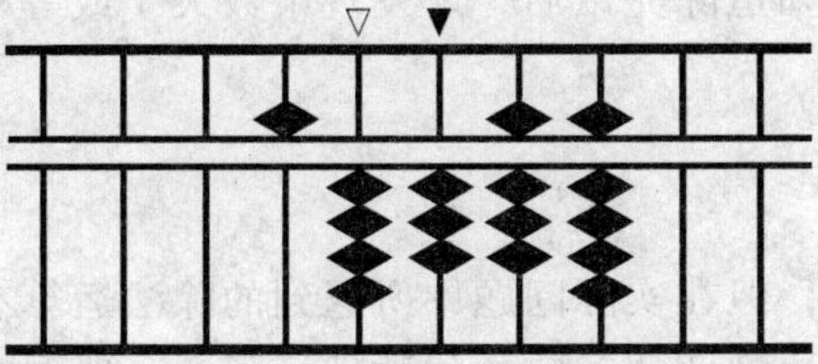

图 3-120

②

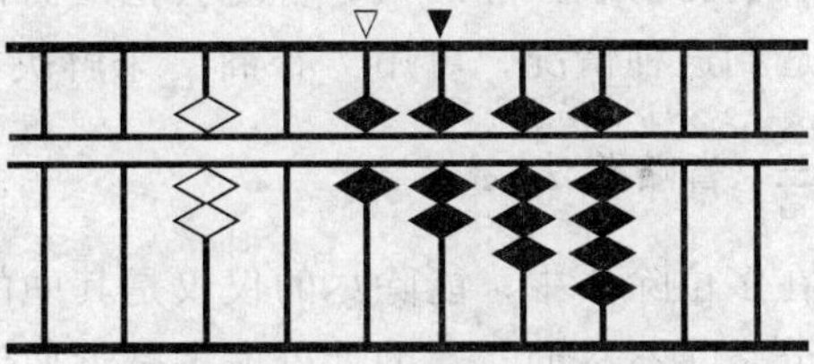

图 3-121

③

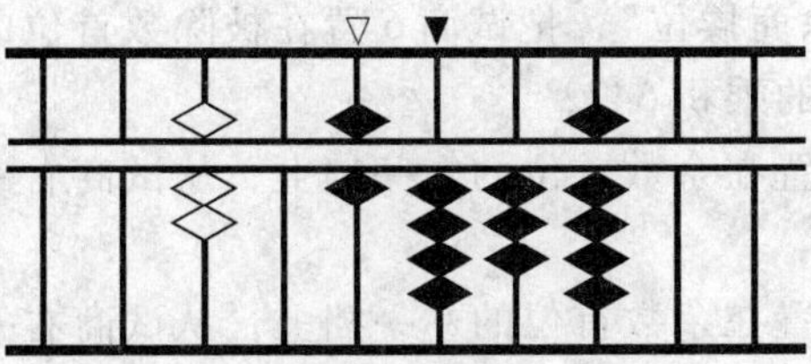

图 3-122

④

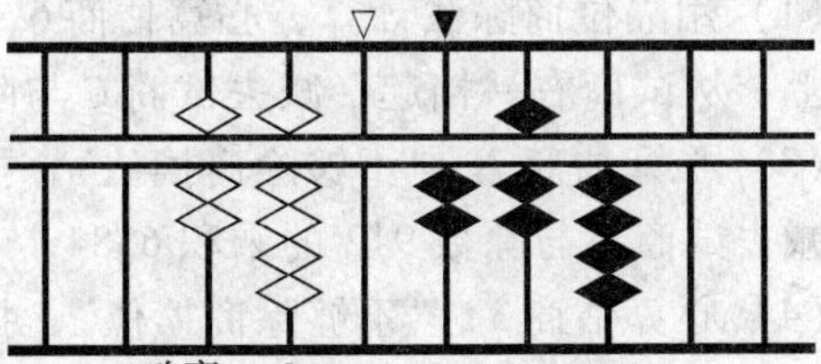

图 3-123

⑤

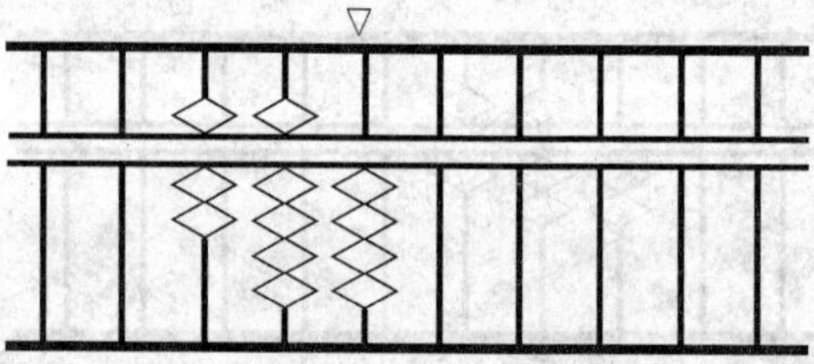

改商 4
减（4×6）2 4（个位积）
（4×8）3 2
（4×5）2 0

图 3－124

在运算中，还会出现在乘减一、二位除数后，中途才发现不够减，说明试商过大，处理的办法是商数减去1，在商数右一档起加还已乘减过的那几位除数（包括除数关位数）。然后用调整后的新商数，继续与其他几位除数相乘，并在被除数中相应位上减去。

补商：初学归除的人，有时会把试商得过小，知道除完以后，才发现余数大于或等于除数，遇到这种情况，可用“补商”来解决。

三、省略除法

在多位除法中，能除尽的仅仅是其中的一部分，但在实际问题中所遇到的除法运算有一大部分是除不尽的，商的计算大多是近似值，只要达到商的一定的位数就行了，一般要求商保留小数2位或4位。因此，我们称按要求达到商的一定的精确位数之后，就省略余数并调整最末位商的除算方法为省略除法。

在省略除法运算过程中，我们采用的是固定个位档定位入盘的方法。省略除法比较方便，因为所求商的位数，正好是算盘上所标记的位数，只要按商数要求保留到哪位，就运算到哪位，而这时则比较余数的首、次两位与除数的首、次两位，若余数首、次两位大于除数首、次两位的一半时，就在最末位的商数上加1，当余数首、次两位小于除数首、次两位的一半时，则舍去。

【例 3－57】 614.3395÷91.2≈6.74（精确到0.01）

（1）用隔位商除法计算，心算估商6，“不够除商挨位”，把试商6置在被除数首位的左一档上，从试商右一档起，减去试商6与除数912的乘积5472。

（3）心算估商7，“不够除商挨位”，把试商7置在余数首位的左一档上，从试商右一档起，减去试商7与除数912的乘积6384。

（4）心算估商3，“不够除商挨位”，把试商3置在余数首位的左一档上，从试商右一档起，减去试商3与除数912的乘积2736。

（5）除到小数第二位得商数3，不再继续除下去，看余头56大于除头91之半，就在最末位的商数上加1，得商为6.74。

如图3－125，图3－126，图3－127，图3－128所示：

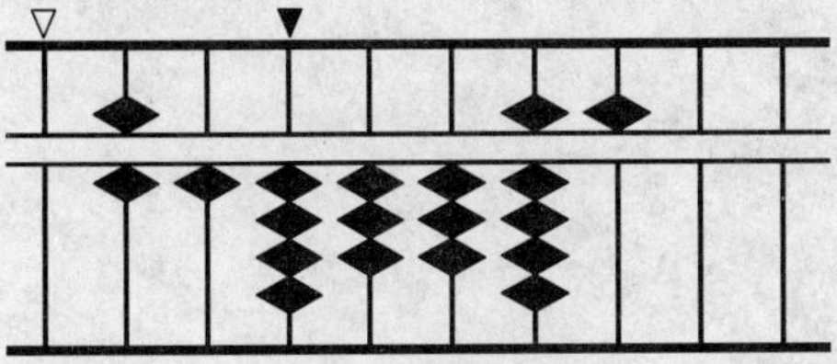

图 3－125

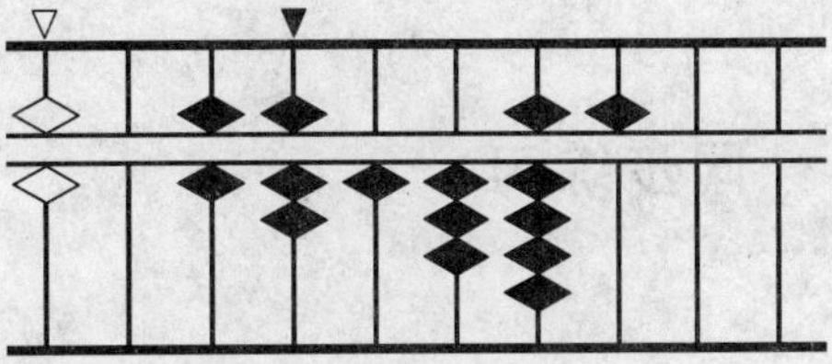

挨位上商6　-5　-4　-7　-2

图 3－126

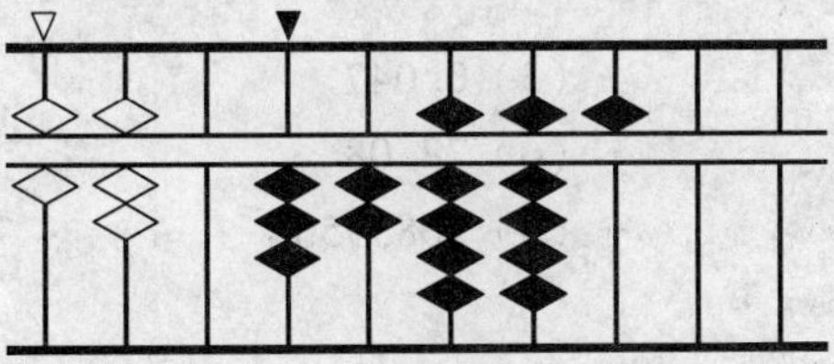

挨位上商7　-6　-3　-8　-4

图 3－127

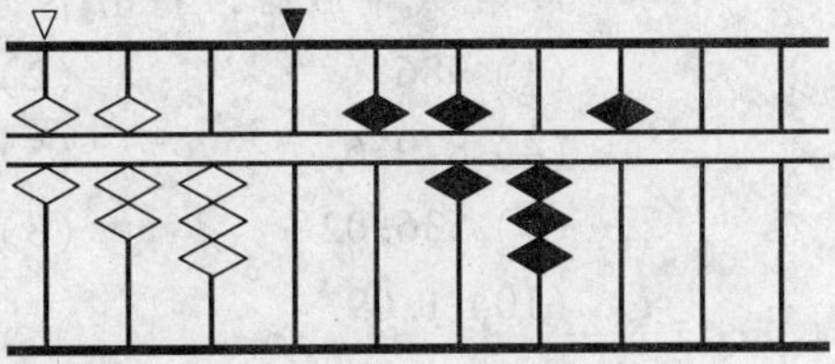

挨位上商3　-2　-7　-3　-6

图 3－128

四、商数的近似运算

有除法计算中，往往有除不尽的数，这时不必继续运算，只要求一个比较准确的近似值就行了，那就要用四舍五入办法处理。为了节省时间，提高效率，一般在计算中遇到除不尽时，可以在求到事先所确定的准确位数为止，再看余数与除数的大小关系，进行四舍五入即可。具体做法：

1. 当余数大于或等于除数的一半，即商数大于 5 时，就要在所求的准确度商的末位上加 1，也即进行“五入”。

【例 3－58】 28516 ÷ 398 = ?（要求准确到 1）

28516 ÷ 398 = 71 余 258 ≈ 72

因余数 258 大于 398 的一半，就可把商数的末位加 1，确定商数为 72。

【例 3－59】 270. 54 ÷ 8. 04 = ?（要求准确到 0. 01）

270. 54 ÷ 8. 04 = 33. 64 余 744 ≈ 33. 65

因余数 744 大于除数 804 的一半，就可把商数的小数第三位“五入”。

2. 当余数小于除数的一半，商比 5 小，就要把余数拨去，即进行“四舍”。

【例 3－60】 97042 ÷ 6283 = ?（要求准确到 1）

97042 ÷ 6283 = 15 余2797 ≈ 15

因余数 2797 小于除数 6283 的一半，就可把余数拨去，确定商数为 15。

【例 3－61】 6. 0854 ÷ 3. 87 = ?（要求准确到 0. 01）

6. 0854 ÷ 3. 87 = 1. 57 余 95 ≈ 1. 57

因余数 95 小于除数 387 的一半，就可把商数的小数第三位“四舍”。

同步练习

习题一　练习乘除定位

1. 在数字后面，指出下列各数的位数

(1) 986　　(2) 4,200　　(3) 0.047

(4) 879.6　　(5) 0.0784　　(6) 72.08

(7) 536.02　　(8) 0.00054　　(9) 208,956

(10) 1.09

2. 试分别用不同的定位方法，给下列各题的乘积定位

(1) 1,927 ×400 =　　(2) 529 ×0.17 =

(3) 64.25 ×800 =　　(4) 292 ×0.035 =

(5) 38.05 ×2.38 =　　(6) 5,824 ×0.035 =

(7) 63.24 ×1.09 =　　(8) 824.5 ×0.86 =

(9) 1,215 ×6,000 =　　(10) 12 ×1,500 =

3. 试分别用不同的定位方法，给下列各题的商数定位

(1) 993 ÷2 =　　(2) 7,456 ÷80 =

(3) 9.54 ÷0.4 =　　(4) 393.54 ÷0.5 =

(5) 741 ÷24,700 =　　(6) 2,224 ÷16,000 =

(7) 1,821 ÷91.05 =　　(8) 12,100 ÷11 =

(9) 39,200 ÷0.07 =　　(10) 10.66 ÷0.00052 =

习题二　练习空盘前乘法

(1) 0.005 ×4,728 =　　(2) 68 ×2,647 =

(3) 4.07 ×3,762 =　　(4) 2,085 ×34.67 =

(5) 30.48 ×2,156 =　　(6) 8,016 ×73.24 =

(7) 23.06 ×54.87 =　　(8) 7,082 ×6,514 =

(9) 8,407 ×2,056 =　　(10) 47,806 ×1,092 =

(11) 6,945 ×770 =　　(12) 5,628 ×445 =

(13) 369 ×27,548 =　　(14) 1,802 ×9,467 =

(15) 5,405 ×16,283 =　　(16) 4,841 ×20,935 =

(17) 4,505 ×76,389 =　　(18) 3,426 ×71,058 =

(19) 1,818 ×4,346 =　　(20) 2,824 ×9,637 =

(21) 1,489 ×2 =　　(22) 2,437 ×0.6 =

(23) 28,634 ×50 =　　(24) 6,358 ×900 =

(25) 40,905 ×0.08 =　　(26) 450,727 ×0.4 =

(27) 54,263×700 =　　(28) 39,765×60 =

(29) 12,407×0.003 =　　(30) 72,045×0.0002 =

习题三　乘法的传统练习

(一) 乘法的传统练习方法

初学珠算乘法时，可在算盘上拨123,456,789作被乘数，分别用2、3、4、5、6、7、8、9去乘，这是一位乘法的基本练习方法之一，也是打好多位乘法的基础。然后分别用9的倍数（即18、27、36、45、54、63、72、81）去乘，乘得结果依次是2,222,222,202到9,999,999,999,909。

还可经常练习以下各题：

1. 781,250×128 = 100,000,000，算盘上乘得的结果是1，叫做“万众一心”。

2. 16,225,679×35 = 567,898,765，算盘上积数的盘式左右对称，叫做“凤凰展翅”。

3. 957×555 = 531,135，算盘上积数的盘式左右对称，叫做“金香炉”。

4. 以1,953,125为被乘数，分别用512和它的倍数（即1,024、1,536、2,048、2,560、3,072、3,584、4,096、4,608）去乘，算盘上乘得的结果依次是1、2、3、4、5、6、7、8、9，这是多位乘法的基本练习方法之一，叫做“狮子滚绣球”。

(二) 乘法练习题

1. 计算下列各题的乘积

(1) 160×35 =　　(2) 276×78 =

(3) 387×73 =　　(4) 425×26 =

(5) 502×45 =　　(6) 613×51 =

(7) 709×82 =　　(8) 891×65 =

(9) 902×75 =　　(10) 918×89 =

(11) 143×387 =　　(12) 237×506 =

(13) 379×431 =　　(14) 480×612 =

(15) 568×793 =　　(16) 612×209 =

(17) 726×402 =　　(18) 865×736 =

(19) 915×308 =　　(20) 938×605 =

(21) 1,572×986 =　　(22) 2,473×658 =

(23) 3,128×429 =　　(24) 4,802×695 =

(25) 5,721×736 =　　(26) 6,305×908 =

(27) 7,164×865 =　　(28) 8,173×706 =

(29) 9,081×526 =　　(30) 9,164×785 =

（以下各题要求准确到0.01）

(31) 107.92×7.23≈　　(32) 260.83×8.62≈

(33) 318.4×0.607≈　　(34) 4.52×10.85≈

（35）5,430×0.04806≈　　　　（36）64.9×850.31≈

（37）75.04×210.65≈　　　　（38）81.37×0.6378≈

（39）912.76×4.15≈　　　　（40）908.24×0.00256≈

2. 计算下列各题的连乘积（要求准确到0.01）

（41）6.08×0.385×16.9≈

（42）20.7×70.8×0.0542≈

（43）0.679×0.033×438≈

（44）45.6×0.13×5.34≈

（45）6,725×7.16×96.4≈

（46）427.4×67.9×72.6≈

（47）94.6×132.8×118.7≈

（48）98.3×136.4×0.897≈

（49）571.46×0.324×95.6≈

（50）812,970×0.0527×0.465≈

3. 计算表3-3的乘积（小数第三位四舍五入）

表3-3

乘数 / 积数 / 被乘数	58.68	72.06	360.47	8.79	合计500
320.41					
49.06					
186.23					
750.68					
85.64					
283.97					
68.35					
526.49					
278.34					
450.83					
合计 3000.00					

阶段测验可选用珠算技术等级普通六～四级鉴定题题型，详见附录。

习题四　除法的传统练习

（一）除法的传统练习方法

通常先在算盘上拨123,456,789这个数，分别用2、3、4、5、6、7、8、9去乘，乘过后再分别除以原乘数，这样一乘一除的结果仍是原数，也可反着进行，即先除后乘。

多位除法也可用123,456,789乘9的倍数（即18、27、36、45、54、63、72、81）后，再除以原乘数（即9的倍数）；或用123,456,789乘任意两位数（如19、28、37、46、55、64、73、82、91等）后，再除以原乘数（即任意两位数）。也可反着进行，即先除后乘。

还可经常练习以下各题：

1. 以“狮子滚绣球”（1,953,125×512及其倍数：1024，1536，2048，3072，3584，4096，4608）的乘积，用除法还原验算。

2. 998,001÷999=999,980,001÷9,999=9,999。此二算题叫做“孤雁出群”。

3. 55,555÷9,375=520,828,125，并用除法还原。相乘时，被乘数个位数5×9,375=46,875，以后各位都是5，可依次在被乘数本位拨去5，加上46,875，便得积数（即“跟踪”乘法），不必乘算，既准又简便。除法还原时，应以9,375为除数，这叫做“山上五只虎，地下九三七五”。

（二）除法练习题

1. 计算下列各题的商

（1）437÷19=

（2）720÷20=

（3）2,688÷32=

（4）2,700÷45=

（5）4,047÷57=

（6）389,270÷581=

（7）677,505÷705=

（8）540,265÷893=

（9）269,040÷940=

（10）5,265÷135=

（11）128,372÷268=

（12）318,444÷357=

（13）269,040÷456=

（14）244,288÷684=

（15）692,604÷726=

（16）79,431÷913=

（17）62,176÷1,072=

（18）377,028÷5,239=

（19）589,008÷7,012=

（20）382,214÷8,309=

（以下各题要求准确到0.01）

（21）5.8032÷9.3≈

（22）878.9÷27.45≈

（23）2,848.86÷357≈

（24）34.1246÷6.3≈

（25）1.7132÷0.082≈

（26）5,085.39÷7.019≈

（27）0.0372÷0.496≈

（28）651.42÷140≈

（29）76.2792÷82.1≈

（30）10.5648÷56.8≈

（以下各题要求准确到0.0001）

（31）288.0072÷615.4≈

（32）91.67÷28≈

（33）7,422.7696÷93.71≈

（34）509.6214÷5.36≈

（35）246.71023÷358.07≈

（36）0.01314÷0.0983≈

（37）64,173,800÷7640≈

（38）741.43÷142.65≈

（39）1,270.1964÷492≈

（40）59.0619÷8.2019≈

（41）590,131,138÷8741≈

（42）98,146,981÷358.07≈

(43) 116.2312 ÷ 6.34 ≈
(44) 295.910102 ÷ 90.2165 ≈
(45) 0.0224 ÷ 0.76329 ≈
(46) 10,392.8269 ÷ 1,082 ≈
(47) 10,419.4 ÷ 24,893 ≈
(48) 0.75211 ÷ 0.0918 ≈
(49) 34.6275 ÷ 45.6 ≈
(50) 309.73501 ÷ 546.27 ≈
(51) 10,393.82 ÷ 108.2 ≈
(52) 19,480.14 ÷ 20.75 ≈
(53) 981.46981 ÷ 358.07 ≈
(54) 39.54 ÷ 0.0419 ≈
(55) 1,506.92 ÷ 927.36 ≈
(56) 19,480.1475 ÷ 275 ≈
(57) 39.54 ÷ 0.0419 ≈
(58) 19,773.9306 ÷ 65,390 ≈
(59) 19,027.3452 ÷ 4,687 ≈
(60) 461,507 ÷ 8,935.21 ≈

2. 计算下列各题的连除商（要求准确到0.01）

(1) 2,840,637.52 ÷ 9,387.4 ÷ 36.08 ≈
(2) 412.07 ÷ 1.2643 ÷ 0.0827 ≈
(3) 8,210.45 ÷ 391.42 ÷ 0.00863 ≈
(4) 54.1308 ÷ 142.37 ÷ 0.416 ≈
(5) 731.5203 ÷ 8.5 ÷ 0.0762 ≈
(6) 149,800 ÷ 562.32 ÷ 413.8 ≈
(7) 3,071.62 ÷ 32.41 ÷ 0.38 ≈
(8) 13,980 ÷ 0.00945 ÷ 524.86 ≈
(9) 67,100 ÷ 452.03 ÷ 40.64 ≈
(10) 25,342.16 ÷ 384.2 ÷ 5.47 ≈

3. 计算表3-4的商（小数第三位四舍五入）

表3-4

除数 / 商数 / 被除数	47	998	603	80.21	457.8
496,000					
75,320					
18,320					
746.51					
3,890					
762.15					
431.89					
56.27					

阶段测验可选用珠算技术等级普通六～一级鉴定题型。

习题五　综合练习乘法

（一）

(1) 702 × 96 =
(2) 904 × 86 =
(3) 413 × 82 =
(4) 813 × 74 =
(5) 904 × 305 =
(6) 605 × 207 =
(7) 34 × 427 =
(8) 43 × 248 =
(9) 0.659 × 1.08 =
(10) 0.576 × 9.01 =
(11) 52 × 263 =
(12) 23 × 715 =

(13) 46 ×508 =
(14) 39 ×605 =
(15) 0. 3017 ×0. 69 =
(16) 0. 5801 ×0. 87 =
(17) 891 ×75 =
(18) 369 ×72 =
(19) 67 ×8,204 =
(20) 84 ×5,402 =
(21) 805 ×76 =
(22) 903 ×67 =
(23) 703 ×215 =
(24) 802 ×415 =
(25) 312 ×94 =
(26) 213 ×84 =
(27) 42 ×418 =
(28) 24 ×327 =
(29) 0. 915 ×7. 06 =
(30) 0. 156 ×6. 08 =
(31) 45 ×327 =
(32) 35 ×427 =
(33) 53 ×609 =
(34) 54 ×809 =
(35) 0. 8104 ×0. 89 =
(36) 0. 9103 ×0. 76 =
(37) 827 ×86 =
(38) 728 ×69 =
(39) 95 ×6,034 =
(40) 65 ×9,041 =

(二)

(1) 63 ×6,047 =
(2) 806 ×75 =
(3) 406 ×839 =
(4) 43 ×245 =
(5) 129 ×36 =
(6) 0. 181 ×3. 04 =
(7) 51 ×149 =
(8) 61 ×509 =
(9) 0. 132 ×6. 09 =
(10) 847 ×48 =
(11) 826 ×91 =
(12) 0. 6081 ×0. 75 =
(13) 49 ×609 =
(14) 21 ×174 =
(15) 0. 7031 ×0. 61 =
(16) 132 ×41 =
(17) 79 ×221 =
(18) 504 ×938 =
(19) 703 ×89 =
(20) 56 ×7,053 =
(21) 601 ×96 =
(22) 31 ×8,031 =
(23) 75 ×312 =
(24) 309 ×851 =
(25) 0. 3041 ×0. 91 =
(26) 212 ×47 =
(27) 37 ×801 =
(28) 51 ×198 =
(29) 317 ×99 =
(30) 0. 133 ×5. 07 =
(31) 0. 121 ×6. 04 =
(32) 783 ×82 =
(33) 51 ×172 =
(34) 47 ×806 =
(35) 141 ×29 =
(36) 0. 7031 ×0. 62 =
(37) 409 ×837 =
(38) 81 ×197 =
(39) 71 ×5,091 =
(40) 608 ×84 =

(三)

(1) 408 ×89 =
(2) 308 ×67 =
(3) 49 ×824 =
(4) 83 ×193 =
(5) 0. 245 ×3. 56 =
(6) 0. 215 ×8. 07 =

(7) 53 × 407 =
(8) 26 × 805 =
(9) 835 × 89 =
(10) 296 × 78 =
(11) 0.2356 × 0.58 =
(12) 0.1307 × 0.86 =
(13) 45 × 372 =
(14) 52 × 183 =
(15) 514 × 64 =
(16) 321 × 64 =
(17) 402 × 329 =
(18) 193 × 246 =
(19) 58 × 3,074 =
(20) 92 × 7,321 =
(21) 179 × 24 =
(22) 905 × 87 =
(23) 27 × 618 =
(24) 46 × 319 =
(25) 78 × 412 =
(26) 56 × 618 =
(27) 26 × 805 =
(28) 71 × 509 =
(29) 296 × 89 =
(30) 817 × 69 =
(31) 0.4208 × 0.79 =
(32) 0.2409 × 0.85 =
(33) 73 × 254 =
(34) 53 × 184 =
(35) 149 × 96 =
(36) 325 × 28 =
(37) 240 × 614 =
(38) 302 × 527 =
(39) 57 × 8,043 =
(40) 95 × 6,023 =

（四）

(1) 805 × 73 =
(2) 705 × 73 =
(3) 93 × 219 =
(4) 82 × 219 =
(5) 0.357 × 7.06 =
(6) 53 × 816 =
(7) 52 × 816 =
(8) 948 × 96 =
(9) 938 × 96 =
(10) 0.3016 × 0.79 =
(11) 0.4017 × 0.79 =
(12) 52 × 263 =
(13) 52 × 264 =
(14) 402 × 46 =
(15) 304 × 46 =
(16) 0.458 × 7.08 =
(17) 305 × 614 =
(18) 205 × 614 =
(19) 85 × 8,412 =
(20) 95 × 8,413 =
(21) 75 × 9,413 =
(22) 63 × 249 =
(23) 405 × 624 =
(24) 51 × 817 =
(25) 204 × 16 =
(26) 0.3017 × 0.69 =
(27) 53 × 164 =
(28) 204 × 47 =
(29) 0.3017 × 0.89 =
(30) 75 × 8,214 =
(31) 928 × 97 =
(32) 905 × 83 =
(33) 51 × 826 =
(34) 0.258 × 9.08 =
(35) 0.268 × 7.06 =
(36) 928 × 76 =
(37) 83 × 329 =
(38) 53 × 263 =
(39) 905 × 74 =
(40) 405 × 613 =

习题六 综合练习除法

（一）

(1) 1,702 ÷ 37 =
(2) 3,384 ÷ 47 =
(3) 213.05 ÷ 84 =
(4) 364.5 ÷ 95 =
(5) 5,766 ÷ 62 =
(6) 1,008 ÷ 72 =
(7) 8,112 ÷ 507 =
(8) 15,200 ÷ 608 =
(9) 19,968 ÷ 96 =
(10) 5,423 ÷ 17 =
(11) 30,295 ÷ 415 =
(12) 42,504 ÷ 506 =
(13) 1,863 ÷ 23 =
(14) 3,298 ÷ 34 =
(15) 54.97 ÷ 18 =
(16) 117.8 ÷ 29 =
(17) 3,933 ÷ 69 =
(18) 4,828 ÷ 71 =
(19) 20,416 ÷ 704 =
(20) 25,760 ÷ 805 =
(21) 308.44 ÷ 76 =
(22) 1,520 ÷ 95 =
(23) 1,305 ÷ 87 =
(24) 8,736 ÷ 208 =
(25) 4,768 ÷ 149 =
(26) 3,852 ÷ 36 =
(27) 9,338 ÷ 23 =
(28) 59,472 ÷ 708 =
(29) 35,206 ÷ 607 =
(30) 2,067 ÷ 53 =
(31) 945 ÷ 45 =
(32) 259.58 ÷ 42 =
(33) 157.26 ÷ 31 =
(34) 6,643 ÷ 91 =
(35) 6,478 ÷ 82 =
(36) 32,508 ÷ 602 =
(37) 75,198 ÷ 906 =
(38) 406 ÷ 14 =
(39) 2,262 ÷ 58 =
(40) 441.04 ÷ 87 =

（二）

(1) 7,275 ÷ 15 =
(2) 9,765 ÷ 21 =
(3) 26.88 ÷ 21 =
(4) 17,204 ÷ 34 =
(5) 406 ÷ 28 =
(6) 33.21 ÷ 27 =
(7) 8,456 ÷ 302 =
(8) 16.554 ÷ 17.8 =
(9) 18.48 ÷ 1.32 =
(10) 30,838 ÷ 907 =
(11) 19.98 ÷ 121 =
(12) 80,934 ÷ 123 =
(13) 6,596 ÷ 68 =
(14) 2,576 ÷ 92 =
(15) 2.37 ÷ 1.3 =
(16) 13.1264 ÷ 56 =
(17) 20,367 ÷ 31 =
(18) 0.1628 ÷ 0.83 =
(19) 768 ÷ 48 =
(20) 3.724 ÷ 0.49 =
(21) 94,152 ÷ 12 =
(22) 54.38 ÷ 63 =
(23) 2.5704 ÷ 0.36 =
(24) 306.24 ÷ 33 =
(25) 34,104 ÷ 42 =
(26) 9,855 ÷ 27 =
(27) 3,195 ÷ 213 =
(28) 43.425 ÷ 0.965 =
(29) 14.76 ÷ 12.3 =
(30) 125.31 ÷ 362 =
(31) 1.9902 ÷ 214 =
(32) 32,895 ÷ 731 =

(33) 2,408 ÷ 43 =
(34) 3,330 ÷ 45 =
(35) 0.1539 ÷ 0.81 =
(36) 72,890 ÷ 74 =
(37) 17.658 ÷ 27 =
(38) 5,934 ÷ 96 =
(39) 36.34 ÷ 0.79 =
(40) 263.5 ÷ 8.5 =

（三）

(1) 1,665 ÷ 45 =
(2) 1,972 ÷ 34 =
(3) 4,588 ÷ 62 =
(4) 2,726 ÷ 58 =
(5) 3,735 ÷ 83 =
(6) 3,038 ÷ 62 =
(7) 1,992 ÷ 24 =
(8) 5,561 ÷ 67 =
(9) 1.4352 ÷ 2.06 =
(10) 54 ÷ 0.91 =
(11) 48,705 ÷ 78 =
(12) 33,184 ÷ 68 =
(13) 34,572 ÷ 804 =
(14) 21,084 ÷ 502 =
(15) 39,078 ÷ 501 =
(16) 20,097 ÷ 609 =
(17) 23,076 ÷ 641 =
(18) 34,599 ÷ 607 =
(19) 478.10 ÷ 78 =
(20) 1,728 ÷ 54 =
(21) 1,235 ÷ 13 =
(22) 2,394 ÷ 57 =
(23) 3,015 ÷ 45 =
(24) 80.51 ÷ 15 =
(25) 1,326 ÷ 26 =
(26) 7,626 ÷ 93 =
(27) 3.0675 ÷ 0.71 =
(28) 4,928 ÷ 64 =
(29) 379,665 ÷ 41 =
(30) 15.0632 ÷ 4.07 =
(31) 17,632 ÷ 304 =
(32) 29,928 ÷ 86 =
(33) 28,435 ÷ 605 =
(34) 15,244 ÷ 206 =
(35) 83,979 ÷ 903 =
(36) 41,676 ÷ 906 =
(37) 5,208 ÷ 84 =
(38) 30,294 ÷ 918 =
(39) 576.83 ÷ 93 =
(40) 64.3820 ÷ 59 =

（四）

(1) 83.61 ÷ 17 =
(2) 784 ÷ 28 =
(3) 7,248 ÷ 24 =
(4) 52.6 ÷ 314 =
(5) 1,377 ÷ 51 =
(6) 97.68 ÷ 37 =
(7) 8,596 ÷ 307 =
(8) 8.19 ÷ 63 =
(9) 34,349 ÷ 701 =
(10) 18,720 ÷ 416 =
(11) 9,360 ÷ 208 =
(12) 7,242 ÷ 213 =
(13) 226,904 ÷ 24 =
(14) 2,175 ÷ 75 =
(15) 6.82 ÷ 6.2 =
(16) 27.14 ÷ 46 =
(17) 988 ÷ 52 =
(18) 260.4 ÷ 93 =
(19) 8,316 ÷ 27 =
(20) 20,274 ÷ 31 =
(21) 27,135 ÷ 603 =
(22) 41,538 ÷ 903 =
(23) 9,047 ÷ 109 =
(24) 18,590 ÷ 26 =
(25) 468 ÷ 26 =
(26) 14,816 ÷ 46 =

(27) 3,956 ÷ 43 =

(28) 71.652 ÷ 37 =

(29) 916,523 ÷ 927 =

(30) 2,185 ÷ 95 =

(31) 24,219 ÷ 39 =

(32) 9,728 ÷ 304 =

(33) 0.7419 ÷ 0.86 =

(34) 3,852 ÷ 107 =

(35) 6,232 ÷ 76 =

(36) 1,596 ÷ 21 =

(37) 27,540 ÷ 85 =

(38) 3,286 ÷ 53 =

(39) 23,664 ÷ 24 =

(40) 49.17 ÷ 42 =

第四章

电子计算工具的应用

学习目标

- 掌握电子计算器的使用方法
- 熟悉电子收银机的键盘及按键功能
- 掌握电子收银机的基本操作方法

第一节　电子计算器的应用

说起电子计算器大家都不陌生，它是一种多功能的小型计算机器。由于它具有便于携带且计算精确的特点，在日常生活中被广为应用。

一、电子计算器的结构和分类

（一）电子计算器的结构

电子计算器一般都是由显示屏、功能键、内部存储器、运算器等四部分组成。

1. 显示屏。一般位于计算器的表面的上端，多为液晶显视屏，可以显示从功能键输入的数据以及各种运算结果。

2. 功能键。各功能按键整齐地排列在计算器的表面，用来输入计算指令和需要计算的各种数据。

3. 内部存储器。是电子计算器的仓库，用来存放指令和各种数据，以及运算器送来的各种运算结果。

4. 运算器。设在计算器的内部，是计算器的中枢，是对数据信息进行加工和处理的部件，它的主要功能就是在控制器的控制下，完成各种算术运算。它能够完成各种算术运算（如加、减、乘、除）和三角函数、对数、复数等的运算；有的还可以进行角度和弧度、坐标的转换等。

（二）电子计算器的分类

计算器的种类很多，型号不一，但按其功能可分为两类。一类是简单型计算器，一类是多功能型计算器。

简单型计算器功能较少，只能进行一般的加、减、乘、除四则运算；而多功能计算器除了进行四则运算外，还能进行三角函数、对数、复数等各种运算。

二、电子计算器功能键及操作方法

电子计算器的种类很多，在使用过程中可以自由选择。下面以 SC107A 型计算器为例，简要介绍计算器各键的功能及操作方法（见图 4－1）。

（一）电子计算器的按键

SC107A 型电子计算器有按键 42 个，包括数字键、符号键和功能键。各键在使用过程中起着不同的作用。其中，数字键 10 个，符号键 10 个，功能键 22 个。

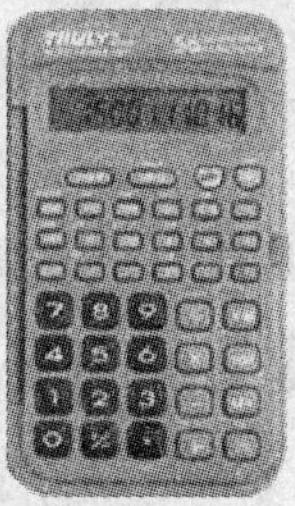

图 4－1　SC107 型电子计算器

（二）电子计算器各键的功能

1. [OFF]：按下此键，可关掉电源。当计算器停止操作约 8 分钟时，就会自动关掉电源。

2. [ON/C]：开动电源及删除（统计功能模式）按键。按下此按键开机。如果在操作过程中按下此按键，可以删除记忆外的所有输入。

[2ndF] [ON/C]：按下此二按键可以进入统计功能模式，显示屏就会出现[STAT]符号。

3. [2ndF]：副功能选择按键。在使用时，配合其他按键，发挥其功能作用。

4. [DRG]：角度、弧度、斜度（量角单位转换）；按此按键在计算三角函数及还原三角函数时，可以转换量角单位。

5. [hyp]：双曲线（反双曲线）按键。

6. [Sin] [Cos] [Tan]：三角函数（还原三角函数）按键。在进行三角函数运算时，分别使用以上按键。

7. [F→E]：记数模式转换（小数点位）按键。当数值以浮动小数点形式显示时，按下此按键可将数值以科学记数的形式显示。再按一次，数值将还原以浮动小数点形式显示。

8. [CE]：删除输入按键。删除错误输入的数字。如：123＋455 [CE] 456 ＝579

9. [DEG]：角度、分、秒显示模式按键。[DEG] [2ndF]：选择将量角单位以角度、分、秒或小数点形式显示。

10. [LN]：自然对数（反对数）按键。计算以e为底的对数（e=2.718281828）。[2ndF] [LN]：计算以e为底的反对数。

11. [log]：常用对数（反对数）按键。计算以10为底的对数。[2ndF] [log]：计算以10为底的反对数。

12. [a]：实数输入（坐标转换）按键。在计算复数时，此按键可输入或求计算结果中的实数部分；在计算解析几何时，按此按键输入直角坐标（X，Y）的“X”值及求其“r”值，或输入极坐标（r，θ）的“r”值及求其“X”值。[2ndF] [a]：将输入的直角坐标转换为极坐标。

13. [b]：纯虚数部分输入（坐标转换）按键。在计算复数时，此按键可输入或求计算结果中的纯虚数部分；在计算解析几何时，按此按键输入直角坐标（X，Y）的“Y”值及求其“θ”值，或输入极坐标（r，θ）的“θ”值及求其“Y”值。[2ndF] [b]：将输入的极坐标转换为直角坐标。

14. [→]：撤回按键。每按此按键一次，显示器的数字会向右方撤回一个数位，以便更正输入。

15. [EXP]：指数输入按键。以科学记数法输入数字。

16. [Y^x]：Y^x（$\sqrt[x]{Y}$）按键。Y^x 求Y的X次方，[2ndF] [Y^x]：求Y的X次方根。

17. [$\sqrt{\ }$]：平方根（立方根）按键。计算显示数值的平方根。

18. [X^2]：平方（倒数）按键。计算显示数值的平方值；[2ndF] X^2：计算显示数值的倒数。

19. [0-9]：数字按键。

20. [÷]：除号按键。按此按键，计算除数。

21. [×]：乘号按键。按此按键，计算乘数。

22. [-]：减号按键。按此按键，计算减数。

23. [+]：加号按键。按此按键，计算加数。

24. [X→M]：记忆输入按键。将记忆删除，并将显示器中的数值输入记忆。[2ndF] [X→M]：求数据的平方和。

25. [RM]：记忆显示按键。显示输入记忆的数值。

26. [M+]：记忆加法按键。按此按键，将显示器中的数值加上储入记忆中的数值。

27. [+/-]：正负号按键。更改显示器中的数值的正负号。如5 [+/-] -5。

28. [.]：小数点按键。

29. [=]：等号（百分率）按键。完成四则运算及其他计算；[2ndF] [=]：计算百分率。

（三）电子计算器的基本操作方法

1. 启动。当开始使用电子计算器时，按 ON/C 键。

2. 删除。使用过程中，如果出现错误输入，可进行删除。

如：281 +512 CE 514 =795。

3. 撤回。在数字输入中，如果出现多输入数字，可向右方撤回一位，以便更正输入。

如：785429→ → → → →7 854。

4. 计算常用对数。计算以10为底的常用对数，先按数字键，再按功能键。

如：10→ log10 →1。

5. 求反对数。

如：1→ 2ndF log →10。

6. 记数模式转换，将数值以科学记数形式显示。

如：1000→ X→M F→E →1×10^3。

7. 记忆输入。输入数字将其存入记忆中。

如：输入数字111→ X→M →将显示器显示的数字111存入记忆。

8. 记忆显示。将存入记忆中的数字显示出来。

如：接上步，按 ON/C → RM →111。

9. 记忆加法。

如：111→ M + →222→ M + →444。

三、电子计算器的使用与维护

1. 及时更换电子计算器的电池。如果显示器出现模糊不清的现象，表示应该更换电池了。
2. 计算器不用时，要取出电池，以免电池泄漏化学物质，损坏计算器。
3. 尽量避免计算器掉落或受到强烈的碰撞。
4. 保持计算器的清洁，以免影响使用效果。

第二节 电子收银机的应用

电子收银机是随着现代零售业的繁荣发展和现代科技进步而出现的，被商品流通企业、餐饮服务业广泛使用的一种收款机器。它快速、简捷、省时，高效低耗，使用起来非常方便。

一、电子收银机的结构及其分类

（一）电子收银机的结构

收银机的结构非常简单，一般是由主机和钱箱两部分构成，其中主机包括显示器（分主显和客显两种)、打印机、键盘和方式锁。

1. 显示器。显示器是收银机的主要设备，通过显示器可以反映收银机的整个工作情况并能显示其处理结果。

一般的收银机都有两个显示器，一个面向收款员，一个面向顾客。面向顾客的显示板比较特殊，可拉起并作任意角度的旋转，可满足顾客在不同位置下的观察。

收银机的显示器是由9位绿色七段数码管（带小数点）及两组箭头指示灯组成。顾客显示器与收款员显示器可同时显示，显示的内容是完全一样的。

收银机的显示器可以显示两部分内容，数字位和信息指示位。数字位用来显示商品的编号、部类号、数量及金额。当商品以PLU方式销售时，显示器将显示PLU号及金额，当重复销售同一PLU时，PLU号位置将显示数量。信息指示位在显示器两侧有6个箭头。其中，"小计"的箭头亮，表示当前收款员被设定为培训状态，此收款员所作的所有销售均不记入销售报表中。"总计"箭头亮，表示正在交易，结账后此箭头将灭掉。"找钱"箭头亮，表示打印机处于打印状态，此箭头灭，则收银机销售后打印机将不打印收据。"经理"箭头亮，表示收银机在"经理"档。"X"箭头亮，表示收银机在"X"档；"Z"箭头亮，表示收银机在"Z"档；"经理"+"Z"两个箭头同时亮，表示收银机在"设置"档。"小计"、"总计"及"找钱"箭头指示只有在"收款"及"经理"档才会有效。

2. 打印机。打印机主要用于打印销售结算后的收据。

3. 键盘。收银机的型号不同，键盘的按键数就不同。常见的标准键盘有41键；分为4个部分，即数字键区，部门键区，结算功能键区和结算方式键区。不管哪类型号的收银机，键盘的功能只有在"收款"及"经理"档位上才有效。

4. 方式锁。收银机上的方式锁有6个档位，可分别反映：

(1) 断开：关闭显示器及键盘的电源。

(2) 收款：进行正常交易输入，无输入时显示时间。

(3) 经理：除可完成收款档所有功能外，还可进行变价交易。

(4) "X"档：读"X"报表，不清除报表数据。

(5) "Z"档：读"Z"报表，同时清除报表数据。

(6) 设置：对收银机进行功能及参数设置。

方式锁要通过键盘才能完成其功能，功能定义如下：

[方式锁] +"0"，相当于断开档；

[方式锁] +"1"，收款档；

[方式锁] +"2"，经理档，经理指示灯亮；

[方式锁] +"3"，X档，X指示灯亮；

[方式锁] +"4"，Z档，Z指示灯亮；

[方式锁] +"7"，收银机设置档，经理指示灯和Z指示灯亮。

5. 钱箱。收银机上的钱箱是用来存放现金的，内有3个钞票盒，5个硬币盒。正常操作时会自动弹开。

(二) 电子收银机的分类

电子收银机按其行业划分，有“超市”型收银机和“餐饮”型收银机，这两类收银机要通过键盘转换，才能实现各自的功能。

电子收银机按其功能划分，有数字收银机、汉字收银机和 POS 机三种。

数字收银机与汉字收银机的区别，在打印收据时，前者用数字表示，后者用汉字显示。POS 机是性能较全的一种收银机，它类似一台小型计算机，具有计算机的基本功能，输入设备就是计算机的键盘，如图 4－2。

图 4－2

二、收银机的功能键及按键功能

(一) 收银机的功能键

收银机的种类很多，键盘形式各异，但键盘都包括以下几部分：数字键、部门键、操作功能和结账功能键，共有 41 个按键。

标准键盘图如表 4－1。

表 4－1

收据走纸	出金	入金	%（+/－）	金额	交易取消
方式锁	#/非销售	收款员#	取消	更改	退货
清除	×	单价	PLU#	部类#	支票
7	8	90	部类 7	部类 8	信用卡
4	5	6	部类 5	部类 6	小计
1	2	3	部类 3	部类 4	现金
0	00	.	部类 1	部类 2	

(二) 标准键盘按键功能

1. [收据走纸]：打印机走纸键。每按一次，打印机走纸一张。

2. [出金]：用于确定从钱箱中提取现金。

3. [入金]：用于确认向钱箱中加入备用金。

4. [方式锁]：用于选择收银机的操作方式。使用该键时，要通过键盘中的数字键配合，才能完成其功能。

5. [#/非销售]：在无交易状态下，打开钱箱；在交易中，作为号码确认键。

6. [收款员]：收款员号确认键，用于收款员登录。

7. [清除]：清除输入的数字码或消除报警声，同时清屏。

8. [×]：数量乘号键。当三四个以上的同样的交易项要输入时，可以用数量乘来输入，以减少重复输入。

9. 单价：价格交易确认键，按该键即确认前面键入的价格为交易价格。

10. 金额折让：小计金额折扣确认键，按该键即确认前面键入的金额折扣值。

11. 取消：交易过程中，取消刚刚输入的商品项或部类项，及时更正。

12. 更改：在交易结束以前，取消交易过程中的任意一笔录入的商品项或部类项。过时更正。

13. 交易取消：清除当前输入的全部交易，使交易重新开始。

14. 退货：退货确认键，按下该键，即确认紧跟着输入的交易项为退货。

15. PLU#：商品代码确认键，键入商品编码后按该键，即确认商品所属代码。若无此代码，则声响报警，同时屏幕显示错误提示。

16. 部类#：部类确认键。键入部类号后按该键，即确认该部类。

17. 部类1：～ 部类8：指定直接部类1～8键。

18. %（+/-）：小计或单品折扣确认键，按该键即确认前面键入的折扣值；按小计键后被认为是小计折扣，否则为单品折扣。

19. 0～9：数字键。

20. 00：双"0"键，等同于按两次"0"键。

21. .：小数点键，用于输入数量中的小数点，小数最大位数为小数点后3位。

22. 小计：按下该键，显示或同时打印本次销售中到目前为止的交易累计金额。

23. 信用卡：用于信用卡结算方式，按该键前可键入信用卡号。

24. 支票：用于支票结算方式，按该键前可键入支票号。

25. 现金：用于现金结算方式，按该键前可输入顾客付款金额。

三、收银机的简易操作方法

（一）日常操作

1. 开始营业。确定收银机的电源完全接好，检查是否有足够的打印纸打印收据；检查时间和日期是否正确，将方式锁置于"收款"档。

这时收银机处于正常销售状态，显示器"找钱"指示灯亮，如果强制收款员登录；则要输入收款员号及密码进行登录。

2. 停止营业。将方式锁置于"X"位置，读取报表，将方式锁置于"Z"位置，读取并清除报表。然后打开钱箱，取出现金。将方式锁置于"断开"位置，切断显示器电源。

（二）基本操作

1. PLU销售。PLU的意思就是编号商品价格表，即用一串数字表示的商品代码。代码都是唯一的。这个代码包括了一件商品的价格、品名、归属类别。在销售时，输入商品的代码及商品代码确认键，收银机就可打印出该商品的价格、品名等有关信息。这种利用商品代码进行销售的方式，就被称为PLU销售方式。

每个商品的中英文名称、价格、所属部类及多种销售属性均可在PLU中预置。

(1) PLU逐项输入。

商品编号→PLU#→小计→付款金额—信用卡 / 支票 / 现金

(2) PLU重复输入。在交易中，重复按PLU#键就可以重复上一个PLU的输入过程。如果有2个以上的同样商品要输入，就可以按照这种方式进行。

商品编号→PLU#→PLU#→PLU#→

(3) PLU数量乘输入。当有多个相同的PLU交易项要输入时，采用数量乘输入方式是非常简便的。

商品数量→×→商品编号→PLU#—信用卡 / 支票 / 现金

说明：

- 商品编号表示输入内容，输入商品编号，屏幕显示输入的数字。
- PLU#表示功能按键，按PLU#确认键后，屏幕显示该商品归属类别及价格。
- 按小计键后，屏幕显示总金额。
- 当输入了付款金额后结账时，如果付款金额大于应付金额，屏幕显示找钱金额，交易结束；如果付款金额小于应付金额，则屏幕显示剩余总额（即显示总金额），此时交易未结束。
- 在交易中，总计及找钱的指示灯保持亮状态。
- 当输入的PLU号在收银机中没有找到时，屏幕显示没有该PLU的错误代码信息，同时声响报警。
- 按PLU#确认键后，打印收据。

2. 更正功能。更正功能用来清除错误的输入，取消错误的输入而产生的交易或解决退货问题。

(1) 清除。用于清除错误输入，同时清除屏幕显示信息，无数据打印。

(2) 取消。在当前交易中任何刚刚输入的交易项都可用该键删除。

商品编号→PLU#→取消→

(3) 更改。当前交易中输入的PLU项要作废，可用“更改”键来进行过时更正，用来删除此交易中已被输入的项。

在对所需PLU项输入过程中的任何时候（结算之前），按“更改”键后紧接着按输入项（在此交易中已被输入过的项）就可以删除输入项。

商品编号1→PLU#→商品编号2→PLU#→更改→商品编号1→PLU#

(4) 退货。一个PLU项已被顾客购买了（即该笔销售已经结算），而后退货，就可用退货项输入来处理。

[退货]→商品编号→[PLU#]→[PLU#]

（5）交易取消。当一些在当前销售中已经被输入，而顾客却要取消该笔交易的全部销售内容，用“交易取消”键。

销售项输入→[交易取消]

3. 付款功能。主要用于交易结束时的付款方式。一般的收银机都有现金、记账、支票、信用卡四种付款方式，每笔交易可以自由选择其中的全部或部分方式付款。

（1）现金付款。当销售项全部输入完毕，顾客要用现金付款，用“现金”键结算该笔交易。在使用“现金”键之前允许输入顾客付款金额。

交易的全部项已输入→[小计]→[现金]
　　　　　　　　　　　　　　→付款金额→[现金]

（2）非现金付款方式。当销售项全部输入完毕，顾客要用信用卡或支票结算时，可使用非现金货币结算键。

销售输入项→[小计]→号码→[#/非销售]—→[支票]
　　　　　　　　　　　　　　　　　　　—→[信用卡]

4. 出金、入金功能。出金、入金功能用于从钱箱中拿出与销售无关的现金，或是将备用金放入钱箱中，此操作必须在一笔销售之外进行。

（1）当进行出、入金操作时，显示器左两位显示出入金描述符；右边显示金额数量。

（2）出金描述符为“PO”，入金描述符为“RA”。

四、收银机常见的故障与排除

收银机在使用过程中，常常会出现一些小的故障，操作人员在操作过程中遇到时，可以直接排除，以免影响正常的工作。

1. 操作结束前，方式开关位置发生变动，操作不完整。

排除方法：把方式开关切换到原位置并结束操作。

2. 由于缺少打印纸或打印纸安装不正确，造成打印机出现错误。

排除方法：关掉电源，从打印机上取下收银纸，重新安装，然后再打开电源。

3. 未输入收银员号的情况下登录，机器不运行。

排除方法：将收银员登录号登录。（部分收银机要求强制登录收银员号）。

4. 使用了未编辑的PLU或价格目录进行操作。

排除方法：先编辑后使用。

5. 输入的数字（或小数点）超出限标。

排除方法：重新输入正确的数字。

6. 运算结果太大或太小，造成溢出错误。

排除方法：将太大或太小的运算分开进行。

同步练习

一、单选题

1. 关闭电子计算器按（　　）键。

A. OFF　　B. ON/C　　C. CE　　D. LN

2. 操作过程中删除记忆外的所有输入按（　　）键。

A. OFF　　B. ON/C　　C. CE　　D. LN

3. 计算以 e 为底的对数按（　　）键。

A. OFF　　B. ON/C　　C. CE　　D. LN

4. 记忆加法按（　　）键。

A. M +　　B. RM　　C. M －　　D. MR

5. 进入统计模式，显示屏上会显示（　　）。

A. M +　　B. RM　　C. STAT　　D. MEMORY

6. 收银机的方式锁有（　　）个档位。

A. 4　　B. 5　　C. 6　　D. 7

7. 按下收银机上的“方式锁”和“2”档，（　　）指示灯亮。

A. X　　B. Z　　C. 收款　　D. 经理

8. 按下收银机上的“方式锁”和“3”档，（　　）指示灯亮。

A. X　　B. Z　　C. 收款　　D. 经理

9. 按下收银机上的“方式锁”和“4”档，（　　）指示灯亮。

A. X　　B. Z　　C. 收款　　D. 经理

10. 出金描述符为（　　）。

A. PA　　B. RA　　C. RO　　D. PO

11. 入金描述符为（　　）。

A. PA　　B. RA　　C. RO　　D. PO

二、多选题

1. 进入统计模式应按（　　）键。

A. 2ndF　　B. OFF　　C. M +　　D. ON/C

2. 下列（　　）按键可以进行三角函数运算。

A. Sin　　B. Cos　　C. hyp　　D. Tan

3. 计算以 e 为底的反对数应按（　　）键。

A. 2ndF　　B. hyp　　C. EXP　　D. LN

4. 求 Y 的 X 次方根应按（　　）键。

A. DEG　　B. 2ndF　　C. X^2　　D. Y^X

5. 将输入的极坐标转换为直角坐标应按（　　）键。

A. DEG　　B. 2ndF　　C. b　　D. a

6. 电子收银机按功能划分，有（　　）。

A. 数字收银机　　B. POS收银机

C. 汉字收银机　　D. 普通收银机

7. 收银机的键盘功能只有在（　　）档位上才有效。

A. X档　　B. Z档　　C. 收款档　　D. 经理档

8. 按下收银机上的“方式锁”和“7”档，（　　）指示灯亮。

A. X档　　B. Z档　　C. 收款档　　D. 经理档

9. 电子计算器的基本结构包括（　　）。

A. 显示屏　　B. 功能键　　C. 内部存储器　　D. 运算器

10. 电子收银机的主机包括（　　）。

A. 显示器　　B. 打印机　　C. 键盘　　D. 方式锁

第五章

真假人民币的鉴别与点钞技术

学习目标

- 能够鉴别真假人民币
- 能够熟练地利用手工点钞
- 能够使用一般的点钞机点钞

第一节 人民币概述

人民币是中华人民共和国的法定货币，它包括纸币和硬币。人民币是国家政权的象征之一，在我国社会主义经济建设中发挥着重要作用。以人民币支付中华人民共和国境内的一切公共的和私人的债务，任何单位和个人不得拒收。

人民币由中国人民银行依法统一印制、发行。我国现行流通的人民币共有13种，面额分别为壹佰圆、伍拾圆、贰拾圆、拾圆、伍圆、贰圆、壹圆、伍角、贰角、壹角、伍分、贰分、壹分。其中，贰元和贰角的面值由于使用频率很少，逐渐退出流通。

《中华人民共和国人民币管理条例》规定，任何单位和个人都应当爱护人民币，禁止损毁人民币和妨碍人民币流通。

在使用人民币时应注意：

1. 不要乱揉乱折，整点存放时要平铺整齐；

2. 不要在人民币票面上写、画或计数、盖印；

3. 用机具收付款时，应注意避免损伤人民币；

4. 在容易污损人民币的场所要使用收付款用具；

5. 防止油浸和腐蚀性化学药物对人民币的侵蚀，在生活中不要将肥皂、洗涤剂与人民币放在一起；

6. 凡发现图案不全、墨色过淡过浓、裁切偏斜、漏印花纹等人民币，应到就近银行鉴定，真币按面额兑换；

7. 严禁将金属币穿孔、磨边、剪口、轧薄变形等；

8. 不准随意撕裂、剪割人民币；

9. 企事业单位对收进的残损币应随时挑剔，交存银行或向银行兑付，不要再向外支付；

10. 对破坏人民币的行为要批评教育，故意破坏者要追究其法律责任。

第二节　真假人民币的鉴别

人民币的流通中不可避免地会有假币出现。对假人民币，思想上要高度重视，要掌握识别人民币真伪的知识，抵制假币，维护金融稳定、经济稳定、社会稳定。

假人民币包括伪造的人民币和变造的人民币两种。

伪造的人民币是指仿造人民币的图案、形状、色彩等，采用各种手段制作的假人民币。主要有：机制假币、拓印假币、彩色复印假币和手工描绘或手工刻板印制的假币。

变造的人民币是指在真币的基础上，挖补、揭层、涂改、拼凑、移位、重印等手段制作的假人民币，已达到以少变多的目的。主要有：拼凑变造币、揭页变造币。

《中华人民共和国人民币管理条例》规定，单位和个人持有伪造、变造的人民币的，应当及时上交中国人民银行、公安机关或者办理人民币存取款业务的金融机构；发现他人持有伪造、变造的人民币，应当立即向公安机关报告。同时在中国人民银行及中国人民银行授权的国有独资商业银行的业务机构也能够无偿得到鉴定人民币真伪的服务。

如何甄别真假人民币呢?

除了上面介绍的可以到中国人民银行及中国人民银行授权的国有独资商业银行的业务机构鉴定人民币真伪（虽然准确但很不方便），还可以采用直观对比（眼看、手摸、耳听）和仪器检查相结合的方法，即通常所说的一看、二摸、三听、四测。

看：看钞票的水印是否清晰、有无层次感和立体效果；看安全线；看整张票面图案和颜色是否单一或者偏色。

摸：第五套人民币行名、盲文、国徽和主景图案一般采用凹版印刷工艺，用手轻轻触摸，有凹凸感。

听：钞票纸张是特殊纸张，挺括、耐折，用手抖动会发出清脆声响。

测：用放大镜来观察票面低纹线调及微缩文字的清晰度等；用紫外灯检测无色荧光图纹；用磁性检测仪检测磁性印记。

现以100元券、50元券和20元券为例做真假对比如下：

一、第五套人民币 100 元券真假对比

（一）固定人像水印

真币：纸张抄造中形成人像水印，层次丰富，立体感很强。见图 5－1。

假币：在纸张夹层中涂布白色浆料并模压水印图案，或直接在纸张表面盖印水印图案，层次及立体感较差。见图 5－2。

图 5－1

图 5－2

（二）磁性缩微文字安全线

真币：嵌于纸张内部，仪器检测有磁性。见图 5－3。

假币：无磁性或磁性特征不稳定。见图 5－4。

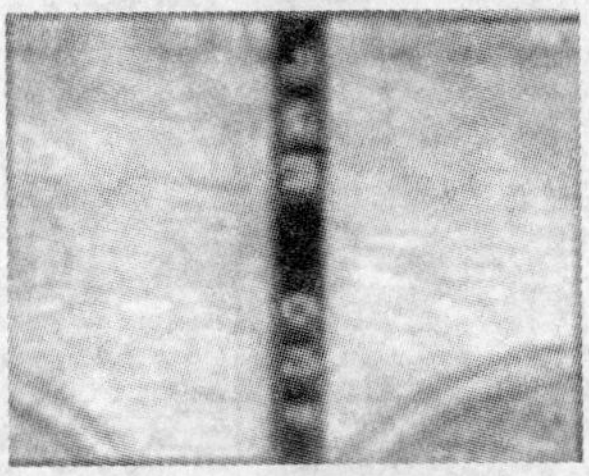

图 5－3

图 5－4

（三）手工雕刻头像

真币：形象逼真，线条清晰，凹凸感强。见图 5－5。

假币：线条模糊，无凹凸感。见图 5－6。

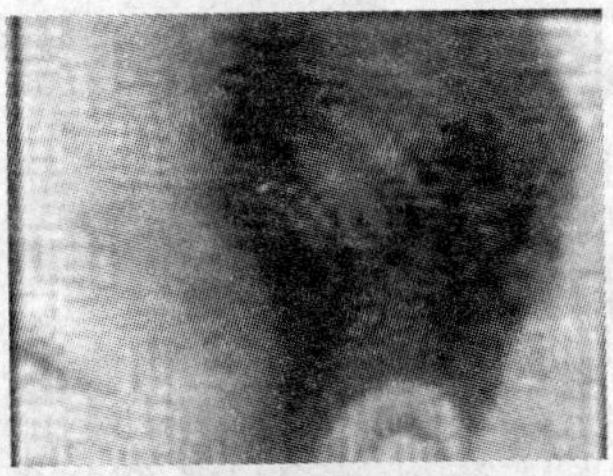

图 5－5

图 5－6

（四）胶印缩微文字

真币：放大镜下，字形清晰。见图 5－7。

假币：字形模糊。见图 5－8。

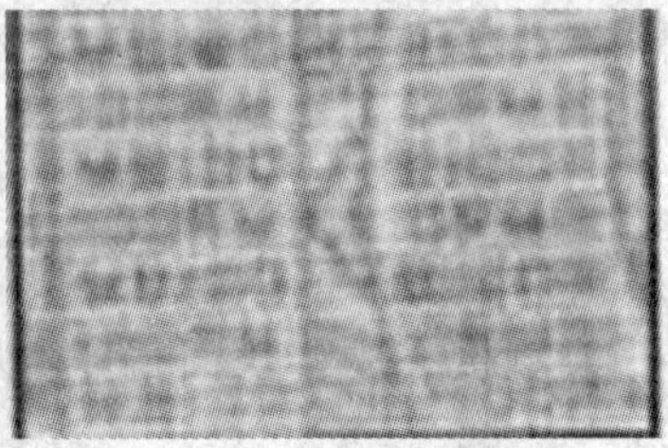

图 5－7

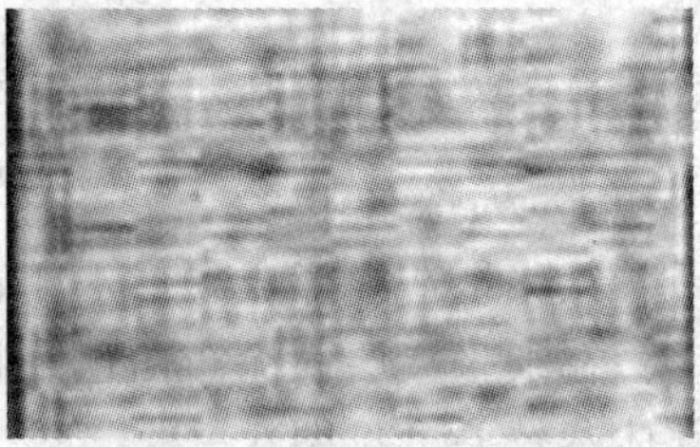

图 5－8

（五）光变油墨面额数字

真币：随视角变化，颜色变化明显。见图 5－9。

假币：变色无规律或无变色效果。见图 5－10。

图 5－9

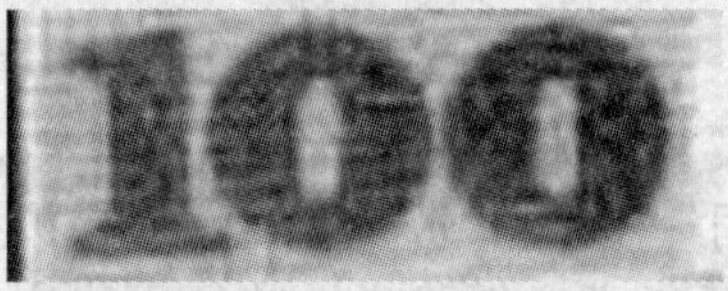

图 5－10

（六）阴阳互补对印图案

真币：正背面图案重合，组成完整的古币图案。见图 5－11。

假币：正背面图案错位。见图 5－12。

图 5－11

图 5－12

二、第五套人民币 50 元券真假对比

（一）固定人像水印

真币：纸张抄造中形成人像水印，层次丰富，立体感很强。见图 5－13。

假币：在纸张夹层中涂布白色浆料并模压水印图案，或直接在纸张表面盖印水印图案，层次及立体感较差。见图 5－14。

图 5－13

（二）磁性缩微文字安全线

真币：嵌于纸张内部，仪器检测有磁性。见图 5－15。

假币：无磁性或磁性特征不稳定。见图 5－16。

图 5－14

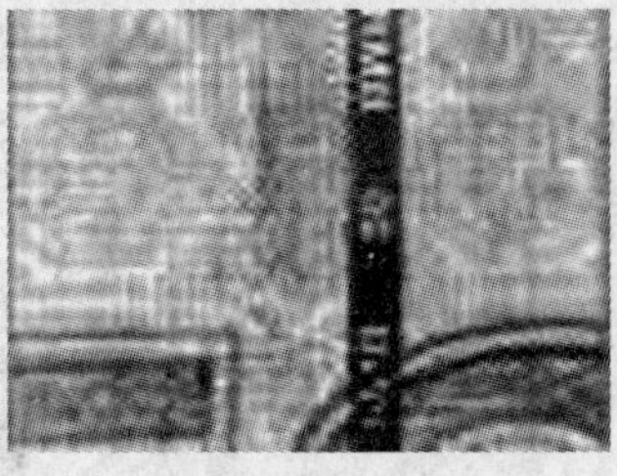

图 5－15

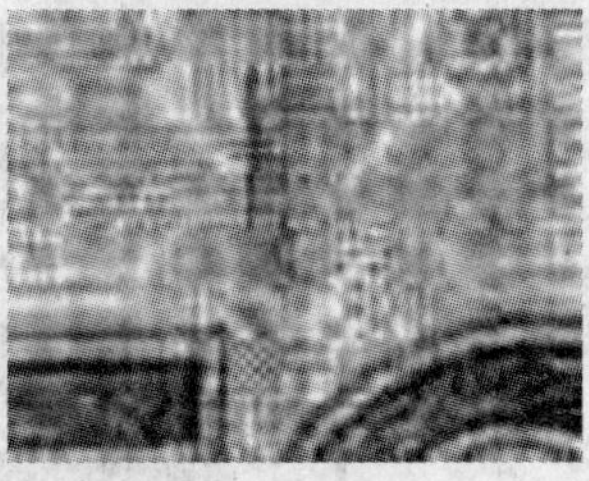

图 5－16

（三）手工雕刻头像

真币：形象逼真，线条清晰，凹凸感强。见图 5－17。

假币：线条模糊，无凹凸感。见图 5－18。

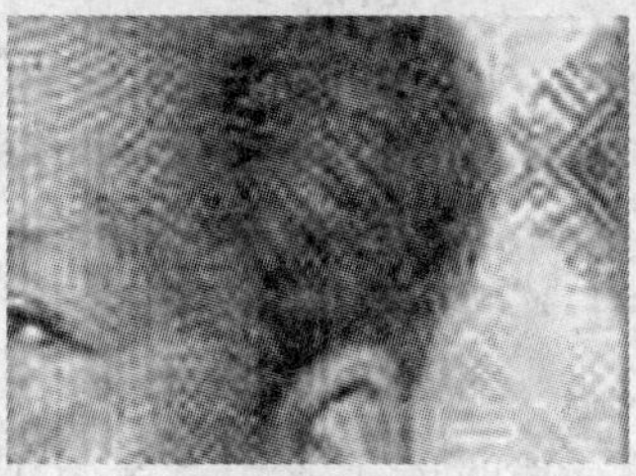

图 5－17

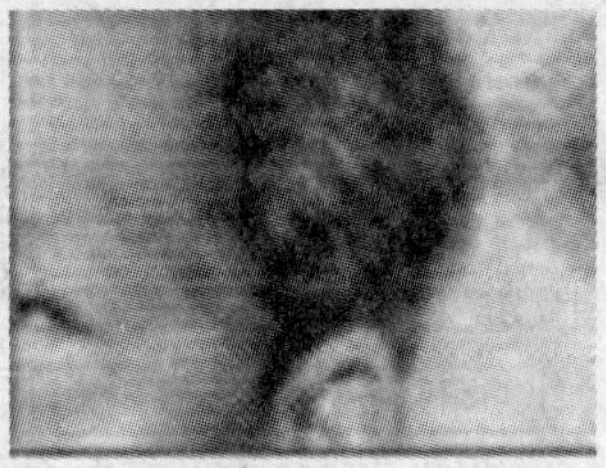

图 5－18

（四）胶印缩微文字

真币：放大镜下，字形清晰。见图 5－19。

假币：字形模糊。见图 5－20。

图 5－19

图 5－20

（五）光变油墨面额数字

真币：随视角变化，颜色变化明显。见图 5－21。

假币：变色无规律或无变色效果。见图 5－22。

图 5－21

图 5－22

（六）阴阳互补对印图案

真币：正背面图案重合，组成完整的古币图案。见图5－23。

假币：正背面图案错位。见图5－24。

图5－23

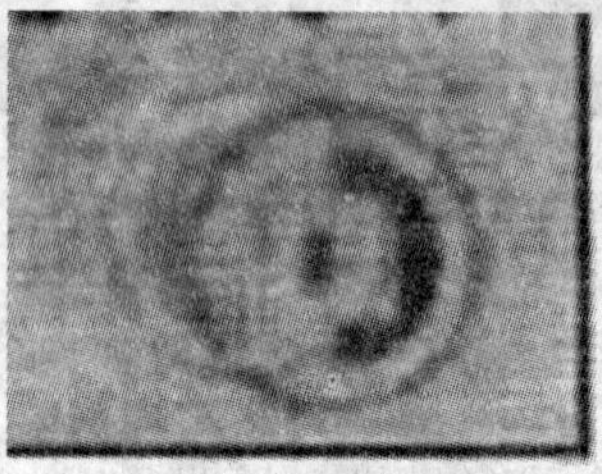

图5－24

三、第五套人民币20元券真假对比

（一）固定花卉水印

真币：纸张抄造形成花卉水印，层次丰富，立体感很强。见图5－25。

假币：在纸张夹层中涂布白色浆料并模压水印图案，或直接在纸张表面盖印浅淡水印图案，层次及立体感较差。见图5－26。

图5－25

图5－26

（二）手工雕刻头像

真币：形象逼真，线条清晰，凹凸感强。见图5－27。

假币：线条模糊，无凹凸感。见图5－28。

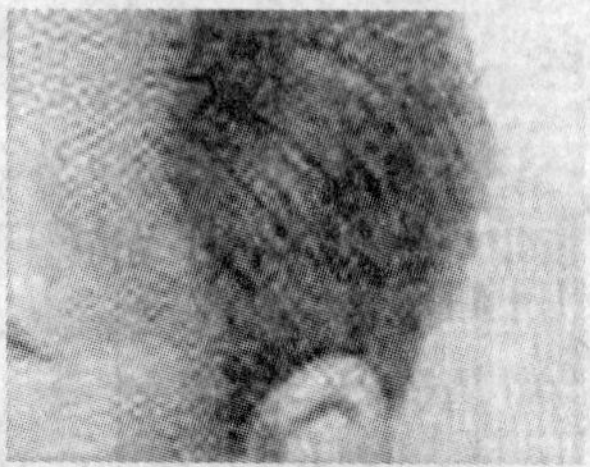

图5－27

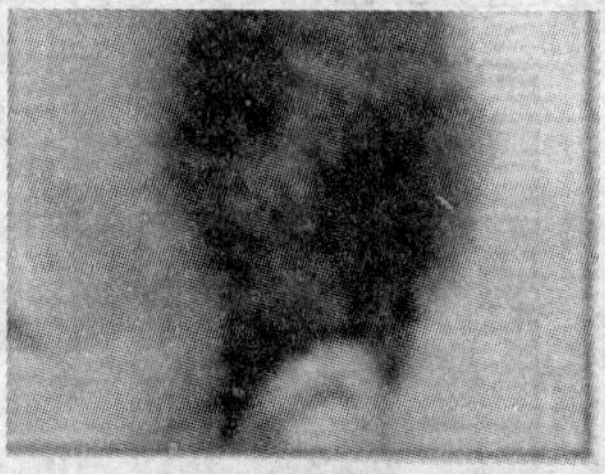

图5－28

（三）胶印缩微文字

真币：放大镜上，字形清晰。见图 5－29。

假币：字形模糊。见图 5－30。

图 5－29

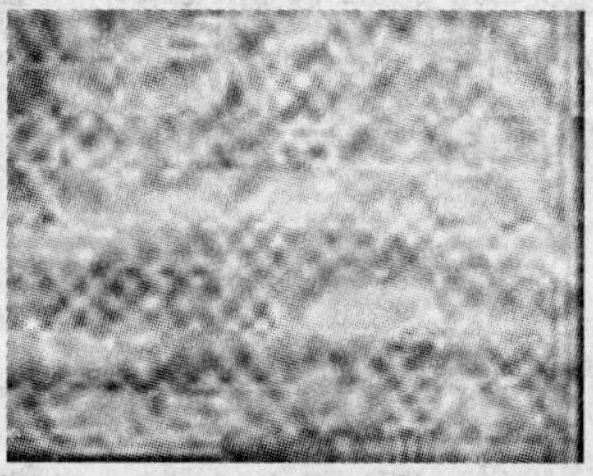

图 5－30

第三节　点钞技术

点钞可以分为人工点钞法和机器点钞法。

在点钞前首先要了解一下点钞的四个工序，即拆把（持钞）、点数、扎把、盖章。

1. 拆把（持钞）。即把待点钞票按不同点钞方法的要求拿在手中，然后脱去扎钞纸条或将纸条勾断，为点数做好准备。

2. 点数。即左手持钞，右手点钞，眼睛紧盯捻动的钞票，同时脑中计数。手、脑、眼三位一体，协调一致，将钞票清点准确。

3. 扎把。即把整点准确的一百张钞票蹾齐，并用纸条捆扎牢固。

4. 盖章。即在捆扎钞票的纸条上加盖点钞人员的名章，以明确责任。

这四个步骤是连贯的，要求每个环节衔接紧密，动作协调，环环紧扣。

此外还必须做到以下几项基本要求：

1. 点数准确：点钞时要集中精力，手、脑、眼三位一体，协调配合，点数准确。

2. 清理整齐：点完一把钞票后，要将券角拉平，将钞票蹾齐，然后进行捆扎。

3. 扎把牢固：钞票捆扎应牢固，以抽不出票为准。

手工点钞法按持钞的不同可分为：手持式点钞法、扇面式点钞法和手按式点钞法等。

一、手持式点钞法

手持式点钞法又可分为以下几种：手持式单指单张点钞法、手持式一指多张点钞法、手持式四指四张点钞法和手持式五指五张点钞法。

（一）手持式单指单张点钞法

手持式单指单张点钞法是一种最基本、最常用的点钞方法。由于点钞是逐张捻动进行的，易于识别真假票币，便于挑剔残损票币，适用范围比较广泛，如可用于收付款的初点、复点和整点各种新、旧面额的钞票。但这种方法劳动强度比较大。具体操作分为以下几个环节：

1. 拆把与持钞。左手横执钞票，钞票正面朝向身体，拇指、无名指和小指在票面正面，食指和中指放在票面背面，夹住钞票中间处（见图5-31）；拇指扶在钞票上部内侧边沿处，食指伸出，其他手指自然弯曲，左手腕向内弯扣，同时食指向前伸，将扎钞票纸条勾断。拇指顺势将钞票向外推，推出一个微开的扇面形状，食指伸出拖住钞票背面，使钞票与桌面基本垂直（见图5-32）。同时，右手拇指、食指、中指沾水做点钞准备。

图5-31

图5-32

2. 清点。右手食指、中指并拢，托住钞票背面右上角，拇指指尖逐张拨离钞票的右上角，同时无名指配合拇指将拨离的钞票向怀里弹拨，拇指拨离1张，无名指弹拨1张（见图5-33）。右手中指略翘起，以免妨碍无名指弹动。

图5-33

清点过程可分为初点和复点。初点时若发现残损钞票，最好的办法是随手向外折叠，使钞票伸出外面一截，清点完后，再抽出残票补上好票。若发现可疑券还应进行真伪鉴别，方法见真假人民币的鉴别一节。

3. 计数。用心计数。把10作1计，把20作2计……即1，2，3，4，5，6，7，8，9，1（10）；1，2，3，4，5，6，7，8，9，2（20），以此类推，数到1，2，3，4，5，6，7，8，9，10（100）即整100张为一把。此法优点在于将十位数的两个数字变为一个数字，便于记忆。

4. 扎把。将清点准确的整把（100张）钞票蹾齐后，左手横执钞票，正面朝向身体，拇指在内，其余四指在外握住钞票左端，五指配合向身体方向用力，使钞票向内弯曲，弯度不要过大。将纸条一端贴在钞票背面，用拇指将纸条压住（见图5-34），然后右手拇指、食指和中指捏住纸条，由正面向上向外缠绕（一般绕2圈）（见图5-35），绕至钞票下端时（见图5-36），右手腕向右侧翻转，使纸条末端向右反折（见图5-37），并以食指从右侧将其插入原纸条下面（见图5-38），同时用拇指将折角压平，以防止松脱，以抽不出票为准（见图5-39）。

图 5 - 34

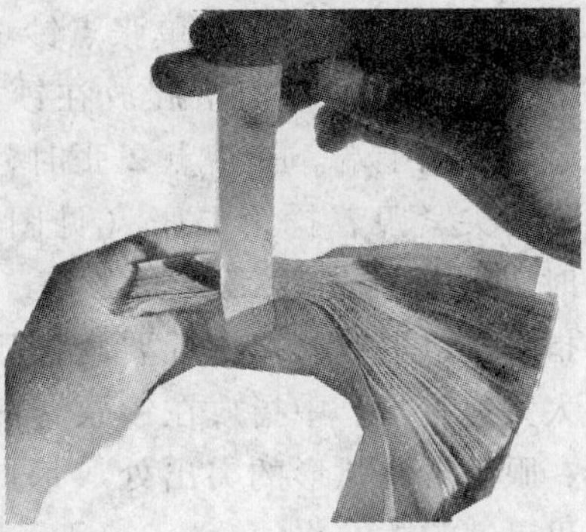

图 5 - 35

图 5 - 36

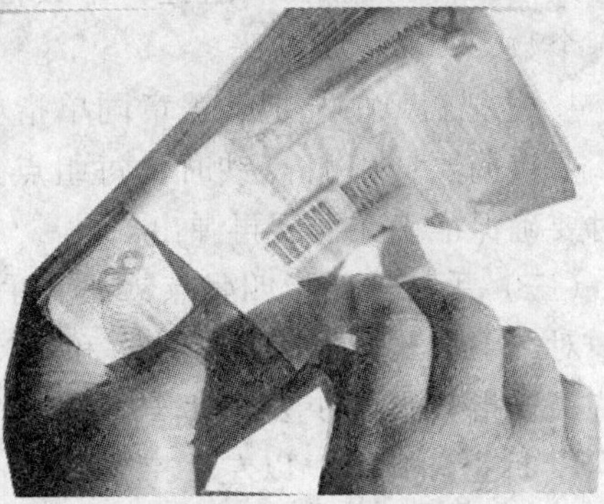

图 5 - 37

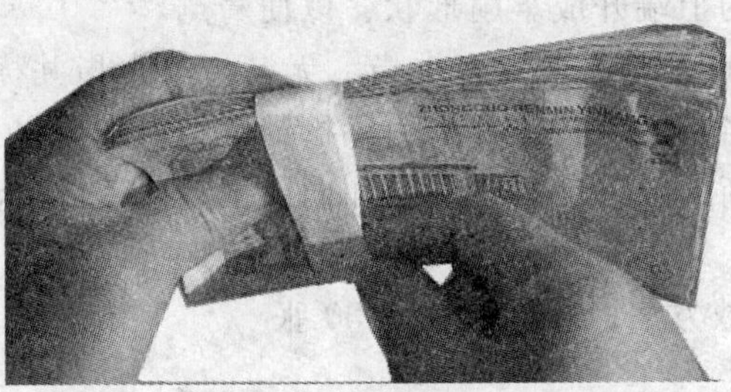

图 5 - 38

图 5 - 39

5. 盖章。钞票扎把后，要在钞票侧面的纸条上盖上点钞人员的名章，以明确责任。盖章要清晰可见，不能模糊不清。

要点摘要：(1) 钞票与桌面基本垂直；(2) 右手拇指拨离钞票的幅度要小，无名指配合拇指弹钞的速度要快；(3) 清点时，拨离速度应与计数速度保持一致，以保证计数清点准确。

(二) 手持式一指多张点钞法

点钞时，一指同时点 1 张以上的方法叫一指多张点钞法。它是由手持式单指单张点钞法发展而来。计数简单省力，效率高。适用于收、付款和各种券别的整点工作；但在一指捻动几张钞票时假钞和残破票不易被发现。

1. 拆把和持钞。同单指单张点钞法。

2. 清点。清点时，拇指肚放在钞票正面右上角，拇指尖超出票面上端。一指点2张时，拇指肚先捻第一张，拇指尖紧跟着捻第二张（见图5－40）。一指点3张时，拇指肚先捻第一、二张，拇指尖捻第三张。一指4张以上时，拇指肚要均衡用力，捻动的幅度不要太大，食指、中指放在钞票背面右上角配合拇指捻钞，眼睛看在弧形的突出处。每点完1组，无名指向怀里迅速弹拨一次。

图5－40

3. 计数。采用分组计数法。一指点2张时，2张为1组记一个数，50组就是100张。一指点3张时，3张为1组记一个数，33组另1张就是100张。一指点4张时，4张为1组记一个数，25组即100张。

4. 扎把盖章。扎把、盖章同单指单张点钞法。

要点摘要：(1) 点钞时，每组点钞张数越多，拇指尖伸出票面的长度就越长；(2) 计数时要确保准确无误后再弹出。

（三）手持式四指四张点钞法和手持式五指五张点钞法

对于手持式四指四张点钞法和手持式五指五张点钞法，以手持式四指四张点钞法为例，手持式五指五张点钞法类似。

1. 拆把和持钞。以左手持票，手心向下，中指向手心自然弯曲，手指背面贴在钞票中间稍左的内侧，将食指、无名指和小指放在钞票外侧，同时把手中钞票夹紧，随之食指、无名指和小指以中指为轴，同拇指配合，将钞票向外顶，钞票两端向内弩，构成瓦形，拇指轻轻压钞票的右上角，并略有前推的力量，使钞票的上端开成半扇形状，以便清点。

2. 清点。右手拇指轻轻托在钞票右下角扇形的下端，食指、中指、无名指和小指并拢，四个指尖成斜直线。点数时，先从小指，然后无名指、中指和食指顺序捻钞票与拇指向里下方摩擦拨票。左手拇指、中指随着右手清点，逐渐向上移动，食指稍加向前推动以适应待清点钞票的厚度。

3. 计数。可采用分组计数法1组4张时的计数方法，即25组为100张。

4. 扎把盖章。

要点摘要：(1) 拨票时要充分发挥手指关节作用，尽量减少腕力作动作，以减轻劳动强度；(2) 左手拇指和中指夹住钞票两侧时，必须松紧适度，以防止钞票脱落或由于过紧而不宜拨钞；(3) 拨票时目光应集中在钞票的右上角，以保证计数准确。

二、扇面式点钞法

用扇面式点钞法清点时，钞票展开形成扇面形状，右手一指或多指依次清点，适合整点新票且清点速度快，是手工点钞中效率最高的一种点钞方法。但它不适合整点新、旧及残损券混合的钞票，也不便于挑剔残损券和鉴别真假钞票。

扇面点钞法主要有：扇面式一指多张点钞法和扇面式多指多张点钞法。

（一）扇面式一指多张点钞法

1. 拆把和持钞。左手横执钞票，钞票正面朝向身体，左手拇指与食指、中指捏住钞票左下角四分之一处，拇指在前，食指、中指在钞票背面，无名指、小指弯曲靠向手心。右手拇指和食指将纸条撕断，然后右手拇指移到钞票正面中间，其余四指摸在钞票背面。

2. 开扇。以左手拇指为轴，用右手虎口握住钞票背面并将钞票上端向身体方向压弯；左手拇指由里向外做轴捻动，右手拇指协助由外向里推捻钞票，其余四指在钞票背面随着左右晃动将钞票均匀化开，直至打开如扇开形状，以每两张钞票之间距离能清晰辨认为标准（见图 5－41）。

图 5－41

3. 清点。左手持扇面右手分组进行清点，每一组清点数以 5 至 6 张为宜，以便于计数为原则。清点时，由右向左看，确认一组张数后，右手拇指快速向下按压，同时食指跟上将这组钞票压住使拇指可以再次按压第二组，如此循环操作。

4. 计数。采用分组计数法。分组计数法见手持式单指单张点钞法中的计数部分。

5. 合把。将钞票清点完毕后将钞票合拢、蹾齐，以备扎把。

6. 扎把盖章。见手持式单指单张点钞法中扎把、盖章部分。

（二）扇面式多指多张点钞法

扇面式多指多张点钞法的操作步骤除清点方法稍有不同外，其余环节与扇面式一指多张点钞法基本相同。

清点时，左手持扇，右手拇指、食指、中指、无名指先后交替清点。眼睛从扇面右上角开始向左看，第一组看准张数后，迅速以拇指向下按压，同时眼睛继续向左看，第二组看准张数后，食指迅速向下按压，然后第三组、第四组中指、无名指依次按压，如此循环往复，直至清点完毕。

要点摘要：(1) 开扇时动作应协调连贯，用力均匀，尽量一次成功；(2) 左手掌心不要太靠近钞票下端，以免卡住钞票。左手轴心位置要固定，钞票化开要均匀。

除了以上介绍的两种点钞方法外，较为常用的点钞方法还有手按式点钞法，它又主要分为手按式单指单张点钞法和手按式多指多张点钞法两种具体的点钞方法，在此不做过多要求。

三、机器点钞

随着科学技术的发展及其普及，机器所起的作用越来越重要，就点钞而言也是如此，用机器操作代替手工劳动，节省了一部分劳动力，且比手工点钞效率高得多。

（一）机器点钞应遵循的程序

1. 准备

(1) 点钞机放在点款员的正前方，使用时首先打开电源开关，进行测试，检查各部件是否完好，工作是否正常，下钞是否流畅，计数是否正确。调试一般要求达到不松、不紧、不吃、不塞。

(2) 票币放在右侧，按大面额票券在前，小面额票券在后的顺序排列。

(3) 各种用具放置要适当，用时得心应手。

2. 操作

（1）持钞。右手拇指在钞票里面，其余四指在钞票外面，捏住钞票右上角。

（2）拆把。左手将捆钞纸条撕下，放在桌上，顺势将钞票捻成前低后高的坡形，便于分张和下钞流畅。

（3）清点。

①将钞票轻轻放入下钞斗内，勿用力过大，造成塞钞，使其自然下滑，通过钞压轮进入机器内；

②目光迅速转向输钞带，注意检查是否夹杂券、破损券、假钞或其他异物。如发现立即剔出；

③钞票全部下到积钞台后，看清数码管显示数字是否与持把所标金额相符；

④金额无误将钞票取出蹾齐、扎把；

⑤在清查过程中要根据票面大小，随时调整积钞台大小档次，以适应大小不同票币，使其打拍整齐；

⑥在整点整把钞票时，如果发现数码管反映不是100（即不是100）时，必须经过复点，在复点前必须首先将数码显示数字还原后再复点，并注意保管好原把纸条，不能混淆，以分清责任。

（二）机器点钞时应注意的问题

机器点钞最重要的是经常注意对机器的保养和维修，使其完好，工作正常，下钞流畅，才能达到计数准确的目的。

机器点钞时至少要注意以下三个问题：

1. 在机器点钞过程中，只要下钞正常，目光要集中在输钞带上，直至下钞完毕，目光再移动到数码管上察看余额是否准确。

2. 在取点完的钞票时，特别要注意取净，防止落下，造成混把。

3. 点完一个单位的钞票后，要清理一次机器底下是否有遗落的钞票，特别在发现少款的情况时，要仔细检查输钞带、捻钞轮底下是否有吃钞情况。

同步练习

一、判断题

1. 人民币是国家政权的象征之一。（　）

2. 硬币不方便携带，找零时可以拒收。（　）

3. 国有独资商业银行进行人民币真伪鉴定时可以适当收取部分手续费。（　）

4. 手持式单指单张点钞法是手工点钞中效率最高的一种方法。（　）

5. 人民币纸币和人民币硬币都是我国的法定货币。（　）

6. 变造的人民币是指伪造人民币的图案、形状、色彩等，采用各种手段制作的假人民币。（　）

7. 真人民币用手轻轻触摸有凸凹感。（　）

8. 手持式一指多张点钞法易于发现假钞和残破币。( )

9. 初点时若发现残损钞票，最好的方法是直接将其抽出再继续清点。( )

10. 钞票扎把后，要在钞票侧面的纸条上盖上点钞人员的名章，以明确责任。( )

二、单选题

1. 人民币由（ ）依法统一印制。

A. 财政部　　B. 中国银行

C. 中国人民银行　　D. 工商银行

2. （ ）是最基本、最常用的点钞方法。

A. 手持式单指单张点钞法　　B. 手持式一指多张点钞法

C. 手持式四指四张点钞法　　D. 手持式五指五张点钞法

3. 我国现行流通的人民币共有（ ）种。

A. 10　　B. 11　　C. 12　　D. 13

4. 扇面式一指多张点钞法进行点钞时，每一组清点数以（ ）张为宜。

A. 3 ~ 4　　B. 5 ~ 6　　C. 7 ~ 8　　D. 9 ~ 10

5. 效率最高的手工点钞法是（ ）。

A. 手持式点钞法　　B. 扇面式点钞法

C. 手按式点钞法　　D. 点钞机点钞法

6. 下列哪种清点方法有利于识别真假币（ ）。

A. 扇面式多指多张点钞法　　B. 手持式单指单张点钞法

C. 扇面式一指多张点钞法　　D. 手持式四指四张点钞法

7. 人民币上阴阳互补对印图案形状是（ ）。

A. 外方内圆　　B. 方形　　C. 外圆内方　　D. 圆形

8. 机器点钞时，点钞员目光应集中在（ ）。

A. 钞斗　　B. 积钞台　　C. 数码管　　D. 输钞带

三、多选题

1. 下列属于变造人民币的有（ ）。

A. 机制人民币　　B. 彩色复印假币

C. 拼凑变造币　　D. 揭页变造币

2. 下列属于伪造人民币的有（ ）。

A. 机制假币　　B. 拓印假币

C. 彩色复印假币　　D. 手工描绘假币

3. 鉴别真假人民币的方法有（ ）。

A. 看　　B. 摸　　C. 听　　D. 测

4. 点钞的工序（ ）。

A. 拆把　　B. 点数　　C. 扎把　　D. 盖章

5. 手工点钞法按持钞的不同可以分为（　　）。

A. 手持式点钞法　　B. 扇面式点钞法

C. 手按式点钞法　　D. 点钞机点钞法

6. 手持式单指单张点钞法适用于（　　）。

A. 初点　　B. 复点　　C. 整点　　D. 新旧面额的钞票

7. 手持式点钞法主要有（　　）。

A. 手持式单指单张点钞法　　B. 手持式一指多张点钞法

C. 手持式四指四张点钞法　　D. 手持式五指五张点钞法

8. 扇面式点钞法不适于清点（　　）。

A. 新钞　　B. 旧钞　　C. 残损券混合钞　D. 初点

9. 真假人民币可通过检查（　　）来甄别。

A. 固定人像水印　　B. 手工雕刻头像

C. 阴阳互补对印图案　　D. 胶印缩微文字

10. 点钞必须做到的几个基本要求是（　　）。

A. 点数准确　　B. 清理整齐　　C. 责任明确　　D. 扎把牢固

11. 单位和个人持有假币时应当及时上交（　　）。

A. 工商部门　　B. 财政部门　　C. 公安部门　　D. 人民银行

第六章

会计档案管理与会计工作交接

学习目标

- 能够熟练装订会计凭证。
- 了解会计档案保管方法。
- 了解怎样进行会计工作与出纳工作的交接。

第一节 会计档案管理

会计档案是指会计凭证、会计账簿和会计报表等会计核算专业材料，它是记录和反映经济业务的重要历史资料和依据。各单位必须加强对会计档案管理工作的领导，建立和健全会计档案的立卷、归档、保管、调阅和销毁等管理制度，切实管好会计档案。

一、会计档案的装订方法

会计年度终了后，对会计资料进行整理立卷。会计档案的整理一般采用“三统一”的办法，即：分类标准统一、档案形成统一、管理要求统一，并分门别类按各卷顺序编号。

1. 分类标准统一。一般将财务会计资料分成一类账簿，二类凭证，三类报表，四类文字资料及其他。

2. 档案形成统一。案册封面、档案卡夹、存放柜和存放序列统一。

3. 管理要求统一。建立财务会计资料档案簿、会计资料档案目录；会计凭证装订成册，报表和文字资料分类立卷，其他零星资料按年度排序汇编装订成册。

会计档案的装订主要包括会计凭证、会计账簿、会计报表及其他文字资料的装订。

（一）会计凭证的装订方法

会计凭证是重要的经济档案和历史资料，会计人员应及时对会计凭证进行整理装订，然后移交档案部门保管。一般每月装订一次，装订好的凭证按年分月妥善保管归档。

1. 会计凭证装订前要对会计凭证进行排序、粘贴和折叠。因为原始凭证的纸张面积与记账凭证的纸张面积不可能全部一样，有时前者大于后者，有时前者小于后者，这就需要会计人员在制作会计凭证时对原始凭证加以适当整理，以便下一步装订成册。

对于纸张面积大于记账凭证的原始凭证，可按记账凭证的面积尺寸，先自右向后，再自下向后两次折叠。注意应把凭证的左上角或左侧面让出来，以便装订后，还可以展开查阅。

对于纸张面积过小的原始凭证，一般不能直接装订，可先按一定顺序和类别排列，再粘在一张同记账凭证大小相同的白纸上，粘贴时宜用胶水。小票应分张排列，同类、同金额的单据尽量粘在一起；同时，在一旁注明张数和合计金额。如果是板状票证，可以将票面票底轻轻撕开，厚纸板弃之不用。

对于纸张面积略小于记账凭证的原始凭证，可先用回形针或大头针别在记账凭证后面，待装订时再抽去回形针或大头针。

有的原始凭证不仅面积大，而且数量多，可以单独装订，如工资单、耗料单等。但在记账凭证上应注明保管地点。

原始凭证附在记账凭证后的顺序应与记账凭证所记载的内容顺序一致，不应按原始凭证面积大小来排序。会计凭证经过上述的加工整理之后，就可以装订了。

2. 会计凭证的装订是指把定期完毕的会计凭证按照编号顺序，外加封面、封底，装订成册，并在装订线上加贴封签。在封面上，应写明单位名称、年度、月份、记账凭证的种类、起讫日期、起讫号数，以及记账凭证和原始凭证张数，并在封签处加盖会计主管的骑缝图章。如果采用单式记账凭证，在整理装订凭证时，必须保持会计分录的完整，为此，应按凭证号码顺序还原装订成册，不得按科目归类装订。对各种重要的原始单据，应另编目录，单独登记保管，并在有关的记账凭证和原始凭证上相互注明日期和编号。

汇总装订后的会计凭证封面如图6-1所示。

凭证种类：		××年度		
本月共		册之第		册
本册号数：	自	号起至		号
本册日期：	自　　月	日起至	月	日止
单位名称：	会计主管：	会计：	装订：	

图6-1　会计凭证封面

会计凭证的装订要求是既美观大方又便于翻阅，所以在装订时要先设计好装订册数及每册的厚度。一般来说，一本凭证，厚度以1.5cm至2.0cm为宜，太厚了不便于翻阅核查，太薄了又不便于戳立放置。凭证装订册数可根据凭证多少来定，原则上以月份为单位装订，每月订成一册或若干册。有些单位业务量小，凭证不多，把若干个月份的凭证合并订成一册就可以，只要在凭证封面注明本册所含的凭证月份即可。

为了使装订成册的会计凭证外型美观，在装订时要考虑到凭证的整齐均匀，特别是装订线的位置，如果太薄可用纸折一些三角形纸条，均匀地垫在此处，以保证它的厚度与凭证中间的厚度一致。

有些会计在装订会计凭证时采用角订法，装订起来简单易行，这也很不错。它的具体操作步骤如下：

（1）将凭证封面和封底裁开，分别附在凭证前面和后面，再拿一张质地相同的纸（可以再找一张凭证封皮，裁下一半用，另一半为订下一本凭证备用）放在封面上角，做护角线。

（2）凭证的左上角画一边长为5cm的等腰三角形，用夹子夹住，用装订机在底线上分别均匀地打两个眼儿。

（3）用大针引线绳穿过两个眼儿。如果没有针，可以将回形别针顺直，然后将两端折向同一个方向，将线绳从中间穿过并夹紧，即可把线引过来，因为一般装订机打出的眼是可以穿过的。

（4）在凭证的背面打线结。线绳最好在凭证中端系上。

（5）将护角向左上侧折，并将一侧剪开至凭证的左上角，然后抹上胶水。

（6）向后折叠，并将侧面和背面的线绳扣粘死。

（7）待晾干后，在凭证本的脊背上面写上“某年某月第几册共几册”的字样。装订人在装订线封签处签名或盖章。现金凭证、银行凭证或转账凭证最好依次顺序编号，一个月从头编一次序号，如果单位的凭证少，可以全年顺序编号。

以上步骤的操作参见图6－2。

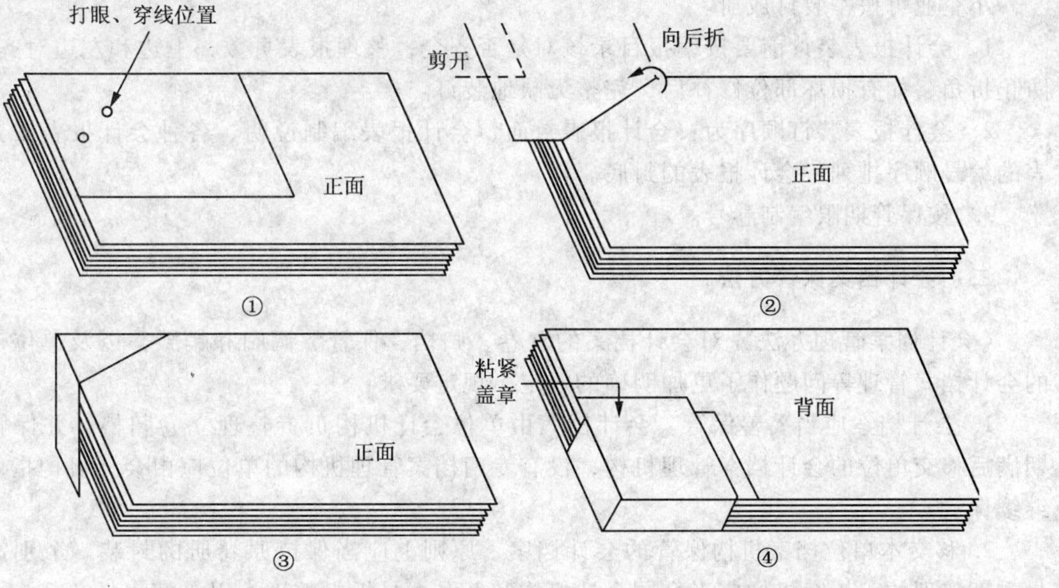

图6－2　会计凭证装订示意图

（二）会计账簿的装订

各种会计账簿年度结账后，除跨年使用的账簿外，其他账簿应按时整理立卷。基本要求是：

1. 账簿装订前，首先按账簿启用表的使用页数核对各个账户是否相符，账页数是否齐全，序号排列是否连续；然后按会计账簿封面、账簿启用表、账户目录、该账簿按页数顺序排列的账页、会计账簿装订封底的顺序装订。

2. 活页账簿装订要求：

（1）保留已使用过的账页，将账页数填写齐全，去除空白页和撤掉账夹，用质地好的牛皮纸做封面、封底，装订成册。

（2）多栏式活页账、三栏式活页账、数量金额式活页账等不得混装，应按同类业务、同类账页装订在一起。

（3）在本账的封面上填写好账目的种类，编好卷号，会计主管人员和装订人（经办人）签章。

3. 账簿装订后的其他要求：

（1）会计账簿应牢固、平整，不得有折角、缺角，错页、掉页、加空白纸的现象。

（2）会计账簿的封口要严密，封口处要加盖有关印章。

（3）封面应齐全、平整，并注明所属年度及账簿名称、编号，编号为一年一编，编号顺序为总账、现金日记账、银行存（借）款日记账、分户明细账。

（4）会计账簿按保管期限分别编制卷号，如现金日记账全年按顺序编制卷号；总账、各类明细账、辅助账全年按顺序编制卷号。

（三）会计报表的装订

会计报表编制完成及时报送后，留存的报表按月装订成册，谨防丢失。

小企业可按季装订成册。

1. 会计报表装订前要按编报目录核对是否齐全，整理报表页数，上边和左边对齐压平，防止折角，如有损坏部位修补后，完整无缺地装订。

2. 会计报表装订顺序为：会计报表封面、会计报表编制说明、各种会计报表按会计报表的编号顺序排列、会计报表的封底。

3. 按保管期限编制卷号。

二、会计档案保管方法

《会计档案管理办法》对会计档案的立卷、归档、保管、调阅和销毁，以及单位变更后的会计档案管理等问题作了更加明确的规定。规定要求：

1. 会计档案应当妥善保管。会计档案由单位会计机构负责整理立卷归档，并保管1年期满后移交单位的会计档案管理机构，没有专门档案管理机构的单位应由会计机构指定专人继续保管。

2. 移交本单位档案机构保管的会计档案，原则上应当保持原卷册的封装。个别需要拆封重新整理的，档案机构应当会同会计机构和经办人员拆封整理，以分清责任。

3. 单位保存的会计档案不得借出。如有特殊需要，经本单位负责人批准，可以提供查阅或者复制，并办理登记手续。查阅或者复制会计档案的人员，严禁在会计档案上涂画、拆封和抽换。

4. 会计档案应当分期保管。会计档案保管期限分为永久和定期两类，定期保管期限分为3年、5年、10年、15年和25年五类。保管期限从会计年度终了后第一天算起。

5. 会计档案应当按规定程序销毁。对于保管期满的会计档案，需要销毁时，应由单位档案管理机构提出销毁意见，会同会计机构共同鉴定，严格审查，编造销毁清册，报单位负责人批准后，由单位档案管理机构和会计机构共同派人监销；如有特殊要求的，应由本单位主要领导或上级主管部门派人监销；监销时监销人应对档案逐一清点核对，确认其确实无保留必要；销毁后，监销人员应在销毁清册上签名盖章并将销毁情况报告本单位领导，其销毁清册由档案部门另行保存。保管期满但未结算的债权债务原始凭证和涉及其他未了事项的原始凭证，不得销毁，应当单独抽出立卷，保管到未了事项完结时为止；单独抽出立卷的会计档案，应当在会计档案销毁清册和会计档案保管清册中列明。正在项目建设期间的建设单位，其保管期满的会计档案不得销毁。

（一）出纳档案的保管

1. 出纳归档资料的范围。出纳档案是指会计凭证、会计账簿和财务报告等会计核算专业材料，同时也包括相关的重要单证等，具体内容见表6－1。

表6－1　　出纳档案的内容

出纳档案	会计凭证类	反映资金收付业务的原始单证、记账凭证、汇总凭证及其他出纳凭证。
	会计账簿类	现金日记账、银行存款日记账、其他货币资金明细账、辅助账簿及其他备查簿。
	财务报告类	包括月度、季度、年度的出纳报告、附注及文字说明、银行存款对账单及银行存款余额调节表，其他出纳报告。
	其他类	作为收付依据的合同、协议及其他文件；按规定应单独存放保管的重要票证单据，如作废的支票、发票存根联及作废发票、收据存根联及作废收据；出纳盘点表和出纳考核报告等。
	档案管理类	档案管理类：出纳档案移交清册、出纳档案保管清册、出纳档案销毁清册。

2. 出纳档案的整理程序。出纳人员对档案进行整理时，一般分为分类、装订和成册三个步骤，具体内容见表6－2。

表6－2　　出纳档案的整理程序

出纳档案的装订程序	分类	出纳档案应按经济业务的性质和本单位的财务管理要求进行分类。一般应与本单位的会计分类相一致，兼顾档案装订和使用的需要。在对档案分类时，应当对一些无效或不需用的单据进行剔除。
	装订	由于原始凭证大多零落散乱，容易遗失，所以出纳人员在对档案归类后应加以装订，以保证会计资料不易散落遗失：在装订时，应当注意档案厚度以便于使用为宜；使用活页账或卡片账的，在归档时应加以装订编齐页码，对不宜装订的应当连号存放防止散落；对于采用财务软件记账的单位，其打印出的纸质会计档案必须装订编号；对于具备采用磁带、磁盘、光盘、微缩胶片等磁性介质保存会计档案条件的，由国务院业务主管部门统一规定，并报财政部、国家档案局备案，保管时采用连号编排，保存在特定的档案盒。
	成册	对于装订完毕的出纳资料，应当立卷成册，启用封面或扉页，用以记录每册的编号、所属单位、所属时期、其计号数及页数、经办人员等详细内容，并加盖单位公章和经办人员私章。在保管上有特殊要求的，可以加盖骑缝章或加贴封条。

3. 出纳员对现金、有价证券、票据的保管。各单位的出纳员除承担单位日常的现金、银行存款的收付业务及其核算外，还负责保管现金和各种有价证券；负责保管现金收讫、付讫印章和负责领用保管空白收据及支票。

（1）现金的保管。现金的保管主要是指出纳员对每日收取的现金和库存的现金保管。为了现金的安全，出纳应配备专用保险柜。保险柜的码放、使用及保管应做到：

①保险柜应紧靠会计室的内墙存放，或靠墙边角的地方存放，不应放在四面无遮掩且不宜移动的地方。

②保险柜钥匙由出纳员专人保管，不得交由其他人员代管。

③保险柜密码由出纳员掌管并开启，做好开启记录，严格保密。

④出纳人员工作变动时，应及时更换密码。

⑤保险柜的钥匙丢失或密码发生故障，出纳员要立即报领导处理，不得随意找人修理或配钥匙。必须更换保险柜时，要办理以旧换新的批准手续，注明更换情况备考。

⑥日常工作中，出纳员应保留少量的库存现金，办理现金的收付业务。为方便起见，上班时间可以将少量的库存现金放在办公室抽屉，但必须随时落锁。出纳员下班时，必须把现金存放在保险柜内，以确保现金的安全。

⑦库存现金应存放整齐、清洁，防止发生潮湿霉烂或虫蛀等事故。

（2）有价证券的保管。有价证券是一种具有储蓄性质，最终可以兑换货币的票据。目前，我国发行的有价证券主要有：国债、国家重点工程债券、金融债券、企业债券和股票等。有价证券具有与现金相同的性质，同现金保管原则基本相同。出纳员对各种有价证券的票面额和号码要保密，不得丢失。

（3）票据的保管。

①财务专用章的保管。出纳人员经常使用的各种财务专用章，包括“支票印鉴”章、“现金收讫”章、“现金付讫”章、“银行收讫”章、“银行付讫”章等。具体要求：

a. 出纳员应缜密保管，并按照有关规定使用。

b. 如果需要更换预留印鉴，出纳员应填写“印鉴更换申请书”，同时出具证明情况的公函，一并交开户银行。经开户银行同意后，在开户银行发给的新印鉴卡的背面加盖原预留银行印鉴，在正面加盖新启用的印鉴。

c. 如果出纳员遗失预留银行印鉴中的个人名章，应由本单位出具函证。

d. 如果出纳员遗失单位公章，应由上级主管部门出具函证，经开户银行同意后，出纳员再办理更换印鉴的手续。

注意：支票印鉴的保管，应按照内部牵制制度的要求，实行钱、账、物分开保管的原则，即管钱的，不应当管账和管支票、印章等，而应由出纳以外人员负责保管，以达到互相牵制、互相监督的作用。

②空白收据的保管。空白收据也就是未填制的收据。空白收据一经填制，并加盖有关印鉴，即可成为办理现金收付或转账结算的一种书面证明，直接关系到资金的结算和资金的安全。因此，出纳员应按规定保管和使用收据，领用空白收据应填制领用单，并由领导签字。具体要求：

a. 出纳员不得将收据带往本单位外使用，不得转借、赠送和买卖，不得弄虚作假开具实际金额与票面金额不符的收据。

b. 作废的收据要加盖“作废”专用章，各联要连同存根一起保管，不得撕毁、丢失。

c. 出纳员再次领用收据时，须将已用完的收据存根交还保管人员核销，留待以后备查。

③空白支票的保管。各单位为了随时与开户银行办理支付款项业务或使用支票办理付款的结算，需在本单位银行存款额度内保留一定数量的空白支票备用。支票是支付凭证，一旦填写了内容并加盖了有关印章，现金支票就可以直接从开户行提出现金；转账支票就可以办理转账结算业务。具体要求：

a. 出纳员应妥善保管空白支票，以免发生非法使用、盗用、遗失等情况。

b. 严禁签发空白现金支票，在特殊情况下，如果事先不能确定采购商品的数量和金额及劳务费用时，出纳员可按规定签发不填写金额的转账支票。签发这样的转账支票，首先应由用款部门领导签字，财务部门领导审批，主办会计填制金额暂空的付款凭证，作为出纳员签发空白转账支票的依据；按规定，除大小写金额和日期空置外，出纳员应填写转账支票的收款单位名称、账号、开户银行和用途，加盖预留银行印鉴，并对使用的空白转账支票的限额和报销日期作出严格规定。

c. 为了明确责任，防止发生意外，财务部门应设置“空白转账支票登记簿”。其格式见表 6－3。

表 6－3　　空白转账支票登记簿

签发日期		申请单位	收款单位	用途	支票号码	预计金额	预报日期		领用人	支票实际金额	报销日期	
月	日						月	日			月	日

（二）会计档案的保管

1. 会计凭证保管的要求。

（1）会计凭证的传递。会计凭证应当及时传递，不得积压。及时是会计凭证传递中的要点之一，及时传递不仅对及时进行会计核算是必要的，而且对会计凭证获得必要的保管也是十分关键的，传递不及时，会计凭证散失的可能性就会加大。

（2）会计凭证分类和编号。会计凭证登记完毕后，应当按照分类和编号顺序保管，不得散失丢失。分类和编号是保管会计凭证的重要方法和手段，也是方便检索的有效措施，否则会计核算很难顺利进行。

（3）会计凭证装订。记账凭证应当连同所附的原始凭证或者原始凭证汇总表，按照编号顺序折叠整齐，按照装订成册并加具封面、封底、注明单位名称、年度、月份和起讫日期、起讫号码，由装订人在装订线封处签名或盖章。

对于数量过多的原始凭证，可以单独装订保管，在封面上注明记账凭证日期、编号、种类，同时在记账凭证上注明“附件另订”和原始凭证名称及编号。

（4）会计凭证复制。对已归档凭证的查阅、调用或复制，均应得到批准和履行一定手续。原始凭证不得外借，其他单位如因特殊原因需要使用原始凭证时，经本单位会计机构负责人、会计主管人员批准，方可复制。向外单位提供的原始凭证复制件，应当在专设的登记簿上登记，并由提供人员和收取人员共同签名或盖章。

（5）会计凭证遗失。从外单位取得的原始凭证如有遗失，应当取得原开出单位盖有公章的证明，并注明原来凭证的号码、金额和内容等，由经办单位会计机构负责人、会计主管人员和单位领导人批准后，才能代作原始凭证。如果确实无法取得证明的，如火车、轮船、飞机票等凭证，由当事人写出详细情况，由经办单位会计机构负责人、会计主管人员和单位领导人批准后，代作原始凭证。

2. 账簿及报表的保管。在将所有的旧账对账、结账完毕，并将所有的活页账装订完毕、加上封面、并由主管人员签字盖章之后，要及时地将所有的订本式及活页账交由档案人员造册归档。

会计账簿有一定的保管期限，根据其特点，分为永久和定期两类。就企业会计而言，国家规定会计凭证保管期限为15年，现金和银行存款日记账25年，明细账和总账15年，固定资产卡片在固定资产清理报废后保存5年，辅助账簿15年，涉外和重大事项会计账簿永久保管；会计报表中，年度会计报表永久保管，月、季会计报表保管5年。

3. 电算化会计档案的保管。电算化会计档案指存储在计算机中的会计数据（以磁性介质或光盘存储的会计数据）和计算机打印出来的书面形式的会计数据。会计数据是指记账凭证、会计账簿、会计报表（包括报表格式和计算公式）等数据，以及会计软件系统开发运行中编制的各种文档程序和其他会计资料。电算化会计档案管理的主要任务是：监督和保证按要求生成各种档案，保证各种会计档案的安全与保密，保证各种会计档案得到合理和有效的利用，并安全保存。

计算机内会计数据的打印输出和保存是替代手工记账单位的重要工作。采用电子计算机打印输出的会计凭证、账簿、报表应当符合国家统一会计制度的要求，必须采用中文或中外文对照，字迹要清晰，保存期限按《会计档案管理办法》的规定执行。

企业会计档案保管期限见表6－4。

表6－4　　企业会计档案保管期限表

顺序号	档案名称	保管期限	备　注
	一、会计凭证类		
1	原始凭证、记账凭证和汇总凭证	15年	
	其中：涉及外事和对私改造的会计凭证	永久	
2	银行存款余额调节表	3年	
	二、会计账簿类		
3	日记账	15年	
	其中：现金和银行存款日记账	25年	
4	明细账	15年	
5	总账	15年	包括日记总账
6	固定资产卡片		固定资产报废清理后保存5年
7	辅助账簿	15年	
8	涉及外事和对私改造的会计账簿	永久	
	三、会计报表类		包括各级主管部门的汇总会计报表
9	主要财务指标快报	3年	包括文字分析

续表

顺序号	档 案 名 称	保管期限	备 注
10	月、季度会计报表	5 年	包括文字分析
11	年度会计报表（决算）	永久	包括文字分析
	四、其他类		
12	会计移交清册	15 年	
13	会计档案保管清册	25 年	
14	会计档案销毁清册	25 年	

第二节 会计工作交接

一、出纳工作交接

由于多种原因，许多单位会定期、不定期地调整出纳人员，这就牵涉到出纳工作的交接问题。根据目前有关规定，出纳员（包括临时代理出纳工作的人员）因故不能继续担任出纳工作时，均应向继任人员办理交接手续。未办理交接手续者，不得调动或离职。

（一）交接内容

出纳交接的内容随出纳人员的分工和主管的业务不同而异，但总括起来，应包括以下几项内容：

1. 会计凭证（原始凭证、记账凭证）。
2. 会计账簿（现金日记账、银行存款日记账等）。
3. 现金（现钞、金银珠宝、其他贵重物品等）。
4. 有价证券（债券、股票、股权证书等）。
5. 支票簿。
6. 发票（空白发票、已用或作废发票存根联或作废发票其他联等）。
7. 收款收据（空白收据、已用或作废收据存根联或作废收据其他联等）。
8. 印章，包括财务专用章、银行预留印鉴（印章和印鉴卡片）以及“现金收讫”、“现金付讫”、“银行收讫”、“银行付讫”等业务印鉴。
9. 有关会计文件。
10. 有关会计用品。
11. 公用会计工具。
12. 其他会计资料（银行对账单，应由出纳人员保管的合同、协议等）。

实行会计电算化的单位，交接内容还应包括：会计软件；与会计软件有关的密码（口令）；存储会计的介质（磁带、磁盘、光盘、微缩胶片等）；有关电算化的其他资料、实物等。

（二）交接前的准备工作

为了交接工作的顺利进行，保证交接内容的完整，出纳人员在办理移交手续前，必须做好以下几项工作：

1. 已经受理的经济业务为填制会计凭证的，应填制完毕。

2. 尚未登记的账目，应登记完毕，并在最后一笔余额后加盖印章。

3. 整理应该移交的各项资料，对未了事项要写出书面材料。

4. 编制移交清册，列明应该移交的会计凭证、出纳账簿、印章、现金、有价证券、支票簿、发票、文件、其他会计资料和物品等内容；实行会计电算化的单位，从事该项工作的出纳移交人员还应当在移交清册中列明会计软件及密码、会计软件数据光盘（光盘、磁带等）及有关资料、实物等内容。

“移交清册”一般应当填制一式三份。清册由移交表和说明书两部分组成，移交表包括几部分：

（1）库存现金移交表。根据现金库存实有数，按币种（分人民币和各种外币）、币别分别填入库存现金移交表内。库存现金移交表见表6－5。

表6－5　　库存现金移交表

币种：　　　　移交日期：　　　　单位：元　第　页

币　别	数　量	移交数量	接受金额	备　注
100元				
50元				
10元				
5元				
2元				
1元				
5角				
2角				
1角				
5分				
2分				
1分				

单位负责人：　　　　移交人：　　　　监交人：　　　　接管人：

（2）银行存款移交表。银行存款又分为活期存款和定期存款，有的单位还可能在不同的银行开户。因此，填表时应根据账面数、实有数、币种、期限、开户银行等分别填写。银行存款移交表见表6－6。

表6－6　　银行存款移交表

移交日期：　　　　单位：元　第　页

开户银行	币　种	期　限	账面数	实有数	备　注
合　计					

附：（1）银行存款余额调节表______份；

（2）银行预留卡片______张。

单位负责人：　　　　移交人：　　　　监交人：　　　　接管人：

（3）有价证券、贵重物品移交表。有价证券、贵重物品是出纳经管的单位财产，移交时，出纳移交人员应根据清理核对后的有价证券和贵重物品按品种、价值等分别登记。有价证券、贵重物品移交表见表6-7。

表6-7 有价证券、贵重物品移交表

移交日期： 单位：元 第 页

名 称	购入日期	单 位	数 量	金 额	备 注
××债券					
××股票					
××票据					
××贵重物品					
××投资基金					

单位负责人： 移交人： 监交人： 接管人：

对贵重物品较多的单位，可分别编制有价证券移交表与贵重物品移交表。

（4）核算资料移交表。核算资料主要包括出纳账簿，收据、借据、银行结算凭证，票据领用、使用登记簿，以及其他文件资料等。核算资料移交表见表6-8。

表6-8 核算资料移交表

移交日期： 第 页

名 称	年 度	数 量	起至号码	备 注
现金收入日记账				
现金支出日记账				
银行存款收入日记账				
银行存款支出日记账				
收据领用登记簿				
支票领用登记簿				
收据				
现金支票				
转账支票				

单位负责人： 移交人： 监交人： 接管人：

（5）物品移交表。物品主要包括会计用品、公用会计工具等。物品移交表见表6-9。

表6-9 物品移交表

移交日期： 第 页

名 称	编 号	型 号	购入日期	单 位	数 量	备 注
文件柜						
装订机						
复印机						
打印机						
保险柜						
照相机						
财务印章						

单位负责人： 移交人： 监交人： 接管人：

除上述移交表之外，如果还有一些无法列入或没有列入的内容，为明确责任，方便交接，移交人员最好出具一个交接说明书。出纳人员在说明书上写明以下内容：单位名称；交接日期；交接双方和监交人员；职务、姓名；移交清册页数；需要说明的问题和意见等。

（三）正式交接的有关要求

出纳移交人员在作好移交前的准备工作后，即可正式交接，交接时必须有监交人员在场负责监督。移交人如果是一般出纳工作人员，由单位会计机构负责人、会计主管人员负责监交即可。监交人监督双方认真交接和履行交接手续，协调交接工作，移交人员在办理交接时，要按照移交清册逐项移交；接管人员要逐项核对点收。交接时应符合以下要求：

1. 现金、有价证券要根据出纳账簿有关记录进行交接。库存现金、有价证券必须与出纳记录保持一致。不一致时，移交人要在规定期限内负责清查处理。

2. 出纳会计凭证、出纳会计账簿和其他会计资料必须完整，不得遗漏。如有短缺，要查明原因，并在移交清册中注明，由移交人负责。

3. 银行存款账户余额要与银行对账单核对相符，如果不一致，应当编制银行存款余额调节表调节相符，如仍有不符，应及时查明原因，明确责任。出纳日记账及有价证券明细账户余额要与有关总账账户的余额核对相符。

4. 移交人经管的票据、印章和其他实物等，也必须交接清楚。

5. 实行电算化的单位，定期采用计算机打活页账、现金日记账、银行存款日记账和有价证券明细账的，在不能满页打印时，不可在实际操作状态下进行交接，应将账页打印出来，装订成册，再进行交接。

出纳交接工作完毕后，接替人员应认真接管移交工作，继续办理移交的未了事项。为保持会计记录的连续性，应继续使用移交的账簿，不得另立新账。移交后，原有的出纳员对自己经办的、已经移交的资料的合法性、真实性要承担责任，不能因已办理交接手续而推脱原有责任。

二、会计工作交接

会计工作交接是会计工作中的一项重要的制度，也是会计基础工作的重要内容。办理好会计工作交接，有利于分清移交人员和接管人员的责任，可使会计工作前后衔接，保证会计工作顺利进行，防止账目不清、财务混乱。

（一）交接前的准备工作

会计人员工作调动或者因故离职，必须将本人所经管的会计工作全部移交接管人员。没有办清交接手续的不得调动或离职。根据《会计基础工作规范》第二十七条规定，会计人员办理移交必须作好以下准备工作：

1. 已经受理的经济业务尚未填制会计凭证的应当填制完毕。

2. 尚未登记账目应当登记完毕，结出余额，并在最后一笔余额后加盖经办人员印章。

3. 整理应该移交的各项资料，对未了事项和遗留问题要写出书面说明材料。

4. 编制移交清册，列明移交凭证、账簿、会计报表、公章、现金、有价证券、支票簿、发票、文件、其他会计资料和物品等内容；实行会计电算化的单位，从事该项工作的移交人员应在移交清册上列明会计软件及密码、会计软件数数据盘、磁带等内容。

5. 会计机构负责人、会计主管人员移交时，应将财务会计工作、重大财务收支问题和会计人员的情况等向接替人员介绍清楚。

（二）交接的基本程序

1. 移交点收

移交人员离职前必须将本人经管的会计工作，在规定的期限内，全部向接替人员移交清楚。接替人员应认真按照移交清册逐项点收。具体要求是：

（1）现金要根据会计账簿记录余额进行当面点交，不得短缺，接替人员发现不一致或“白条顶库”现象时，移交人员在规定时间内负责查清处理。

（2）有价证券的数量要与会计账簿记录一致，有价证券面额与发行价不一致时，按照会计账簿余额交接。

（3）会计凭证、账簿、报表和其他会计资料必须完整无缺、不得遗漏。如有短缺，必须查明原因，并在移交清册上注明，由移交人负责。

（4）银行存款账户余额要与银行对账单核对一致，如有未达账项，应编制银行存款余额调节表调节相符；各种财产物资和债权债务的明细账户余额要与总账有关账户余额核对相符；对重要实物要实地盘点，对余额较大的往来账户要与往来单位、个人核对。

（5）公章、收据、空白支票、发票、科目印章以及其他物品等必须交接清楚。

（6）实行会计电算化的单位，交接双方应在电子计算机上对有关数据进行实际操作，确认有关数字正确无误后，方可交接。

2. 专人监督

《会计基础工作规范》第二十八条规定，会计人员在办理交接手续时，必须有人监交，以起督促、公正作用。对监交的具体要求是：

（1）一般会计人员办理交接手续，由单位的会计机构负责人、会计主管人员负责监交。

（2）会计机构负责人、会计主管人员办理交接手续，由单位领导人负责监交。当出现下列情况时，由上级主管部门派人会同监交。

①所属单位领导人不能监交，需要由上级主管单位派人代表主管单位监交。如因单位撤并而办理交接手续等。

②所属单位领导人不能尽快监交，需要由上级主管单位派人督促监交。如由上级主管单位责成所属单位撤换不合格的会计机构负责人、会计主管人员，所属单位领导人以种种借口拖延不办理交接手续时。

③不宜由所属单位领导人单独监交，而需要上级主管单位会同监交。如所属单位领导人与办理交接手续的会计机构负责人、会计主管人员有矛盾，交接时需要上级主管单位派人会同监交。

④上级主管单位认为存在某些问题需要派人会同监交的，也可以派人会同监交。

3. 交接后有关事宜

（1）会计工作交接完毕后，交接双方和监交人要在移交清册上签名盖章，并在移交清册上注明：单位名称，交接日期，交接双方和监交人的职务、姓名，移交清册页数及需要说明的问题和意见等。

（2）接管人员应继续使用移交前的账簿，不得擅自另立账簿，以保证会计记录前后衔接，内容完整。

（3）移交清册填制一式三份，交接双方各持一份，存档一份。

（三）会计工作临时交接

《会计基础工作规范》第三十三条规定，会计人员临时离职或者因其他原因暂时不能工作的，都要办理临时交接手续。

1. 临时离职或因病不能工作需要接替或代理的，会计机构负责人、会计主管人员或单位领导人必须指定专人接替或者代理，并办理会计工作交接手续。

2. 临时离职或因病不能工作的会计人员恢复工作时，应当与接替或代理人员办理交接手续。

3. 移交人员因病或其他特殊原因不能亲自办理移交手续的，经单位领导人批准，可由移交人委托他人代办交接，但委托人应当对所移交的会计凭证、会计账簿、会计报表和其他有关资料的合法性、真实性承担法律责任。

（四）移交后的责任

《会计基础工作规范》第三十五条规定："移交人员对移交的会计凭证、会计账簿、会计报表和其他有关资料的合法性、真实性承担法律责任。"这是对会计工作交接后，交接双方责任的具体规定。移交人员所移交的会计资料是在其经办会计工作期间内发生的，应当对这些会计资料的合法性、真实性负责，即便接替人员在交接时因疏忽没有发现所接会计资料在合法性、真实性方面的问题，如事后发现，仍应由原移交人员负责，原移交人员不应以原会计资料已移交而推脱责任。

同步练习

一、判断题

1. 原始凭证附在记账凭证后的顺序应与记账凭证所记载的内容顺序一致，特殊情况下也可以按照原始凭证面积的大小来排序。（ ）

2. 作废的收据应该立即撕毁，以防他人冒用。（ ）

3. 原始凭证不得外借，也不能向外提供原始凭证的复印件。（ ）

4. 实行会计电算化的企业的档案管理也应和纸制档案保管一样，符合国家统一的会计制度要求。（ ）

5. 单位财务机构负责人办理交接手续由单位负责人监交。（ ）

6. 办理交接时，对于还没登记的账目，移交人员不得登记，应等交接完成后再处理。（ ）

7. 小李生病不能亲自办理交接手续，可委托其在同一单位的人力资源管理部门工作的爱人办理交接。（ ）

8. 移交手续完成后，原移交人对移交前的会计档案资料的真实性、完整性的责任也随之移交。（ ）

9. 为了分清楚法律责任，办理完会计档案的移交手续后应重起新账，不得继续使用原有账簿。（ ）

10. 会计档案由单位会计机构负责整理立卷归档，并保管一年，期满后移交单位的档案管理机构。（ ）

11. 保管期满的会计档案，企业可以自行销毁。（　）

12. 保险柜的钥匙丢失，出纳应该立即重新配钥匙，以免影响正常工作。（　）

二、单选题

1. 一般会计人员办理交接手续由（　）负责监交。

A. 单位负责人　B. 由上级主管单位派人

C. 会计机构负责人　D. 总会计师

2. （　）对移交的会计档案的真实性、完整性负责。

A. 移交人　B. 接交人

C. 监交人　D. 移交人与接交人共同

3. 对外借出会计档案应由（　）批准。

A. 会计机构负责人　B. 总会计师

C. 单位负责人　D. 出纳

4. 应该永久保存的会计档案是（　）。

A. 银行余额调节表　B. 日记账

C. 年度会计报表　D. 会计移交清册

5. 下列不能担当会计工作交接监交人的是（　）。

A. 单位负责人　B. 会计机构负责人

C. 总会计师　D. 由主管机构委派的人员

6. 移交人委托他人代办交接，（　）对会计资料的合法性、真实性承担法律责任。

A. 受托人　B. 监交人　C. 委托人　D. 接交人

7. 会计档案应由会计机构负责保管（　）年后，移交单位档案机构管理。

A. 1　B. 2　C. 3　D. 4

8. 原始凭证应保管的期限是（　）。

A. 3　B. 5　C. 10　D. 15

9. 出纳档案中不属于档案管理类会计资料的是（　）。

A. 出纳档案移交清册　B. 出纳档案保管清册

C. 出纳档案销毁清册　D. 出纳盘点表

10. 从外单位取得的原始凭证丢失，应取得（　）的证明，并经过有关人员批准后才能代做原始凭证。

A. 单位领导人　B. 会计机构负责人

C. 开出单位　D. 出纳

三、多选题

1. 下列会计档案保管期为15年的有（　）。

A. 现金银行日记账　B. 总账

C. 会计档案保管清册　D. 会计移交清册

2. 出纳需要办理会计交接工作的原因包括（　　）。

A. 工作调动　　B. 因病需临时离职

C. 出纳辞职　　D. 临时离职恢复工作

3. 会计档案包括（　　）。

A. 会计凭证　　B. 会计账簿　　C. 会计报表　　D. 财务预算

4. 下列需要由上级主管部门派人会同监交是（　　）。

A. 单位领导人不能监交　　B. 单位领导不能尽快监交

C. 不宜由单位领导人单独监交　　D. 上级主管部门认为有必要时

5. 移交清册由（　　）构成。

A. 移交表　　B. 说明书

C. 会计档案保管清册　　D. 现金日记账

6. 下列属于会计档案保管期限的是（　　）。

A. 3年　　B. 5年　　C. 8年　　D. 15年

7. 会计档案的保管期限分为（　　）。

A. 长期　　B. 短期　　C. 永久　　D. 定期

8. 下列属于出纳档案财务报告类的是（　　）。

A. 年度出纳报告　　B. 银行存款对账单

C. 银行存款余额调节表　　D. 现金日记账

9. 下列事项应在移交前处理好的有（　　）。

A. 编制移交清册　　B. 对未了事项填写书面说明

C. 已经受理的凭证要填制完成　　D. 尚未登记的账目，应登记完毕

10. 实行电算化的单位应该定期打印的账簿有（　　）。

A. 活页账　　B. 现金日记账

C. 银行存款日记账　　D. 有价证券明细账

附 录 一

珠算差错及其检查方法

1. 珠算常见差错

（1）带珠错：通常带下珠的差数是1，带上珠的差数是5，差错的位数不定。

（2）口诀用错：如用小九九乘算，忽将乘数念在前，忽将被乘数念在前，往往容易产生差错，应用大九九就可避免。

（3）定位错：如没有正确掌握定位方法，计算中间或最后得数都会产生定位错。

（4）重算错：一般是把整个数字重复计算了。

（5）漏算错：一般是把整个数字漏掉没有算。

（6）正负错：就是正数误为负数，或是负数误为正数。

（7）两位数倒置错：如39误作93，17误作71，等等。

（8）三位数倒置错：如102误作201，998误作899，等等。

（9）多一个0或少一个0错：就是大小数错，大误小或小误大错，如5500误作550，44误作440，等等。

（10）多两个0或少两个0错：如50误作5000，78000误作780，等等。

2. 查错方法

珠算的查错要按各种差错的特点，分别采用不同方法查错。首先要分析产生差错的各种可能原因，判断差错可能存在的部位，确定查错的方向；再针对不同的具体情况，采用不同的查错检查方法。如对“有数量关系差额规律性的差错”，可按这些规律来推算；如对“无规律性的差错”，只可凭一般经验查错，或核对账表单据，先易后难，从简后繁，使差错范围逐步缩小。这样，才能较准较快地把差错查出来，避免盲目性查错，效率不高，对具体情况要具体分析。

（1）抽查法。就是抽取账表数据某部分，局部查错。也就是错在哪里，就在哪里查，这样可以缩小查错范围，“头错复头，尾错复尾”，比较省力有效。

（2）顺查法。就是全面再重算。也就是从头到尾按顺序普遍查错，对算盘打得不稳准的重打一遍，直到打对为止。

（3）逆查法。就是按原来方式倒过来查错，避免重犯同样的毛病查不出。也就是加算用减算还原，减算用加算还原，乘算用除算还原，除算用乘算还原查错。

除法用乘法还原的关系如下：

除得尽的：商数 × 除数 = 被除数

除不尽的：商数×除数+余数=被除数

（4）交换法。就是应用交换律查错，如被加数与加数交换算，被乘数与乘数交换算等。

（5）偶合法。就是根据差错中最常见的规律，推测差错类别而对差错有关数据进行的一种查错法。如推测可能是漏算或重算的差错，就在有关的数据中查找这漏算或重算的差数；如发现有两个数字相同，而恰好与差数相等时，其中一数字就可能是重算数；如发现有漏算差数，也可能就是漏算数，如推测可能是倒置错或大小数错，可先用九去除，按九除法等分别判断。

（6）九除法。用九除得尽的这种方法，可以来查两位数倒置错和多一个0或少一个0的错。任何两位数倒置后的差数，有着普遍的规律性，那都是9的倍数，并且差数首尾之和等于9。

①两位数倒置，可用代数式作推导论证。设某数的十位数码为A，个位数码为B，则此数记为10A+B。若两数倒置，即误为10B+A，则差数为（10A+B）－（10B+A）=9A－9B=9（A－B），即差数可被9除尽，商数是倒置的两数之差。

例如：28误作82，差数是54，是9的6倍，（54÷9=6，商数是一位数），差数首尾之和等于9（5+4=9）。

②多一个0错。设某数为10A，多算一个0。即误为100A，则差数为10A－100A=－99A=9×（－10A），即差数可被9除尽，商数是误算的原数（商数是多位数）。

例如：9300误作93000，多83700，让83700÷9=9300

③少一个0错。设某数为10A，少算一个0，即误为A，则差数为10A－A=9A=9×1×A，即差数可被9除尽，商数是误算的原数少一个0（商数是多位数）。

例如：6280误作628，少5652，让5652÷9=628

二位数倒置差错检查表（45种），如附表1所示。

附表1　　二位数倒置差错检查表（45种情况）

差数	倍数	倒置数								
9	1	01	12	23	34	45	56	67	78	89
		10	21	32	43	54	65	76	87	98
18	2	02	13	24	35	46	57	68	79	
		20	31	42	53	64	75	86	97	
27	3	03	14	25	36	47	58	69		
		30	41	52	63	74	85	96		
36	4	04	15	26	37	48	59			
		40	51	62	73	84	95			
45	5	05	16	27	38	49				
		50	61	72	83	94				
54	6	06	17	28	39					
		60	71	82	93					
63	7	07	18	29						
		70	81	92						
72	8	08	19							
		80	91							
81	9	09								
		90								

（7）十一除法。用9除得尽后，再用11除尽的这种方法，可以用来查三位数倒置错和多两个0或少两个0错。

任何三位数倒置后的差数，有着普遍的规律性，即都是9的倍数，同时也是11的倍数，并且差数首尾之和等于9。

①三位数倒置。设某数的百位、十位、个位数码分别为A、B、C，则此数为$100A+10B+C$。若三位数倒置，即误为$100C+10B+A$。则其差数为$(100A+10B+C)-(100C+10B+A)=99A-99C=99(A-C)=99\times11\times(A-C)$，即差数可被9除尽，再被11除尽，商数为倒置两数之差。

例如：824误作428，差数是396，用$396\div9=44$，$44\div11=4$（商数是一位数），差数首尾之和等于$9(3+6=9)$。

②多两个0错。设某数为10A，多算两个0，即误为1000A，则差数为$10A-1000B=-990A=9\times11\times(-10A)$，即差数可被9除尽，再被11除尽，商数是误算的原数（商数是多位数）。

③少两个0错。设某数为100A，少算两个0，即误为A，则差数为$100A-A=99A=9\times11\times A$，即差数可被9除尽，再被11除尽，商数是误算的原数少两个0（商数是多位数）。

例如：28000误作280，少27720，用$27720\div9=3080$，$3080\div11=280$。

（8）二除法。这种方法用来查找正负方向差错，因正负错就会产生两倍于该数字的差错，为此，凡是属于正负错，都是2的倍数。差数用2去除，就得出差错数字。反方数=差数÷2。

（9）九余数法。一个数被9除，剩下的余数叫“九余数”。例如48用9去除，余3，则3是48的九余数，九余数的简捷计算，只要将一个数各个数值的数字相加，所得和数的九余数，便是这个数的九余数，例如48的九余数，各个数位的数字相加：$4+8=12$，12的各数位的数再相加，$1+2=3$，九余数是3。

用九余数进行验算的方法叫“九余数验算法”，也叫“弃九验算法”。对这些弃九数按算式中原来的运算顺序和运算方法进行运算，求出结果的弃九数，看与算式右边的得数的弃九数是否相同，如果不同，则计算有错误，如果相同，则一般计算没有错误。

这种验算方法只是一种“可能”，对于一般计算错误能够验算出来，特别是对多位数乘除的验算较为适宜，但对于数字调换位置或相差刚好是9的倍数的错误是验算不出来的。

（10）多层查错法。以上（1）至（9）都是单种因素差错的检查法，多层查错法是检查一种有规律性的差错和没有规律性的差错交织在一起的方法。

例如差错1993.60减去10.00或减去0.10，可能是$1983.60\div9=220.40$，将220.40误作2204.00；也可能是$1992.60\div9=221.40$，将221.40误作2214.00；也可能是$1993.50\div9=221.50$，将221.50误作2215.00 。以上三种都可能是小误大错。

再例如差错2150.00加上10.00或加上1.00或加上0.10，可能是$216000\div9=240.00$，将240.00误作240000；也可能是$2151.00\div9=238.90$，将238.90误作1389.00。以上三种都可能大误小错。

附录二

珠算常用术语

1. 圆珠算盘、菱珠算盘

圆珠算盘；它的珠形呈荸荠型，一般是上二下五珠，有9、11、13、15、17……档，有的算盘两边装有铜杆档，是便于计算定位和紧固盘框用。算盘珠子大，档数少，在多位数计算时不够用，特别是算盘没有统一规格，现在改革中。

菱珠算盘：它的珠形呈菱型，一般是上一下四珠，有13、21、25、27……档，算盘梁上有分节点，算盘珠子小，档数多，适应多位数计算，为现代中外普及使用的算盘形式。

2. 布数、得数

在运算时，按一定的位置把应计算的被加数、被减数、实数、法数等拨在算盘上叫布数，也叫置数。

在加、减、乘、除等运算完毕后，算盘上所得的和、差、积、商等叫得数。

3. 空盘、清盘

算盘上所有各档的算珠，都没有靠梁，而完全靠边框，即都是空档时，叫空盘。

将所有档靠梁的算珠全部靠边，使全盘成为空盘（即算盘上显示的数字是0），这个动作叫清盘。

4. 内珠、外珠

靠梁记数的算珠叫内珠，相对离梁靠框的算珠叫外珠。

5. 漂珠、带珠

无意拨动的算珠不是靠梁，也不靠边，浮漂在档中间的珠叫漂珠。有意拨珠，悬空作为系数的虚珠例外。

拨珠时，将本档或邻档不该拨动的算珠，带入或带去叫带珠。漂珠和带珠都会影响计算正确，必须避免。

6. 空档、错档

某一档的上珠和下珠，都离梁靠边框时，叫空档。包括遇0不拨珠靠梁。

拨错了算珠的档位，如个位数拨在十位数上，或十位数拨在百位数上等，都叫错档，也叫错位。

7. 实数、法数

被乘数和被除数叫实数；乘数和除数叫法数。

8. 补数、倒数

两数之和是 10（或 10 的整数次幂），则这两数互为补数。如 8 + 2 = 10，则 2 是 8 的补数，8 是 2 的补数。74 + 26 = 100，则 26 是 74 的补数，74 是 26 的补数。

两数之积如果是 1，则两数互为倒数，即某数去除 1 所得的商为某数的倒数。如 6 的倒数是 1/6。根据 A ÷ B = A × 1/B 的计算原理，只要求得除数 B 倒数 1/B，则可用乘法代替除法运算。

9. 有效数字、截取有效位数

有效数字是对一个数的近似值的精确度而提出来的。一般地说，一个近似数四舍五入到哪一位，就说这个近似数精确到那一位，这时从左边第一个非零数字起，到这一位数止，所有的数字，叫做这个数的有效数字。例如：0.00405 是三个有效数字，又如 280 是三个有效数字。

截取有效位数：在省略乘除法中，按积或商的精确度要求多截取一位数字计算，尾位四舍五入。如算完后得四位数，尾位四舍五入，成为得数是三位数等。

10. 挨位、隔位

乘数是正一位，挨位乘积数的个位档，在被乘数个位档右一位档上。乘数是正一位，隔位乘积数的个位档，在被乘数个位档右二位档上。除数是正一位，挨位除商数的个位档，在被除数个位档左一位档上。除数是正一位，隔位除商数的个位档，在被除数个位档左二位档上。依次类推。

11. 三指法、二指法

上二下五珠算盘一般用三指操作，即拇指、食指和中指。拨上珠：拨入用中指，拨去用中指。拨下珠：拨入用拇指，拨去用食指。

上一下四珠算盘一般用二指操作，即拇指和食指。拨上珠：拨入用食指，拨去用食指。拨下珠：拨入用拇指，拨去用拇指，拨去用食指。

12. 顶珠、底珠

上二下五珠算盘中，梁上的两颗算珠中靠顶的一颗珠，叫顶珠；梁下的五颗算珠中靠底的一颗珠，叫底珠。顶珠和底珠只是在运用传统算法中的留头乘、掉尾乘和归除法才用到。上一下四珠算盘中没有顶珠和底珠。

13. 乘和乘以、除和除以

从乘数读起，应该做“乘，如从被乘数读起，应读做“乘以”或“被……乘”。“3 × 4”应该做“4 乘 3”，或者“3 乘以 4”或“3 被 4 乘”。

从除数读起，应读做“除”，如从被除数读起，应读做“除以”或“被……除”。“12 ÷ 3”应该做“3 除 12”，或者读“12 除以 3”或“12 被 3 除”。

14. 珠算口诀、九九口诀

珠算口诀是珠算特用的；珠算加法和减法口诀，各有 26 句。

九九口诀是通用的乘法口诀，不是珠算特用的，共 81 句。其中小九九共 45 句，每句口诀中第一个字，总是等于或小于第二个字。例如：只有三四 12，没有四三 12。乘法一般用九九口诀求积，除法一般用九九口诀求商。

15. 口诀指导拨珠、脑算指导拨珠

口诀分珠算口诀和九九口诀两种，利用口诀指导拨珠，或利用脑算指导拨珠，都是学习时的过渡手段，全要靠练后形成条件反射，不假思索，达到的目的是“见数拨珠”。

16. 递位叠乘法中，每乘退一位加上。

递位叠减是指除法中，每除一位，将乘积退一位减法。

17. 试商、补商、退商

试商就是当除数是二、三……位数时，按乘法九九口诀，把除数当做整十数、整百数……去除被除数，求“试商数”。

在试商时，往往会出现偏大或偏小的情况。如果试商偏小，就需要补商，如果试商偏大，就需要退商。

18. 数的组合，数的二、五倍

脑珠结合加减法，是不用口诀，而是利用数的组合，按双行、三行或多行合并一数进行运算（1~9二个数的组合共81种，1~9三个数的组合共729种）。

脑珠结合乘除法，不用口诀，而是利用数的二、五倍，按倍数进行运算。

19. 分节号、小数点

“三位节制”从盘右向左，每隔三档有个分节符号，即书写三位一撇。例如：4,672,382.19第一分节号前是千位，第二分节号前是百万位。

分节符号在算盘上亦可当作小数点。个位与十分位之间是小数点的位置。

20. 公式定位法、数档定位法

公式定位法求乘积是采用“相加定位”法。被乘数的首位数字与乘数的首位数字相乘进位时，积的位数等于M+N（被乘数位数+乘数位数）。被乘数的首位数字与乘数的首位数字相乘不进位，一般地说，积的位数等于M+N-1（被乘数位数+乘数位数-1）。

公式定位法求除商是采用“相减定位”法。一般地说，当被除数最高位数字大于除数最高位数字时，商的位数等于M-N+1（被除数位数-除数位数+1）。被除数最高位数字小于除数最高位数字时，商的位数等于M-N（被除数位数-除数位数）。

数档定位法求乘积是以被乘数的个位档为基准，根据乘数的位数，按照“正右、负左、零不动”的规则数档，便可确定积的个位档。数档定位法由于隔位乘置积与挨位乘置积有所不同，因此，隔位乘定积的个位档要比挨位乘向右（后）移动一档。

数档定法位求除是以被除数的个位档为基准，根据除数的位数，按照“正左、负右、零不动”的规则数档，便可确定商的个位档。数档定位法由于隔位除置商与挨位除置商有所不同，因此，隔位除置商的个位档要比挨位除向（前）移动一档。

21. 精确度、四舍五入

在乘除法运算中，预定出积或商的精确度，一般有两种方式来确定。第一，精确到某一位；第二，求出几位有效数字。不论是积数或商数精确到某一位，或是求出积数或商数几位有效数字，必须将后面的数字四舍五入。小数末位数是0，要看所给定的小数是准确数还是近似数。如果是一个准确数，那么末位的0没有实际意义，就可以去掉；如果是一个近似数，则末尾的0就有意义了。例如，0.80表示这个小数精确到十分位，末尾的0就不能去掉。

四舍五入：如果去掉部分的首位数字大于或等于5，要在保留部分的末位加上1，叫“五入”；如果去掉部分的首位数字小于5，则保留部分不变，叫“四舍”。

附 录 三

珠算技术等级鉴定标准

一、全国珠算技术等级鉴定标准

珠算技术等级鉴定标准，是开展珠算技术等级鉴定的依据和标准。它通过确定题型、规定题量、成绩要求和时间限定等诸方面的制约，力求相同等级的不同试卷（如甲卷，乙卷……）中各个项目试题的计算量、难度相当，而不同等级的试卷则有明显差别，从而能够准确地衡量出受试者的技术水平。因此命题时应具备严谨性、科学性和可比性。

我国在开展珠算技术等级鉴定方面起步较迟，自 1980 年以来大部分省市均制定了各自的鉴定标准和实施办法。为了统一鉴定标准，中国珠算协会鉴定比赛委员会自 1981 年 4 月起先后组织了四次会议，经过反复酝酿和讨论，终于制定了《中国珠算技术等级鉴定（试行）标准》，经 1984 年 3 月在武汉市举行的中国珠算协会第一届第十六次常务理事扩大会议讨论通过，批准从 1984 年 4 月起在全国试行（见附表 2、附表 3、附表 4）。

附表 2 加 减 法

项目＼等级		能手级						普通级					
		一级	二级	三级	四级	五级	六级	一级	二级	三级	四级	五级	六级
题数		20	20	20	20	20	20	10	10	10	10	10	10
其中：连加法				12				6	6	6	6	6	6
加减混合				8				4	4	4	4	4	4
其中：每题带减号笔数			7/20	5/15				5	5	5	5	5	5
倒减法题数				2									
其中：带角分题数				10				5	5	5			
整数题				10				5	5	5	10	10	10
每题行数			20	15				15	15	15	15	15	14
题型	10 位数			3									
	9 位数			3									
	8 位数		4	3				3					
	7 位数		4	3				3	2				
	6 位数		4	3				3	5	4	2		
	5 位数		4					3	4	5	2		
	4 位数		4					3	4	3	5	5	4
	3 位数									3	6	10	4
	2 位数												6

续表

项目 \ 等级		能手级 一级	能手级 二级	能手级 三级	能手级 四级	能手级 五级	能手级 六级	普通级 一级	普通级 二级	普通级 三级	普通级 四级	普通级 五级	普通级 六级
每题字数				120				90	80	70	60	50	40
总字数		2.4	2.4	2.4	2.4	2.4	2.4	900	800	700	600	500	400
要求合格题数		18	16	14	12	10	8	9	9	8	8	8	8
按合格题数计算	字数	2160	1920	1680	1440	1200	960	810	720	560	480	400	320
	每分钟字数	216	192	168	144	120	96	81	72	56	48	40	32
	每字占用秒数	0.28	0.31	0.36	0.42	0.5	0.6	0.7	0.8	1.1	1.3	1.5	1.88

注：1. 能手级20题中，10题为15行，10题为20行。15行的加减混合题有五笔减数，20行的加减混合题有七笔减数。减数的字数占1/3，即每题40字。
2. 字码搭配要求0～9均衡出现。每题有一个数字与另一题交换。
3. 普通级中的加减混合题均包括五笔减数，减数字码约当题字数的1/3。

附表3

乘　算

项目 \ 等级		能手级 一级	能手级 二级	能手级 三级	能手级 四级	能手级 五级	能手级 六级	普通级 一级	普通级 二级	普通级 三级	普通级 四级	普通级 五级	普通级 六级
题数		20	20	20	20	20	20	10	10	10	10	10	10
其中：	整数题			12				5	6	7	8	8	10
	带小数题			8				5	4	3	2	2	
	四舍题			4				2	2	2	1	1	
	五入题			4				3	2	1	1	1	
题型	实6位×法5位			2									
	5×6			2									
	6×4			2									
	4×6			2									
	5×5			2									
	5×4			3				2					
	4×5			3				2					
	4×4			4				6	4				
	5×3								1	1			
	3×5								1	1			
	4×3								2	2	1		
	3×4								2	2	1		
	3×3									4	2	2	
	4×2										3	1	
	2×4										3	1	
	3×2											3	3
	2×3											3	3
	2×2												4
实、法位数合计		190	190	190	190	190	190	84	76	68	62	54	46
要求合格题数		18	16	14	12	11	10	9	9	8	8	8	8
题量		450	450	450	450	450	450	176	142	114	90	70	52
按合格题数计算	题量	405	360	315	270	248	228	158	128	91	72	56	42
	每分钟字数	81	72	63	54	50	45	32	25	18	14	11	8
	每字占用秒数	0.74	0.8	0.95	1.1	1.2	1.33	1.9	2.3	3.3	4.2	5.4	7.1

注：1. 能手级保留小数四位，普通级1～5级保留小数二位，以下四舍五入。
2. 字码搭配0～9均衡出现。
3. 积的位数要求占实、法位数和的83%，上下浮动3%，即80%～86%之间。

附表 4 除 算

项目 \ 等级	能手级						普通级					
	一级	二级	三级	四级	五级	六级	一级	二级	三级	四级	五级	六级
题数	20	20	20	20	20	20	10	10	10	10	10	10
其中：除尽题数			12				6	6	7	8	8	10
除不尽题数			8				4	4	3	2	2	
四舍题			4				2	2	2	1	1	
五入题			4				2	2	1	1	1	
题型 ÷6 位 =4 位			3									
题型 ÷4 =6			3									
题型 ÷5 =5			2									
题型 ÷5 =4			4									
题型 ÷4 =5			4									
题型 ÷4 =4			4									
题型 ÷3 =5							2	1				
题型 ÷5 =3							2	1				
题型 ÷3 =4							3	2	1			
题型 ÷4 =3							3	2	1			
题型 ÷3 =3								4	8	4		
题型 ÷2 =3										3	3	
题型 ÷3 =2										3	3	
题型 ÷2 =2											4	10
法、商位数合计	184	184	184	184	184	184	74	68	62	54	46	40
要求合格题数	18	16	14	12	11	10	9	9	8	8	8	8
题量	418	418	418	418	418	418	132	114	96	72	52	40
按合格题数计算 题量	376	334	293	251	230	209	119	103	77	58	42	32
按合格题数计算 每分钟字数	75	67	59	50	46	42	24	21	15	12	8	6
按合格题数计算 每字占用秒数	0.8	0.9	1.02	1.2	1.3	1.4	2.5	2.9	3.9	5.2	7.1	9.4

注：1. 能手级保留小数四位，普通级保留小数二位，以下四舍五入。

2. 字码搭配 0 ~9 均衡出现。

二、全国珠算技术等级鉴定标准说明

1. 本标准的等级确定为两等十二级，即能手级六级，普通级六级，低于普通级六级的考核，由各地区自定标准，发地方合格证。

2. 能手级鉴定实行一套题，按完成正确题数确定六个级别。普通级虽拟定了六个级别六套题的标准，各级珠协在实施中可根据具体情况灵活掌握，亦可以采用两套题确定六个级别的办法。

3. 普通级的六个级别，用一级考题鉴定 1 ~3 级，按打对题数定级。对 9 题为一级，对 8 题为二级，对 6 题为三级。用四级考题鉴定 4 ~6 级，对 8 题为四级，对 7 题为五级，对 6 题为六级合格。这样做既不降低按六个级别考核的题量要求，又方便群众定级，有利于调动报考人员的积极性。

4. 珠算等级鉴定采用限时限量的方式进行，既可以进行单项考核，也可以进行综合考核。考核标准以上述标准为基准（见附表5、附表6、附表7），时间上乘、除算可以改为10分钟，相应题量及要求按打对题数加倍。

附表5 **能手级考核标准**

项 目	限 时	限 量	要求准确题数					
			一级	二级	三级	四级	五级	六级
加减算	10分钟	20题	18	16	14	12	10	8
乘算	5分钟	20题	18	16	14	12	11	10
除算	5分钟	20题	18	16	14	12	11	10

附表6 **普通级六级六套考核标准**

项 目	限 时	限 量	要求准确题数					
			一级	二级	三级	四级	五级	六级
加减算	10分钟	10题	9	9	8	8	8	8
乘算	5分钟	10题	9	9	8	8	8	8
除算	5分钟	10题	9	9	8	8	8	8

附表7 **普通级六级二套考核标准**

项 目	限 时	限 量	要求准确题数					
			一级	二级	三级	四级	五级	六级
加减算	10分钟	10题	9	8	6	8	7	6
乘算	5分钟	10题	9	8	6	8	7	6
除算	5分钟	10题	9	8	6	8	7	6

注：用普通一级题考核一、二、三级，用普通四级题考核四、五、六级。

附录四

全国珠算技术等级鉴定模拟练习题

一、普通五级

加减算（限时10分钟，见附表8）。

附表8

一	二	三	四	五
264	297	567	8057	8156
921	739	7104	-706	674
873	618	642	4612	3092
2489	465	153	891	-7394
385	123	819	239	5802
7046	6834	403	1407	-687
910	327	5024	734	4013
6035	5172	762	-3859	831
1637	956	890	-243	952
512	450	896	486	-670
504	1079	491	-975	345
753	3609	6035	517	278
678	452	1378	195	-201
917	908	9526	-230	549
8205	2081	274	9068	-429
六	七	八	九	十
594	375	764	2035	2138
257	517	4301	-506	845
7918	729	950	-479	739
375	620	956	726	-840
304	4057	153	-153	653
681	948	618	7684	6079
5462	692	372	218	-4675
163	431	935	491	3209
8049	9816	102	8705	-824
270	135	7081	597	5016
9013	2453	468	-9231	261
831	1907	6027	385	942
986	623	3249	813	-901
278	708	5786	-490	357
6503	3084	841	1062	-597

乘算题（限时5分钟）：保留小数点两位，以后四舍五入，见附表9。

附表9

一	13×637=	六	852×41=
二	0.31×0.2916=	七	6804×35=
三	14×786=	八	29×420=
四	7.36×0.78=	九	405×82=
五	967×509=	十	572×904=

除算题（限时5分钟）：保留小数点后两位，以后四舍五入，见附表10。

附表10

一	18879÷93=	六	1640÷40=
二	19264÷301=	七	62960÷6.8=
三	11322÷153=	八	8323÷29=
四	5772÷74=	九	35105÷413=
五	394501÷68=	十	46206÷51=

二、普通四级

加减算（限时10分钟），见附表11。

附表11

一	二	三	四	五
861	16394	453	701439	40619
5824	376	2601	-402	176935
2697	652	3910	-6935	598
328	8560	398257	972	-1780
301	903652	196	-84172	231
73961	7506	5084	154	874
675	854713	60832	581	-806
521479	604	9475	-6340	935
4803	1049	721	8027	-38526
7016	20487	108	5904	-1479
5230	713	407196	439	3062
609328	5931	257	-3718	426
479	294	51748	90265	205874
80154	8257	648	786	-7253
943	918	3692	632581	9408

续表

六	七	八	九	十
917	97152	941	308562	60485
2948	137	7802	-509	814523
5071	40263	206	1205	-8615
2430	391	238	562	2047
106349	8519	905238	-6387	674
856	452	745	20941	703916
90728	6483	42596	374	-1732
683	596	896	469178	5609
53617	3407	1837	815	916
152	648391	4069	178	-904
247856	702	80617	-4650	523
8903	9025	3954	7093	-29374
4165	784	572	-4261	359
349	6870	1320	236	-8190
307	501784	136745	-75839	728

乘算题（限时5分钟）：保留小数点后两位，以后四舍五入，见附表12。

附表12

一	8014 × 749 =	六	298 × 306 =
二	0.41 × 0.8317 =	七	379 × 203 =
三	7506 × 42 =	八	5283 × 61 =
四	83 × 7680 =	九	16 × 9574 =
五	6025 × 58 =	十	9.47 × 1925 =

除算题（限时5分钟）：保留小数点后两位，以后四舍五入，见附表13。

附表13

一	27336 ÷ 34 =	六	6447 ÷ 21 =
二	30476 ÷ 401 =	七	2034322 ÷ 785 =
三	3293798 ÷ 7.51 =	八	190026 ÷ 306 =
四	71297 ÷ 83 =	九	11904 ÷ 124 =
五	36088 ÷ 694 =	十	176670 ÷ 906 =

三、普通三级

加减算（限时10分钟），见附表14。

附表 14

一	二	三	四	五
81907	7152	614	591032	98031
321	374201	4587	86749	620987
3095	725	102369	3178	-318
870462	23097	283405	-614	-9124
62179	1769	58076	549087	902853
517	54928	6128	56901	86372
709348	271	10397	-3678	7609
8796	490638	7204	90826	167
279	28196	246785	738	-74092
451092	359084	92036	-125809	529304
2683	6841	492	-43527	475
534206	40583	639187	4356	-50146
83654	648	90315	931	1657
43105	35096	953	746025	-136548
64513	163704	72581	-50241	83425
六	**七**	**八**	**九**	**十**
804.17	580.19	5.06	190.87	241.65
9.71	91.35	21.37	3257.49	3528.97
52.63	9130.46	7316.94	-91.04	469.01
4601.38	607.39	1209.68	684.92	-14.38
150.42	6.03	798.21	-8.09	-9.76
8.09	37.12	971.54	85.13	9420.78
3506.91	3608.47	531.49	-1279.68	931.65
20.57	527.31	5.83	8.09	78.06
8.36	85.06	6407.95	-743.15	-216.38
1648.29	4269.17	34.26	10.74	8.07
27.98	457.82	84.02	5106.42	-2130.58
3584.76	802.49	972.59	678.23	-207.45
392.45	5.82	8.03	4302.56	53.14
476.52	4268.59	830.64	3.65	3.09
761.98	7.15	4617.05	-675.32	2479.56

乘算题（限时5分钟）：保留小数点后两位，以后四舍五入，见附表15。

附表 15

一	0.409×3.25 =	六	793×542 =
二	135×876 =	七	2016×786 =
三	6702×309 =	八	347×314 =
四	38024×128 =	九	0.592×59.01 =
五	5.31×6.093 =	十	186×20714 =

除算题（限时 5 分钟）：保留小数点后两位，以后四舍五入，见附表 16。

附表 16

一	645265 ÷ 713 =	六	277614 ÷ 318 =
二	374186 ÷ 458 =	七	171990 ÷ 702 =
三	125324 ÷ 2.01 =	八	374.9011 ÷ 9.76 =
四	102290 ÷ 965 =	九	17172 ÷ 108 =
五	1273331 ÷ 32.45 =	十	284683 ÷ 469 =

四、普通二级

加减算（限时 10 分钟），见附表 17。

附表 17

一	二	三	四	五
9763	503421	7814925	42057	541869
56142	8945	1246305	-1079	3021
382419	71302	982036	-78364	1267
36807	658093	4032	2985	-871025
8057	64079	14605	-301298	6793814
20385	4217	806754	196423	86092
874291	91586	7541	2358469	-958176
4591	4571682	34829	8076	9135204
571936	328645	6035	5681709	-23718
214058	60739	97013	58109	247693
29035	736854	90163	-514632	6439
108976	7813902	358714	6723	93504
9136247	1098	952978	40517	-5024
6054	3092	169287	-436071	80952
3468507	925471	2378	793258	-705643
六	**七**	**八**	**九**	**十**
2145	4025.86	97328.16	540.78	4759.86
649.83	31.64	36254.08	-9083	1035.00
9071.42	93821.05	4879.32	18.42	214.07
29541.38	80.13	5861.97	507.98	-40.37
40.68	20.15	3516.97	-5210.89	902.43
58476.01	1546.98	64.97	8324.76	-6047.18
6192.54	2537.64	50.48	71698.03	-316.59
3980.67	709.21	190.34	769.03	-316.59
320.56	9273.46	103.54	-7951.24	87.12
5738.92	982.05	20.46	-862.15	53.86
547.01	7430.12	325.08	43.67	-9650.34
70.61	760.91	7058.29	-2093.64	86217.95
305.76	65.89	98.23	9315.42	980.23
7183.29	184.37	427.61	42763.51	-2495.68
86.29	64985.73		60.81	25143.07

乘算题（限时5分钟）：保留小数点后两位，以后四舍五入，见附表18。

附表18

一	2796 ×6073 =	六	931.5 ×4.916 =
二	1087 ×716 =	七	70.3 ×1.0428 =
三	398 ×8695 =	八	12.45 ×27.31 =
四	6.802 ×2458 =	九	5423 ×429 =
五	850 ×3807 =	十	45.691 ×95.4 =

除算题（限时5分钟）：保留小数点后两位，以后四舍五入，见附表19。

附表19

一	72225 ÷675 =	六	599256 ÷609 =
二	2092662 ÷7046 =	七	18.1288464 ÷2.3804 =
三	333.3447 ÷95.7 =	八	288555 ÷1693 =
四	5075576 ÷842 =	九	2903494 ÷487 =
五	1778.868 ÷213 =	十	229.120085 ÷0.509 =

五、普通一级

加减算（限时10分钟），见附表20。

附表20

一	二	三	四	五
5428	7019863	316987	32470189	31046729
72391	4297	6794502	-8096	28104967
3065428	3461208	521369	2975	58301
538219	96802745	42057831	30189	-3041
52407391	1028	648713	-3526098	70534
8926704	287936	7531	965714	-9032185
-743582	18024597	4052	1248906	-48967
1394076	50312	87930645	1486	419258
19250867	315479	80645	-183257	2185
861935	36108	8172054	-94523	6429
82604	5748021	39205178	7641	-7961043
6074	54690312	69402	-5087641	295876
10867	9863	1063296	86092375	76820534
61079153	26745	3296	751432	-537692
9753	973654	59178	74609523	5683401

续表

六	七	八	九	十
46.91	32071.48	2587.93	472603.51	480217.93
897.52	93.82	83716.04	-50.18	732950.41
201.38	81.45	85014.72	150874.69	715906.84
830652.47	342.96	24.78	6932.47	-6871.39
58.47	8254.69	675.39	498620.17	61584.02
1325.74	547.01	95340.61	-129.74	14.93
193.06	62910.37	954270.63	68.23	-73120.48
30.86	694805.73	871.04	-39058.26	9365.71
17036.94	59473.01	6452.87	71.69	658.02
4719.25	621840.39	610439.25	403.51	-80.42
276490.85	70.31	8193.52	-49780.15	706.84
15938.06	3128.54	36.25	1896.32	-63082.59
8674.19	370196.82	10.64	37251.08	-453.17
27560.83	605.73	937208.16	325.08	4239.65
259401.38	5769.28	908.16	-3547.96	92.56

乘算题（限时5分钟）：保留小数点后两位，以后四舍五入，见附表21。

附表 21

一	7534 × 4059 =	六	81.432 × 31.68 =
二	2.0657 × 5240 =	七	9356 × 6431 =
三	6410 × 96053 =	八	4607 × 7816 =
四	392.1 × 8.324 =	九	50.92 × 2.0876 =
五	1879 × 8973 =	十	27.81 × 75.92 =

除算题（限时5分钟）：保留小数点后两位，以后四舍五入，见附表22。

附表 22

一	9262638 ÷ 451 =	六	83.460662 ÷ 0.103 =
二	3736740 ÷ 5084 =	七	308.22581 ÷ 31.25 =
三	49507.478 ÷ 729 =	八	2800212 ÷ 687 =
四	33636304 ÷ 91403 =	九	43.1943642 ÷ 7.9608 =
五	1165155 ÷ 865 =	十	709749 ÷ 2439 =